道元の思想と書

岩井孝樹
Iwai Kōki

大法輪閣

道元の思想と書　目次

〔装幀＝大法輪閣編集部〕

道元の思想と書

はじめに ——論考の要点と概略

一般によく「禅の書」などといわれているが、その書に「禅の思想」がどのように表徴されているかについて、これまで具体的に検証されたことはない。この論考の重点は、道元の「書、筆跡」が道元の「思想」と合致した「必然の書」であることを論証するところにある。

そこでまず、道元の「書の性格」を明らかにするため、道元の「真筆」を確定する検証として、道元の「若書《わかがき》」から「晩年の書」に至る資料を採り上げ、初めて筆跡の拡大写真を用いた鑑識（科学警察研究所で行われている方法）(1)や画像の近接拡大による検証（頂相《ちんぞう》、「月見の像」の検証）を提示した。

しかし、これまで道元のように遥か昔の歴史上の人物について「筆跡鑑識」など例がなく異様に思われようがそれには理由がある。

「道元の書」といわれるものはかなりの数にのぼり、そのなかには道元の真筆として由緒正しく伝来した書跡もある。しかし、道元の真筆として一般によく知られているのは三四歳の若書『普勧坐禅儀《ふかんざぜんぎ》』(2)（永平寺蔵　国宝）であり、道元の「墨跡」といえば必ずといってよいほどこの『坐禅儀』一書だけが格別によく採り上げられている。また国の重要文化財に指定された書跡としては『羅漢供養講式稿本《らかんくようこうしきこうほん》』断簡(3)（大乗寺蔵）があるものの、その他の遺墨については、ほとんど注目され難いものとなっている。

それどころか、四八歳の道元が鎌倉幕府五代の執権北条時頼の教化のため鎌倉に下向した「鎌倉行化《ぎょうけ》」の史実を今に伝える史料、『名越白衣舎示誡《なごえびゃくえしゃのじかい》』(4)（以下『示誡』宝慶寺蔵）や五〇歳の唯一自賛の頂相「月見の像」の「賛」などは一見した印象をもとに弟子の筆跡として片づけられてきた。

また『佛垂般涅槃略説教誡経《ぶっしはつねはんりゃくせつきょうかいきょう》』（『佛遺教経《ぶつゆいきょうぎょう》』總持寺蔵）は死を予感した道元の最後の撰述となった『正法眼蔵八大人覚《しょうぼうげんぞうはちだいにんがく》』(5)執筆の際、その典拠となる経典として座右に置かれた恐らく道元最晩年の遺墨と目され「永平開山和尚御筆也」として總持寺祖院から護持伝来したものであるが格別注目されることはなかった。

要するに『示誡』と同じく、この書も弟子の筆跡と誤認されたとみるほかはない。何故なら、これらの書は共に、道元の「晩年の書」としての共通する特徴、書風を示し、若書の『坐禅儀』とは一見、全く異なる書の様相、印象を示すところから「弟子の筆跡」と誤認されたわけである。

結局、道元の書の特徴、性格を把握するためには、まず科学的な「筆跡鑑識」が重要な課題であり、それにもとづく検証により、これまでの、「筆跡」はもちろん道元の「行業《ぎょうごう》」から「教化」にかかわる「思想」についての錯雑した問題が解明されることとなろう。

すなわち、真跡か否かの確定と共に、一般には「墨跡」に特有の書風の様相とみられ易い、例えば一休や白隠の書のように「破格法外、奔放逸脱」とは異なる道元の書の性格が明らかとなった。しかも、この「書の性格」が道元の「基本思想」にもとづいた「必然の書」としての性格であることがはじめて歴然としてくることとなったのである。

なお敷衍《ふえん》すれば、「禅の芸術」といわれるものについても道元の思想にもとづく新たな観点が見いだされることとなる。「禅の書」から「禅の芸術」へと思考を移してみたならば、「墨跡」についての一般通念にみられがちな「思い込み」と同じく、「禅の芸術」においても、そこに共通する誤解の生じ易いところがうかがわれることとなる。

しかし、この「文筆否定」の説示の根源となる道元の「禅の思想」にもとづいて考究されたことはない。『正法眼蔵随聞記《しょうぼうげんぞうずいもんき》』(6)にある「文筆否定」の説示(7)はよく採り上げられ道元の文について論じられている。そこで、この「文筆否定」の説示を最初に採り上げられた和辻哲郎氏の論説をとおして、道元の文筆と一体となるその書も併せて検討し、さらに道元の思想の根幹を説く『正法眼蔵』にまで遡って関連するところをうかがうならば、道元の思想にもとづいた文筆と書、それぞれの性格が明らかとなる。

すなわち、道元の仏法の真髄をなす基本思想「不染汚《ふぜんな》の修証《しゅしょう》」にもとづくところが明らかとなり、いわゆる墨跡とは対照的な道元の書は、その思想にもとづく「必然の書」であることが明らかとなろう。けだし、「文筆否定」の説示の原典ともいえる『正法眼蔵』の教説には、すでに「禅芸術」としての必然の書の姿が示されていると考えられる。

一方、道元の「思想の問題」として、道元が越前に下向した晩年の入越後になって「思想を変えたのか否か」についての論議が生じている。在京時と晩年入越後の「教説の変化」が認められることについての問題である。

そこで注目すべきは、道元が越前に入った入越当初の留錫地《るしゃくち》のおよそ類をみない特異な環境である。その地は、養老元年開創になる白山《はくさん》信仰最大の霊場、白山越前中宮平泉寺《へいせんじ》の境内四至《しいし》の一つ「禅師峰」である。この神宮寺は六千坊に八千の僧兵を擁し、源平の合戦にも登場する白山修験道最大の拠点であるが、その一里四方を占める境内四至の一つ「禅師峰」において、道元入越最初の教説『正法眼蔵三界《さんがい》唯心《ゆいしん》』が示衆されている。つまり、道元は白山修験のただなかに教化の地を求めたことになり、そこに教化の最も緊急にして重大な課題が生じることとなる。

すなわち、修験道の教義には道元が最も忌避排除すべき「中古天台本覚思想」に通じるところがあり、そこでは「絶対的一元論」により「仏教によらず」「因果無視」から修行無用となり、世俗行為はもちろん破戒無慚な僧兵の悪行も正当化されるに至る。

このような教化の環境に注目することにより、入越後、はじめて、わずか一年の間に『正法眼蔵』三十余巻が示衆され、その教化が最盛期を迎えたこと、また、一転した教説の変化「在家成仏」から「出家至上主義」へ「経典尊重」へ、「不落因果」から「深信因果」へなど、教説が変改されたことについてもその要因が明らかとなる。その上、この「入越と教説の変化」については、先の「筆跡鑑識」の面からも重要な示唆が浮かび上ってくることとなったのである。

以上のように、道元の筆跡について鑑識を行なう機会に恵まれるなかで、次第に思想の問題へと導かれることとなり、道元の書は即、道元の思想を表徴するものとみるべきところが浮上してきたのである。

本書は、思いがけず、道元に近づくこととなったこれまでの細やかな歩みをまとめ、改めて書き直したものである。

注

(1) 元科学警察研究所主任研究官　猪刈秀一「筆跡鑑定の要点」(『古文書研究』二号　昭和四十四年)

(2) 嘉禄三年(安貞元年　一二二七)に撰述されたものを、その六年後に浄書した筆跡。坐禅の意義目的と作法が四六駢儷体《しろくべんれいたい》を主幹とした文で述べられ、只管打坐《しかんたざ》の宗綱を提唱している。

(3) 十六羅漢を供養讃嘆する『講式文』の草稿の断簡。道元自筆の加筆訂正が記され、首部五行目までは自由で伸びやかな筆致の草書である。

(4) 『示誡』と「月見の像」ともに曹洞宗第二道場の宝慶寺(福井県大野市)に伝存する。『示誡』は道元が北条時頼に説法する際、『涅槃経梵行品』にある「阿闍世《あじゃせ》王之六臣」のくだりを書写したもの。鎌倉名越の地にある白衣舎《びゃくえしゃ》(高貴な俗人の家)で書写したとの奥書がある。

(5) 寛喜三年(一二三一)から示寂八ヵ月前の建長五年(一二五三)正月に至る二十三年間に、洛外の寺々や越前の禅師峰、吉嶺寺、大佛寺(永平寺)などで行なった説法を集録した日本曹洞宗の根本宗典となる『正法眼蔵』九十五巻中の最終巻。釈尊最後の教説『佛遺教経』に倣《なら》った道元最後の教説。

(6) 道元が日常、門下に示した法語を懐弉がわかり易く編集した教説。

(7) 『随聞記』第二、三巻にある教説。「文筆詩歌等、其詮《そのせん》ナキ也。捨べキ道理左右ニ及バズ」「今代《きんだい》の禅僧……文筆等ヲ好ム、是則《これすなわち》非《ひ》也。……文筆不調《ととのわず》トモ、法門ヲ可書《かくべき》也」と説く。つまり仏道修行に美言佳句など無用のものとすることから「文筆否定」の信条とされている。

一　筆跡の鑑識

――鑑識の方法

筆跡の鑑識においては、傍証が甚だ有用な場合もある。また文献学的な方法が重要であることはいうまでもない。しかし、筆跡そのものから離れた傍証を鑑識の主要な根拠とすることは肝心の筆跡そのものを受身の立場にして逆に傍証に従属させようとするようなことにもなりかねない。もちろん印象論ではなく客観的な鑑識の作業にもとづいた論証が提示されなければ無意味なものとなる。

現行の客観的な鑑識の作業としては、拡大写真による比較対照法がある。「問題となる筆跡」と「筆者の明らかな筆跡」とを拡大写真により比較対照して検討する方法である。顕微鏡や赤外線写真、紫外線写真などを特殊な場合に用いることもあるが、一般には近接して拡大撮影した一文字ずつの写真を比較することで筆跡の異同を効果的に識別できる。

すなわち「鑑定すべき資料」と「筆者の明らかな資料」の双方に存在する筆跡の特徴を指摘、評価し総合して結論に導くことになる。

その鑑識は「技術的」なものであるから、比較する資料に不明確なものや資料に何らかの加筆や操作がなされているようなものは論外であり、拡大写真の選択や提示方法と鑑識の過程などが適正、公正に行なわれなければ無意味であり甚だしい混乱に陥る危険性がある。例えば自説に好都合な僅かな文字の筆跡だけ抽出し論拠とするようなものではなく、公正に、できるだけ多くの文字について提示し比較対照すべきである。

さらにすでに異論を生じている道元の場合、重要なことは、次のような、鑑識を始める前提として明確に理解されるべき「基本的な認識」がある。

① 書法、書風の書き分け

道元は「正統な書法による墨跡」を遺した禅僧といわれるように、書の研鑽を積んだ道元の場合、「書風の書き分け」はもちろん、若書、晩年の書と年代による書風の変化、それに用筆や書の対象の別（巻物、掛軸、扁額等）によって文字の結体や書法、筆法でも変わるところもあれば変わらないところもある。さらに同じ一筆の書のなかでも、書法、筆法を変えて変化を表すところに書の妙味があるとなれば、一見した印象だけでの判断などはあり得ない。

② 道元の書の性格

道元の書は①のような「書風、書法の変化」はあるものの、いわゆる「禅の書」の特徴とみられがちな、無書法で奔放な書とは本質的に異なり「正統な書法」で一貫している。この点についての認識を欠落したままで「筆跡の鑑識」は成立しない。

③「月見の像」実は「鏡の御影」の問題

筆跡の鑑識では、この頂相の上部に記された「賛」の筆跡の検討となる。ところが、道元の唯一、自賛の頂相で本来「鏡の御影」と称され、最も信頼できる道元の真影となる本像についても異論が提示されている。

詳細は後述するが、その「賛」を弟子の筆跡とみる提説に加えて、画像についても室町期頃の写しとする見解まで提示されている。つまり「筆跡」のみならず「画像」についても「鑑識」することなく印象による見解が筆跡についての誤解を補強するかのように提示されたわけである。実は、この「賛」の筆跡はもちろん「画像」の問題も、近接撮影による拡大写真により疑問は解消する。すなわち「筆跡」は書風、書法の差異であることは当然ながら、画像については、面貌と袈裟の環に後代の入墨加筆があり、そこに面貌と袈裟の異様な表現が認められるという意外な事実である。

すなわち、科学的な検証を行なうことなく、一見した印象だけでは「筆跡」のみならず「画像」においても錯誤を生じることとなり、道元自賛、生前五十歳の真影の実体を見失うこととなる。

以上のほかにも鑑識上重要な認識があるが、具体的に筆跡を比較対照し鑑識する過程で採り上げることとしたい。

次に鑑識のための資料の採り上げ方である。先に「筆者の明らかな筆跡」を鑑識の基準とする、と述べたが、これは現実に筆者が生存していて、その筆跡を確認できるか、生存していなくても、親族、縁故などの関係者が現存していて確認できる場合などである。しかし、道元のように歴史上の人物の場合は、まず、由緒来歴の確かなものや、すでに公式に真筆として認定されたものなどから「基準となる筆跡」を複数選び出し、その比較対照と検討を重ねるなかで自ずと鑑識の結論を導き出す方法が考えられる。一方、鑑識を始める以前から、特定の一書を真筆と決め込み、その思い込みを前提として検討、鑑識する方法があり、その実例もある。もちろん、その真筆とみる思い込みに誤りなければ問題は生じないかも知れないが、思い込みで一つの筆跡を絶対視すること自体、すでに鑑識を離れた主観によるものとなる。

特に道元の場合には、先の鑑識上重要な基本的認識に述べたように、「書風」と「書の性格」の問題がある。この問題というのは、鑑識の対象となる筆者に特有のものであり、その筆跡を比較対照する過程において次第に浮かび上ってきて認識されるものである。

このうち「書風」の問題というのは、道元の筆跡に「書風の変移」が認められるということであり、「書の性格」の問題というのは、道元の書の性格に独特のものがあること、また同じ道元の書であっても、「書の性格」に違いがあり、その「性格の違い」から生じる「書風の違い」が認められるということである。

従って、もし、拡大写真による比較検討がなされたとしても、こうした鑑識の過程で浮かび上ってくる問題についての認識を欠落したままでは、大きな錯誤に陥ることにもなりかねない。もちろん、これまでの提説では、拡大写真が提示されたことはなく、印象論の域を出ないものといえるが、こうした認識が道元の筆跡についての「最も重要な論点」であることは、実際に各筆跡を比較対照するなかで自然に把握されることである。

そこで、後に述べることとなる具体的な拡大写真による筆跡の鑑識においては、

『普勧坐禅儀』（永平寺蔵　国宝指定）

『名越白衣舎示誡』（宝慶寺蔵　福井県文化財指定）

『羅漢供養講式稿本』断簡（大乗寺蔵　重文指定）

『月見の像』（宝慶寺蔵　福井県文化財指定）

『佛遺教経』（総持寺蔵）

右を主とし、その他、永平寺二世懐奘《えじょう》等の筆跡も併せて検証鑑識することとしたい。

二　「月見の像」の検討

1　「鏡の御影」から「月見の像」へ

「月見の像」（図1）は永平寺に次ぐ曹洞宗の第二道場とされる鷹福山宝慶寺《せんぷくざんほうきょうじ》（福井県大野市）に道元の真影として伝来した。宝慶寺は道元最初の弟子であった宋僧寂円《じゃくえん》（一二〇七〜九七）の開創になり、本像をはじめ、道元の「鎌倉行化《ぎょうけ》」の史実を今に伝える『名越白衣舎示誡《なごえびゃくえしゃのじかい》』や南宋の「釈迦三尊像」「如浄《にょじょう》禅師像」など貴重な文化財が伝来している。

昭和三十五年五月、福井県文化財調査の際、本像を初見して以来、私は甚だ印象的な像容と上部の「賛」の筆跡に強い興味をもつこととなった。視線が上向きに見える半身像の上に観月の賛文がある。

しかし、本像の伝来を示す記録をたどると、今は忘れられた「鏡の御影」が本来の名称であることがわかる。同じ名称の肖像としては、京都西本願寺の親鸞聖人像（国宝　鎌倉時代）や京都金戒光明寺《こんかいこうみょうじ》の法然上人像（重文　鎌倉時代）が有名であり、いずれも「生き写し」に描かれていることからの名称である。

上部に記された「賛」（図2）は由来、道元の真筆として伝えられてきたものであり後述のように主要な論点となるものである。その識語に「建長己酉《つちのととり》」（元年　一二四九）の年記と「希玄自賛」（希玄は道元の別名）の署名があることから、本像が道元自筆の自賛の頂相であり、当然ながら生前、五十歳の寿像であることとなる。すなわち「鏡の御影」である。

しかし本像については、「賛」の筆跡を宝慶寺二代義雲《ぎうん》とし本像を義雲による複製とする見解(1)があった。そこで、義雲の著賛になる雲居道膺《うんごどうよう》像(2)（宝慶寺蔵）の筆跡と対比してみたが賛の筆跡の書風、書法が全く異なり同筆とみることはできなかった。

またその後、この義雲による複製説は訂正されて、この「賛」の筆跡を道元の直弟子、懐弉《えじょう》（永平寺二世）の「代筆」とし、その論拠として「賛」にある「希玄」の署名を、懐弉が「代筆」した時にのみ用いた署名であるとの説(3)が提示された。しかし、これも後述するように論証として成立し難いものであった。

（図1）「月見の像」建長元年　宝慶寺像

それに宝慶寺には、同じ道元の真筆として伝来した『名越白衣舎示誡』(4)（『示誡』）という一巻の書、すなわち道元が鎌倉幕府五代の執権北条時頼を教化するため鎌倉に下向した「鎌倉行化」の史実を示す史料となる書跡があるが、これも「賛」

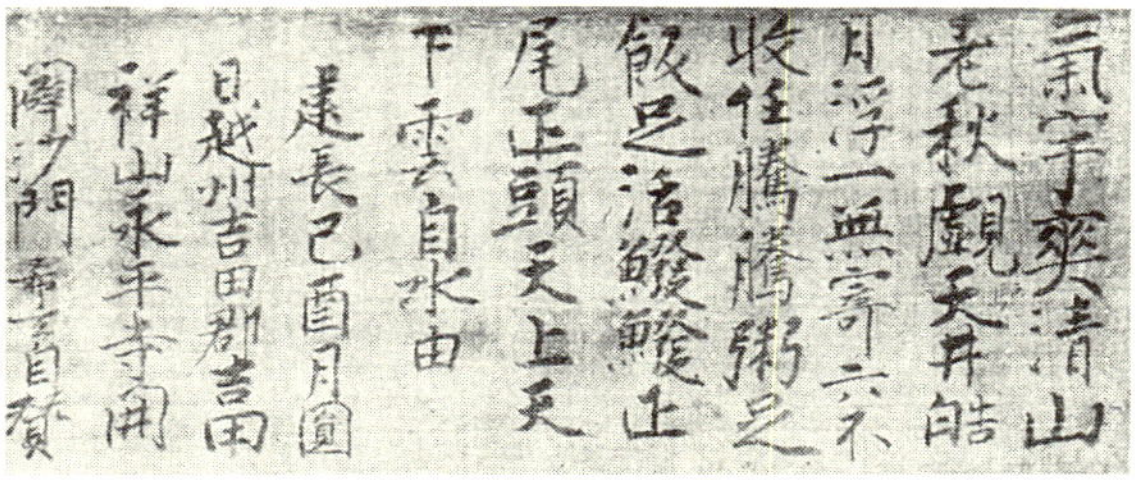

（図２）「月見の像」賛

に類似した筆跡であるとして、道元の真筆ではなく弟子懐弉の筆跡とされた。但し、こうした筆者の識別について、その根拠となる筆跡鑑識の提示はなく、画像の検討による論証が提示されたこともない。

しかし、この「弟子の筆跡説」がひろく知られるようになると、「月見の像」については室町時代の複製とみたり、『宗誡』については、この書跡にもとづく道元の「鎌倉行化」を後人の創作とし、諸伝にみる鎌倉下向を否定する見解も生じてきた。有名な頂相や書跡にして、これほど問題を抱えたものはないかと思われるほどである。

そこで、「基本的な認識」や適正、公正な鑑識の過程などの問題を明確にした上で、「賛」や『宗誡』それに道元の筆跡のなかで一般に最も注目される『普勧坐禅儀』などを採り上げ、拡大写真により鑑識し検証すべきこととなる。

しかし、その検討のまえに、まず「鏡の御影」から「月見の像」へと名称が変移した来歴とそこに生じた問題について、みておくべきであろう。

一体、「月見の像」という頂相としては他に類のないロマンチックな呼称がどうして生じたのか。この呼び名に結びつくものとして目につくのは上の「賛」の年記である。そこに「建長己酉月圓日」とあることから、本像は道元が中秋の名月を眺める姿として描かれたものかと思える。

しかし、頂相として他に類のない名称であり、頂相というものの本来の性格からすれば、この呼称が当初からのものとは思えない。

現存する本像の伝来の記録で最も古いものとして慶長十六年（一六一一）の『本光国師日記』[5]第四に記録がある。徳川家康に仕え、寺院法度を起草し寺社を管掌した本光国師金地《こんち》院崇伝《いんすうでん》（一五六九〜一六三三）の記録である。その内容は、永平寺隠居の霊梅院が本状に列挙されている宝慶寺の什物を持ち出して返さないので返還させてほしいという訴状を記録したものである。そこには、宝慶寺の多くの什物の名前が記され、そのなかに、道元の師、如浄と道元の両頂相の名が次のように相並べて記されている。

一如浄禅師御影　自賛
一道元和尚鏡之御影　自画自賛

次いで『越前地理指南』[6]（貞享二年）には曹洞宗宝慶寺の項に

如浄和尚自画自賛の像アリ
道元和尚自画自賛の像アリ

また『大野寺社縁起』[7]（文政十三年）には

天童如浄禅師真影
永平寺初祖月見真影　鏡の御影と称す

とある。ここで注目すべきは、師如浄[8]と道元という師弟の両像をあい並べ一組のように記していることと共に、江戸初期の道元「鏡之御影」の称が幕末期に至って、むしろ「月見真影」の称を主とし、本来の「鏡の御影」の称を従にしたような書き様で示されていることである。つまり以上のような経緯から恐らくは江戸中期から幕末期にかけて新たに「月見真影」すなわち「月見の像」の呼称が生まれるような事情が発生したのかとの推測が可能となるが、実はこうした名称の移り変わりに関係するものとみられる著述がある。道元の伝記『建撕記《けんぜいき》』[9]に江戸時代後期の宗門の学者・面山瑞方《めんざんずいほう》（一六八三～一七六九）が注釈を付した『訂補建撕記』（宝暦四年　一七五四）である。その建長元年己酉の条をみると

コノ中秋ニ翫月《がんげつ》セラレシニ、傍在ノ僧、ソノ仰月ノ姿ヲ直ニ写シテ、賛ヲ請シテ述賛セラル　画賛ノ真蹟、大幅ニテ、今越前大野ノ宝慶寺ニアリ、文言左ノ如シ

とあり、続いて「賛」の全文を示したあとに

月円ノ日トアレバ、定メテ中秋ナルベシ尊顔モ仰月ノ模様ナリ

との注釈が付されている。ここには宝慶寺の道元頂相について、「鏡の御影」としての性格と共に「観月の相」をも見取る記述があり、「月見の像」の名称にも通じるところがある。

つまり面山の記述は、「賛」に示された深奥な禅語の内容を離れて実にロマンチックな表現に終始している。

そこで考量されるのは、「月見の像」の名称は江戸時代後期に面山が記述した、このロマンチックな表現に端を発し次第に通俗的な名称として定着していったものではなかろうかということである。

しかも以上のように記録からみた名称の変移ということの外に、実は「月見の像」の画像そのものの検討によって、この名称の変移に関係する意外な事実が明らかとなる。すなわち先に述べている、本像

道元の面貌と袈裟の環に後代の入墨加筆があり、そこに異様な表現が認められることである。しかし、この問題は拡大写真によって明確に提示し得るものであり、そこに「鏡の御影」から「月見の像」への名称の変移にかかわる要因が見出されると考えられる。

2 「月見の像」画像の問題

古い作品について、その制作期を判断し認定するためには何らかの証明が必要であり、そのための検証が行われなければならない。

特に本像のように異論が提示され、制作期について甚だあいまいな見解も提示されている場合には注意すべきこととなる。

本像の場合、甚だ簡素な表現であるため様式論による考察は難しいが絵絹の時代性をみることはできる。本像の絵絹は緯《よこ》糸の数が多く二本ずつ並列する経《たて》糸の倍近い太さで割に密な平識である。この織や絹糸の様相からみて鎌倉中期頃の絵絹として不自然ではない。同後期頃以降、経糸より緯糸の数が減少するのが一般であり、さらに室町期になれば、いわゆる足利絹という脆弱な織成のものになる。本像の絵絹は古いものに通有の良質な絹糸でしっかりした織成がなされている。そのため、かなりの断爛《だんらん》があるにも拘らず一見したところでは綺麗に整ってみえる。しかし背後からの透過光でみると絹地の断爛はもちろん、欠損もあることがわかる（図3）。

しかし、昭和三十年代に表具を改装した際、断爛はよく整えられ欠損も目立たぬよう納められている

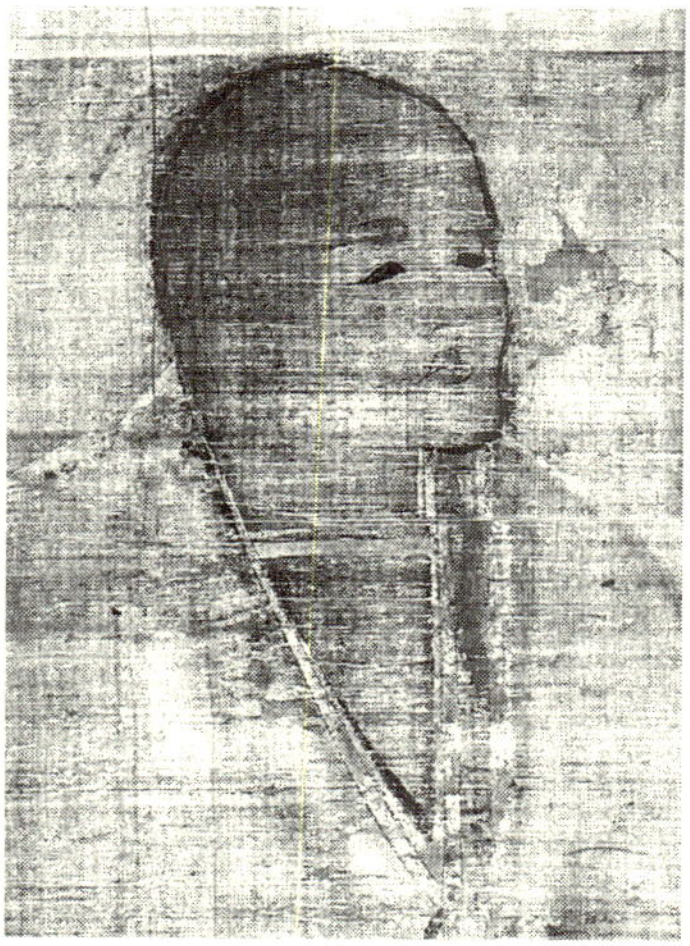

（図3）

ことが観察される。当時の絵絹には種々のものがあり簡単には片づけられないが本像の絵絹に時代的な矛盾が認められるとはいえない。

次に画像の検討に移るが、まず面貌について特に述べることがある。頂相の面貌にはデフォルメされた描写もあるが、「月見の像」については、あまりにも個性的、いわば異相といってよい印象的な面貌の描写に目をひかれる。

顱《ろ》頂骨《ちょうこつ》や顴骨《かんこつ》が高く、鼻や唇も印象的にみえる。また類例のない「観月の相」ともみえ、即、「賛」の内容に契合するものであるかにみえることとなる。しかし、一見、中天の月を窺うかに見える道元の瞳に注目するならば、意外な事実を認めることになる。

すなわち、まず瞳の異常に気づくはずである。実はその瞳が、本来は小さい瞳孔の部分だけを黒く塗り表すべきところ、そこからはみ出して異常に大きく白目のところまでも黒一色に塗り潰されてしまっているのである（図4）。

しかも、そのためであろうか、左右の瞳が視線を違え、右目は上向きで左目が下向きという斜視のように描かれているようにみえる（図5）。

さらにこれを拡大撮影してみると、この瞳の墨色が、これをとり囲む上下眼瞼《がんけん》の描線と共に異常に鮮明であり甚だ不自然に見える。

（図４）

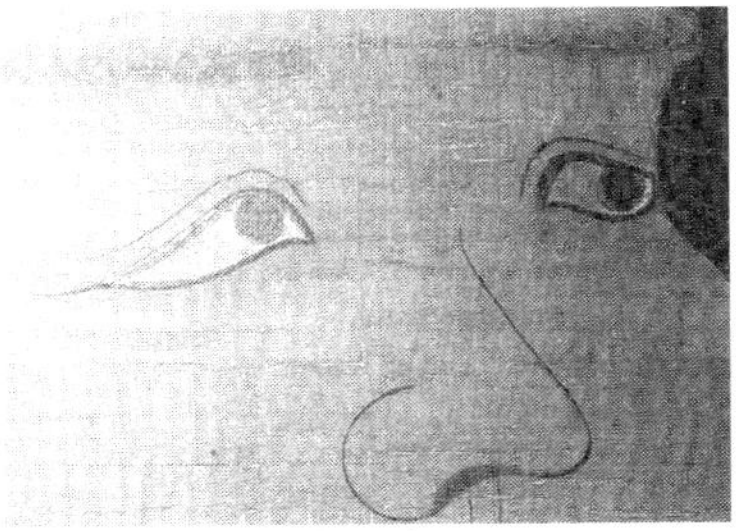

（図５）

つまり、このような現状の意味するところは後代における入墨加筆とみるほかはない。年代を経て墨色が薄くなったところへ、恐らく江戸時代になって不注意に筆を加えたものであろう。こうした加筆は鼻や口などの描線にもみられる上、頭部周辺の墨暈《ぼくうん》にまで及んでいる。このことは下顎や眉の描線などと比較してみればよくわかることである。

これまで、この加筆や視線の異常について指摘されたことはないが、この面貌が異相であるようにいわれることがあるのも、この加筆が原因であろう。この加筆の結果、近くで見る時には視線が左右で違ってみえるが、少し離れて見た場合は、上目づかいに見え、即、中天の月を窺うかのように見える。つまり加筆によって恰《あたか》も観月の姿――「月見の像」となる。

江戸時代初期には「鏡の御影」と称され、江戸中期の面山の記述にも「月見の像」はない。しかし、その記述には道元の「翫月の姿」とあり「尊顔モ仰月ノ模様ナリ」として本像が月をめでる「月見の像」であるとしている。

このことに付会してみれば、面山が本像を拝観した当時、すでに瞳は加筆され塗り潰された際に右の眼は視線を上向きに変えたのか、それともまた、面山の記述が知られるようになってから加筆が行われ、その際、面山の記述に沿うような形で右の瞳が上向きに視線を変えるような加筆になったかとも

（図７）

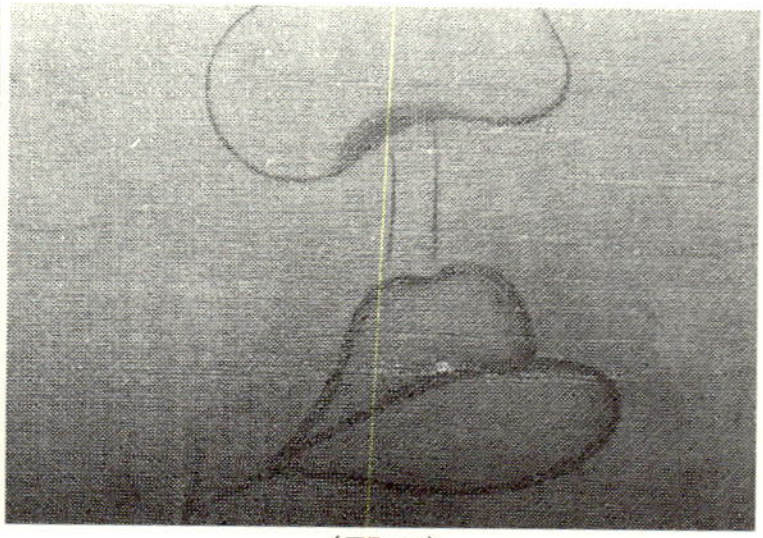

（図６）

みられよう。

いずれにせよ、その結果、江戸後期の『大野寺社縁起』に至っては、新出の「月見真影」の称を主とし、本来の称「鏡の御影」を従とすることとなった。かくて面山の記述と本像の面貌が合致することとなり、「賛」にも完全に契合するものとして「月見の像」の称がひろく定着するようになったと考えられよう。

ところで加筆されたなかでも、特に目、鼻、口唇などの描線が太く塗り加えられている（図６）。そのため、当初の薄くなった描線に太い加筆の線が重なり、墨色はもちろん描線の質が全く異質にみえるところがある。これは当初の描線を示す下顎などの筆線と比較してみれば一見して明らかとなる（図７）。

思うに、このような後代の加筆による鈍い描線や不自然さの印象から本像を室町期頃の複製、転写本などと即断されることもあろう。

そこで他の頂相と対比してみるため、同じく宝慶寺に伝来する雲居道膺像（鎌倉時代）の面貌の部分と対比してみるならば、以上に述べた問題は瞭然となる（図８）。

このような加筆は殆ど消えかかった面貌の描線を明確にする目的で行われ

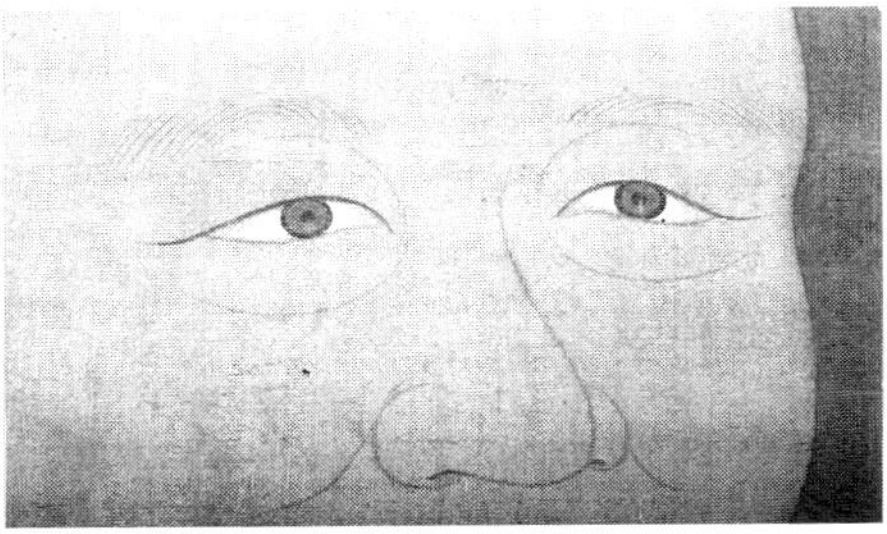

（図８）

たものであろうが、また面貌とは別に、先に述べた袈裟の環の部分にも異様な状況が認められる。これは幕末嘉永三年に始まった衣体論争「袈裟の環事件」の際、この袈裟の環を消去するために手を加えた痕跡である。

これまで、画像の製作期などに関連して、以上のような問題が提示されたことはなく、一般には殆ど知られていないが、この袈裟の環については、あとで「月見の像複製説」のところで採り上げておきたい。

さて、以上に述べたような問題はあるにしても「月見の像」が後代に転写複製された模本などとは考えられない。むしろ次に述べる「像容」についても更に検討を重ねることにより、本像が道元在世時「賛」の年記どおり建長元年に描かれた貴重な自賛の頂相であるとの蓋然性は強くなるのである。

注

１　大久保道舟『道元禅師伝の研究』（岩波書店　昭和二十八年）

２　曹洞宗の高祖洞山良价の法嗣。雲居道膺の頂相。この派下に代表される曹洞宗の法系は次第して天童如浄に嗣がれ、その法嗣道元により日本曹洞宗が開かれた。本像に記された賛が宝慶寺二代でのちに永平寺五世となり、永平寺の中興と称された義雲の筆跡である。

3 複製本として出版された画像「永平道元禅師観月の御影」（大修館書店）昭和五十一年に添付された大久保道舟氏の提説。

4 『涅槃経梵行品』にある「阿闍世《あじゃせ》王之六臣」の一部を書写したもの。巻末に「宝治二年戊申二月十四日書干相州鎌倉郡名超白衣舎」とあることから「名越白衣舎示誡」（超は越に変わる）と称する。この奥書のあとに宝慶寺の三代で永平寺六世となった曇希《どんき》による「鷹福住持比丘曇希護持」の付記がある。

5 『大日本佛教全書』（七十九巻　日記部五　講談社　昭和四十七年）

6 杉原丈夫・松原信之共編『越前若狭地誌叢書』（上巻　松見文庫　昭和四十八年）

7 同右下巻所収。

8 如浄（一一六五～一二二八）は嘉定十七年に明州太白山天童景徳禅寺に勅住。道元は如浄に参学し正伝の仏法を印可された。

9 永平寺十四世建撕（一四一五～一四七四）の著作。面山の注釈になる『訂補建撕記』の印本は『訂補建撕記図絵』（『曹洞宗全書』史伝下）

三　「身現円月相」の「鏡の御影」

1　袈裟の輪事件

「月見の像」の面貌を中心とする後代の加筆について、これまで具体的な検証が提示されたことはなく、当然、複製説との関連において検討されたこともない。しかし、以上の複製説とは関係はないが、ここでもう一つ、本像の「袈裟の環《かん》」の部分にも、これを塗り潰したり、その後また復元したりしたという後代に手を加えたあとがみられることについてもふれておくべきであろう。

これは幕末嘉永三年（一八五〇）に、曹洞宗の両大本山、永平寺と總持寺との間に発生した、「衣体」についての論争、すなわち「袈裟の輪事件」から生じたものである。

永平寺は『正法眼蔵袈裟功徳』などの記述により「古規用」と称して袈裟に環をつけないことを主張し、總持寺は「世間用」といわれる環つきの袈裟をとるべきであると主張した。どちらを正しいとするか、の裁断を幕府に仰いだ際、永平寺は所蔵する「無環の袈裟」に描かれた道元頂相（室町時代）をその論拠とした。

幕府の裁決は一応、永平寺の方を「無環の袈裟」とし、總持寺の方は「意趣次第」としたが結局、どちらかに決定することはなかった。とはいえ以来、永平寺の方では永平寺の「無環」に描かれた道元像が宗門の代表的頂相とされるようになり「有環」に描かれた宝慶寺の「月見の像」は殆ど没却される状況となった。しかし、永平寺に現存する七世から十七世までの住持の頂相（十・十一世は亡失）をみても、すべて有環の袈裟に描かれていることから、この論争は無意義なものと思われる。また、これらの頂相に描かれた袈裟の環には、これを消去しようとしたかのように薄くわかりにくい状態を示すものがある。恐らく衣体論争の主張に合わせて環を抹消しようとしたための痕跡と思われるが、他にも画像や木像に袈裟の環があるものを無環に見えるように描き直したり削りとったりしたものがあるといわれている。

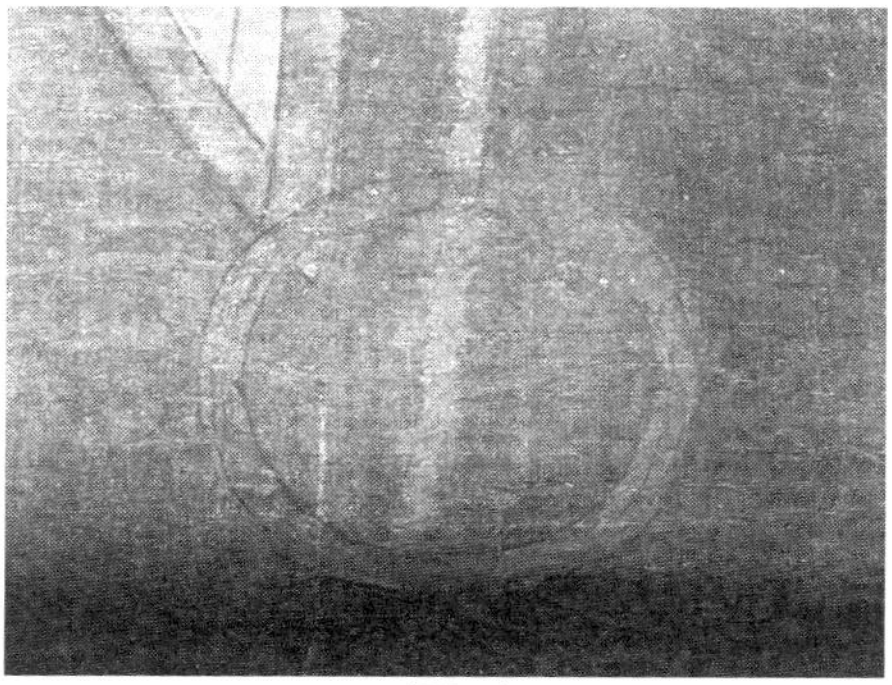

（図1）

つまり、同様のことが「月見の像」においても認められるわけで、従来より「一旦黒色に塗り潰されたものを何らかの理由で再び原形に復したと見るのが妥当と思われる」[1]との指摘が提示されている（図1）。

2　「賛」の代筆説と複製説

「月見の像」と通称されるようになった真影「鏡の御影」は以上のような経緯のなかで埋没されたような状況になったことがわかる。

しかし、大久保道舟氏『道元禅師伝の研究』において、本像が最も

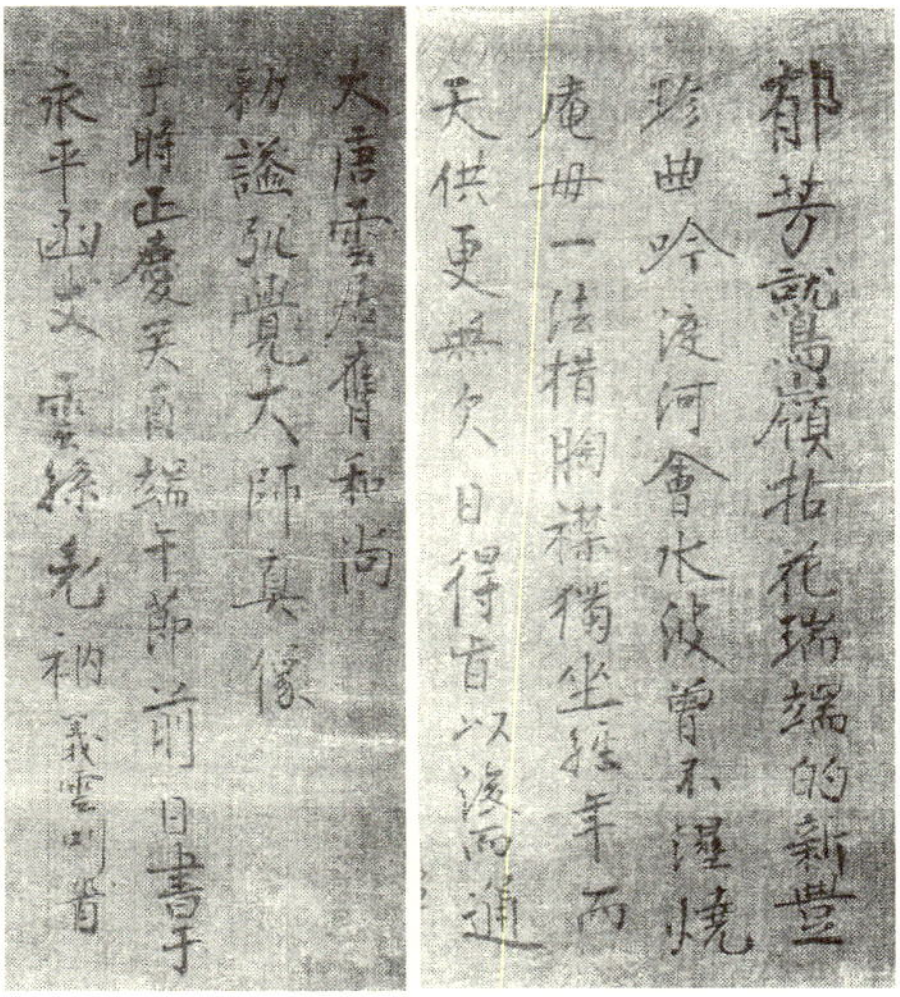

（図２）義雲筆　雲居道膺像

古く信頼できる道元の真影を写した頂相であるとして紹介され、以後、その印象的な像容は道元の頂相を代表するものとなった。

同著には「画面全体にわたって剛健雄大な気風が横溢し、真に大哲学者、大宗教家の面目を思わしむるものがある」「その史的伝承といい、また真影としての時代的価値といい、他に比類のない優秀なものであるが、上掲のごとく袈裟が有環であったがために宗門からは殆ど顧みられなかった」とあり、道元頂相の第一に推すべき評価と、それにも拘らず没却されていた事情について説かれている。

ところがその一方で、同氏が「月見の像」を弟子による複製であるとする所説を提示され、「賛」の筆跡を宝慶寺二代で永平寺五世義雲（一二五三〜一三三三）のものと推定し義雲の複製になると説かれた。

その理由としては「係賛の筆跡が宝慶寺二代義雲の筆法に似ている（図2）ことと、またそれが同寺に伝来している歴史的事実とから綜合して恐らく同師の時代に複製されたのではないかと想像する」ことをあげられている。

しかし「月見の像」の「賛」の筆跡は義雲の筆跡とは書法、筆法を全く異にしている。

ただし右の義雲複製説も、その後、双方の筆跡の違いに気づかれたのか、この所説を変改されている。「月見の像」の複製本として出版された「永平道元禅師観月の御影」（大修館書店　昭和五十一年）に添付された解説のなかで大久保氏は前説を訂正して、この「賛」の筆跡を永平寺二世懐弉《えじょう》（一一九八～一二八〇）の代筆とし、本像を懐弉による複製と説かれた。すなわち「禅師の直弟子懐弉が禅師の真影を基本として写し、それに賛語を代筆したものと推定される」「本像を懐弉の作製と断定した所以は、係賛が懐弉の代筆と認定されたからである。その理由は係賛に希玄自賛と署名されているが、この希玄なる署名は他の場合、懐弉が代筆した時にのみ用いられているので禅師の自筆と確認された文書の中には存しない。希玄と書かれた場合は殆ど懐弉の代筆にかかっている」と論定された。しかし、筆跡鑑定について述べられるところはなく、希玄の署名を懐弉が代筆した場合の署名とすることについての裏づけとなる論証もない。

しかるに現在、この「懐弉代筆説」だけでなく、先のすでに変改された「義雲筆跡説」までもが、そのままに踏襲されている場合がある。つまり、適正な鑑識の提示がないまま、見解が曖昧な状況のなかで、近年には画像そのものについても室町時代の複製とみる見解まで提示されることとなった。

さらに、右の「懐弉代筆説」では筆跡の鑑識ではなく「賛」に記された「希玄」の署名をもって「懐弉代筆の証」とされているが、この署名については問題がある。道元には「希玄」のほかに「道玄」の署名もあり、この三点の署名については用いられた年代が異なるのであろうとする辻善之助氏の見解[2]がある。それによれば「希玄」は『建撕記《けんぜいき》』に五ヶ所、「道玄」は六ヶ所みえると指摘されている。

ここでは次に「道玄」の署名について写真図版を参照できる資料として『道元禅師真跡関係資料集』[3]に収載されている四点を採り上げてみたい。

(1) 如浄諱辰偈　寛元二年（一二四四）景福寺蔵（『資料集』図版二九六頁）
(2) 佛前齋粥供養侍僧事　寛元四年（一二四六）永平寺蔵（同右図版二九七頁）
(3) 立春大吉文　寛元五年（一二四七）永平寺蔵（同右図版二九八頁）
(4) 法語　宝治元年（一二四七）鈴木清氏蔵（同右図版五一六頁）

右四点のいずれにも年記と共に「道玄」の署名がある。もし「希玄」の署名が懐奘の代筆を意味するとの説によるならば「道玄」も誰かの代筆を示すものと見做すほかはない。ところが、これら、ほぼ同年代に書かれた資料四点の筆跡は同筆ではなく、ここでは「道玄」の署名を誰か一人の代筆を意味するものとする推定は成立しない。しかも注目すべきは「道玄」の署名をもつ(4)法語の筆跡が、別の「希玄」の署名をもつ法語（大徳寺蔵『資料集』図版五一五頁）と全く同筆と認められることである。この二点は際だって特異な書風を示しているため写真図版でも同筆であることを判定し得る。また勿論、これらの筆跡には道元または懐奘の筆跡に通じるところは全くない。つまり、これらの資料でみても「希玄」や「道玄」の署名をある特定の人物が代筆にあたった時に使用した署名であるとする推定は成立し難く、こうした場合、筆者の推定に署名のみを論拠とすることは妥当でないことが首肯されよう。

3 「賛」と像容

「月見の像」実は「鏡の御影」の像容について検討する場合、まず、この頂相上部に記されている「賛」についてみるべきであろう。「賛」の部分は改装時の裁断のため窮屈になっているが筆跡は損なわれていない。次のように六句から成り識語がある。

（賛）

氣宇爽清山老秋

駍（加筆）

覷天井皓月浮

一無寄六不収

任騰騰粥足飯足

活鱍鱍正尾正頭

天上天下雲自水由

（訓《よ》み下し文）

気宇は爽清なり山老《さんろう》の秋。

（駍《ろ》は驢の俗字）

天に井と驢《ろ》を覰《み》るに皓月浮かぶ。
一に寄る無く六も収めず。
任騰騰《にんとうとう》として粥足《しゅくた》り飯足《はんた》る。
活鱍鱍《ばつばつ》たり正尾正頭《しんびしんず》なり。
天上天下雲自水由《うんじすいゆう》なり。

ここでまず注目すべきは「覰天井驢皓月浮」の第二句と識語に記された「月圓日」の語句である。本来は「鏡の御影」であった本像であるが、後代、恐らくは江戸時代になって面貌に加筆され、両眼の瞳が塗り潰された結果、特に右眼は恰も中天の月を窺うかのように不自然な上向きの視線にみえることとなった。

とはいえ、この面貌は「賛」の「皓月浮」や「月圓日」の語句によく契合したものとみることもできよう。そこでこの一見、上目づかいにみえる面貌に「観月の相」が見出されるとして、頂相には類のない「月見の像」というロマンチックな通称が今日、定着するものとなった次第である。

しかし、瞳全体を黒一色に塗り潰した不自然な後代の加筆により、右眼は上方に、左眼はやや下方にと、左右の視線を違えることとなったこの面貌をもって、中天の月を見る姿、すなわち「月見の像」とみることは不当となろう。

また一方、「賛」は教理や修行について、禅門独特の深い意味をもつ禅語によって構成された偈頌《げじゅ》であることを考えれば、「皓月浮」「月圓日」を単なる自然界の風物を記したものとみるのではその真意はみえてこない。

従って、この「賛」の解釈については、道元の仏法を説く教説を記録した上堂語（法堂《はっとう》で説かれた講説）は勿論、それと関連する道元の代表的著作となる『正法眼蔵』を参照すべきこととなる。

そこでまず、先に注目すべき語句として採り上げた第二句と識語に記された「月圓日」について道元の教説に関連するところをみることとしたい。

①「覻天馿井皓月浮」

この第二句右側の行間には見落とし易いが「馿」（驢の俗字―ろば）の一字が書き加えられている。この加筆は「書き落し」を書き加えたものとみられるが、こうした「書き落し」は他の墨跡でも時に見うけられる。宗峰妙超《しゅうほうみょうちょう》は渓林南嶽偈の末尾に書き落した「寒」一字を加筆しているし、道元筆『普勧坐禅儀』（永平寺蔵）にも本文八行八字目に一字訂正と六十行四字目に加筆一字が認められる。

この第二句に通じる禅語としては「驢覻レ井、井覻レ驢」がある。これは『永平広録』に収録された道元の永平禅寺での上堂語に示されているもので、中国曹山《そうざん》の住持、曹山本寂《ほんじゃく》禅師と徳上座との問答を引用した法堂での説法である。

すなわち、曹山本寂が『金光明経』にもとづいて、仏の真法身《しんほっしん》（真如―万有の根源的実相）は行住坐臥のなかで、どのようにして現われるか、という公案をもって行なった徳上座との問答である。

徳上座は『金光明経』に「物に応じて形を現わすこと水中の月の如し」[4]とあることから、「無心、無意識」にみる姿として「驢の井をみるが如し」と答えた。これに対し曹山は、未だそこに「見る、見られる」の対立があり、不充分であるとして「井の驢をみるが如し」と示した。

道元は右の問答を上堂の説法で引用しているが、道元の説法においては、右の曹山、徳上座の問答「驢の井を覷る」「井の驢を覷る」に続けて、さらに「井の井を覷る、驢の驢を覷る」と示している。

すなわち、相対性をもつ事象は無限の姿を表すが、相対性のない世界では驢が驢を覷るようなものであり、主観、客観が消えれば、井が井を覷るようなものであるとして無心の何ものにもとらわれない妙《みょう》用《ゆう》の境地を説いている。

ところで本題となる頂相の「賛」第二句には、右の曹山、徳上座の問答を引用した道元の上堂講説にはない語句「天」「皓月浮」と、これに重ねるように識語の「月圓日」がある。共に天空のまるい月、円月を示しているが、この「円月」を単に自然界の風物としてみるならば、その情緒を表すのみの、まさに「月見の像」となる。

しかしそれでは、先にみた道元上堂の講説と共に深い思索的禅語をつらねた「賛」の意義はどうなるのか、である。

②「身現円月相」

真如は「月」にたとえられているが、この「賛」において「皓月」「円月」が示されているのは何故か。「皓月」は悟境の風光を表し、円月、円満、完全な姿を「円月相」「仏性の相」というが、竜樹《りゅうじゅ》が仏性の具体相として、「坐禅の姿」を示したとき、満月の輪相を表したことから、これを「身現㆓円月相㆒」（身に円月相を現す）と称するという（『正法眼蔵』仏性）。

すなわち、「坐禅の姿」が「身現円月相」であるならば、永平禅寺僧堂における住持の椅子に坐した像容を示すこの道元頂相こそ、わが国坐禅の規矩を定め、坐禅を仏道の正門とした道元の只管打坐《しかんたざ》の姿、即「円月相現」の像となろう。

なお右に続く第三句からあとの「賛」をみると、

第三句「一無㆑寄六不㆑収」—相対性をもつ分別心、一心によることなく、六根による主観、客観が消え、

第四句「任騰騰粥足飯足」—何ものにもとらわれず、無我自在となり（食の満足、飽満《ほうまん》なるにたとえて）、修行の功が成熟するとし、

第五句「活鱍鱍正尾正頭」—生き魚の躍るように全身に活気が溢れ、

第六句「天上天下雲自水由」—行雲流水にまかせるごとく脱落した無礙自在の境地に至る。

となる。

因みに『正法眼蔵』「都機《つき》」の巻には「月—心月」について説かれている。「都機」は万葉仮名による「月」である。巻頭に釈迦の言「仏の真の法身は虚空のようなもの。その物に応じて形を現ずること水中の月のごとし」（『金光明経』二四　天王品）が引用され、次いで盤山宝積《ばんざんほうしゃく》の説く「月にあらざるは

心にあらず、心にあらざる月なし」の「心月弧円」を、さらに六祖慧能《ろくそえのう》（中国禅宗六祖）の「一心一切法、一切法一心」を引用し説いている。

これについて玉城康四郎氏は「月そのものがかれの意図の実物である。われわれが大空に仰ぐ客観的な月ではなく、まさに心月である」「見られている心でもない、また見ている心でもない。見る・見られるを離れた即今の心そのもの。心がそのまま一切の存在、一切の存在がそのまま心である。さらにいいかえれば心である一切の存在がことごとく月であるということになる」(5)と説かれている。

すなわち右はそのまま、「賛」の第二句「覰天井驢皓月浮」の検討において採り上げた道元の上堂講説に説くところと全く合一している。只管打坐を示す「身現円月相」即、道元の「鏡の御影」である。

注

1 関口道潤「宗源祖師の頂相に就いて」（『宗学研究』三四号曹洞宗宗学研究所　一九九二年）

2 辻善之助『日本佛教史』（第三巻二六六頁　岩波書店　昭和二四年）

3 永平正法眼蔵蒐書大成刊行会（大修館書店　昭和五五年）

4 『禅学大辞典』「曹山法身」（曹山録）（大修館書店　昭和六〇年）

5 玉城康四郎「正法眼蔵（抄）都機」『日本の名著　道元』（中央公論社　昭和四九年）

四　「鏡の御影」像容と性格

1　只管打坐を表徴する像容

「月見の像」は、識語の年記「建長己酉《つちのととり》月圓日」から、道元五十歳の寿像「鏡の御影」であることがわかる。

そこで寿像「鏡の御影」であるからには、まず像主道元の面貌について対看写照が行われたはずである。肖像の場合、肖似性が第一であることは当然ながら、ことに伝神写照といわれる面貌の写実を追求した鎌倉時代の頂相においては、像主を目前に、その生ける真影を写しとる紙形（下絵）の作製が重要であった。となると本像の制作の時期については、

（1）後代における転写による模本。

（2）寂後にしても時をあまり隔てず、まだ紙形が存在した時期、それを本《もと》に描いたもの。

（3）在世中に描かれた原本。

右のいずれかという検討に移ることとなる。勿論、この問題は「賛」の筆跡鑑識により確定的に解決

されることとなるが、ここで画像についても検討しておきたい。

まず本像を（1）の後代における模本とすることについては次の二点において認め難い。《第一》は面貌である。但し先述した加筆の問題ではなく面貌の表現についてである。異相ともいえる本像の面貌については先に述べた後代の加筆によって、その印象をさらに強めることになったとみられる。しかし加筆で太く不自然な線描に変化した部分があるとはいえ、顱頂骨や頬骨が高く鼻、唇も印象的にデフォルメされた描写の本質に変化はない。こうした個性を率直に表す本像に後代の模本としての特徴がよく認められるであろうか。

こうした面貌を生彩をもって破綻なく写しとることは難しいため、模本の場合は無難な面貌の自ずから理想化された表現に描き変えられ易い。特にはるか後代の転写本ともなれば、まず美化され理想化されて個性的な特徴が希薄になる。事実、本像を後代に転写したとみられている永平寺蔵道元像の場合、一見して、美化し形式的観念的表現に写し変えられている様相が明らかである。

この永平寺本は大久保道舟氏により室町末期の制作とされた紙本著色の画像であるが、同氏は「画像全体が最も調和的でその面相といい、その姿態といい、すべてが高尚に描かれている」[1]と評された。また笛岡自照氏は「祖山本のご面相はどうかというに頬骨の部分や唇の部分、さらには眼の形に至るまで、宝慶寺の月見の像のそれらをやや軟らかい感じのものにしたというか、より高尚化したというか、そのような相違はあるが、一口にいって両者のご面相は非常によく似ている。恐らくは永平寺所蔵本の高祖の筆者は宝慶寺本のご面相を念頭に置いた上で、より調和のとれた全身像を画いたものではあるま

（図1）永平寺蔵　道元頂相

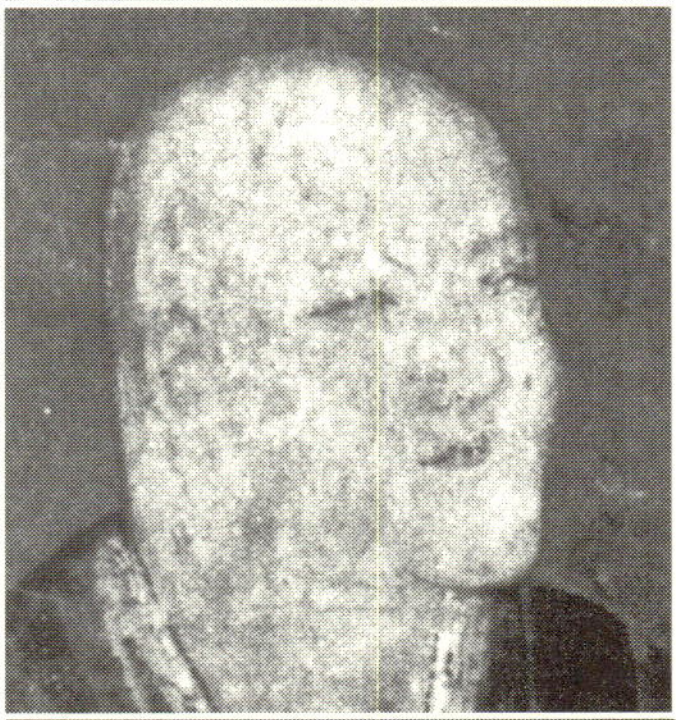

永平寺本頭部分

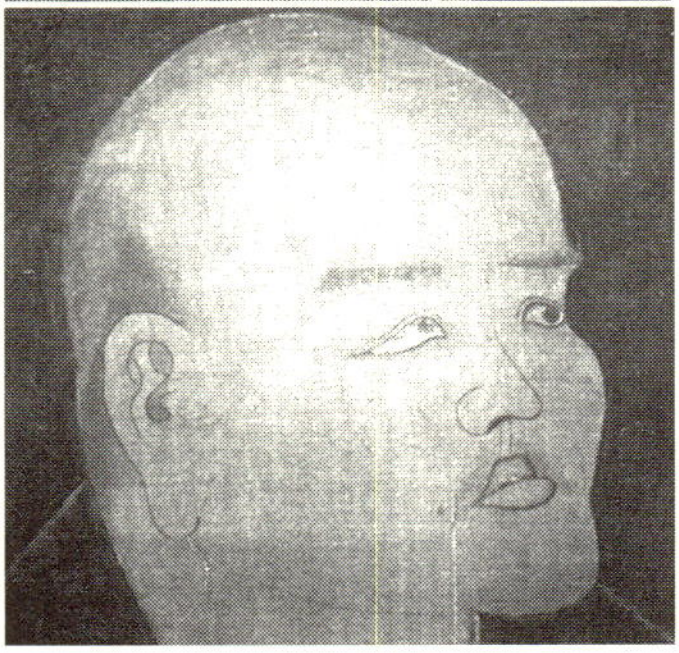

宝慶寺本頭部分

いか」[2]と双方を対比して述べられている（図1）。

つまり「鏡の御影」として描かれた通称「月見の像」の面貌には理想化、形式化された観念的表現はなく、その生彩をもった個性的表現に後代の転写本としての様相を見出すことは難しいのである。

次に本像を模本とみることに否定的な見解として採り上げるのは、《第二》像容の問題である。すなわち本像は「像主道元の意向―思想を反映した必然性を表す像容」として描かれていることを指摘したい。すなわち画像の制作が在世中か寂後かの問題を検討することになる。

一枚の紙形から同一の寸法と像容をもった頂相が多作されたことはよく知られている。しかし、その制作が像主の在世中と寂後とではどうか。寂後の制作では紙形から絵絹に転写するだけの作業に終始する結果、生彩の薄いものにならないか。一方、在世中の制作では、像主を目前にすることとなり、描き上げる過程で像主の意向が画像に反映されることとなろう。つまり、そこに像主自身の意向により、像容に特別な性格、像主の思想が反映されるであろうことも考慮すべきであろう。

　本像の像容は寿像に相応しく右半側面(3)に描かれ、腹前に両掌を重ねて坐す半身像である。肉身は肥痩のない淡墨線で輪郭し、唇に薄く朱をさし、襟元や袖口にのぞく内衣と重ね合せた左手の爪に白色を塗る。眉の毛筋を淡墨線で細かくひくが、目・鼻・耳・口・口脇の皺・人中などは簡潔な描線で表す。

　但し先に述べたように、目・鼻・口など、もとの細い描線が後代の加筆で異常に太く不自然となり、特に瞳の加筆は白目まで塗り潰したところがあり、また袈裟の環の部分には描き変えがあるところなどもみえる。

　しかし右のような加筆があるとはいえ、総体の画風や表現の本質的なところを見誤るようなことにはならない。

　すなわち本像の表現は面貌の細部を冷厳に見つめて細密克明な描写を行う「宋画風」のものではなく、スケッチ風に対看写照で捉えた特徴を簡潔な描線で印象的に表す「大和絵」における似絵《にせえ》に近い表現といえよう。これは宋画の頂相を代表する東福寺の無準師範《むじゅんしはん》像（図2）や宋画風に描かれた建長寺の蘭渓道隆《らんけいどうりゅう》像（図3）などと比較すればよくわかることである。

　金沢弘氏は「極度に鋭い面貌描写」「素晴らしい実在観」をもつ宋代末の頂相の影響下でわが国でも宋風画の頂相がつくられたが「当初から伝統的な大和絵肖像画の描法に準じた像が描かれたことも事実である」「宋画風」か「大和絵風」かは「あくまで程度の差であるので厳密な分類をすることは不可能

（図２）無準師範像

（図３）蘭渓道隆像

（図４）兀菴普寧像

である」とした上で、宋画風頂相の特色として、面貌や肉体の量感をよく表現して立体的、墨線墨暈が主で彩色は地味であることを指摘された。一方、大和絵風の頂相については、詫磨《たくま》長嘉《ちょうが》の描いた兀菴《ごったん》普寧《ふねい》像（図４）をとりあげ、肥痩のない硬い描線で筆速はさほどなく穏やかな表現、面貌・衣などの平面的な表現、色彩の多様と文様の重視など、従来の大和絵肖像画の様式技法によるものであるとして両画風の違いを指摘されている。(4)

では本像の場合はどうか。面貌の描写については先に述べた。ここで本像の画面構成についてみるならば、墨染めの衣の部分が全く装飾のない質朴な椅子の後屏と共に画面の殆どを占めるという凡そ類のない構図である。また墨暈を主とする画面の殆どが墨一色でつとめて簡略に描写され極めて素朴な表現である。先の蘭渓道隆像や妙智院の夢窓疎石像も簡素な表現の頂相としてあげられるが本像は一層質朴である。一般に初期の頂相は質朴であるといわれるが、本像にみる彩色の淡泊さや画面の質朴さは際だっている（図５）。

（図５）宝慶寺蔵「鏡の御影」

右のような本像の極めて素朴な表現は「宋画風の頂相」の特徴となるものである。ところが一方、面貌の描写はもとより画像全体が平面的な表現であって、そこには「大和絵風」の和やかで親昵な感情が流れている。

このように、本像の表現が先の「宋画風」や「大和絵風」という頂相の類型にそぐわない独特の様相を表していることの意義は何か。考えられることは曹洞禅の宗風であり、道元の仏法である。その類をみない質朴さには即、「只管打坐」を標榜する道元の思想が表徴されているとみるべきではなかろうか。

2　道元の思想を表徴した「鏡の御影」

『正法眼蔵　行持《ぎょうじ》』下巻には道元の師如浄について「紫衣・師号を表辞するのみにあらず、一生まだらなる袈裟を搭《たっ》せず、よのつね上堂入室《にっしつ》、みなくろき袈裟・裰子《とっす》をもちいる」という記述があり、師如浄にみる孤高の人物像の一端が述べられている。

「鏡の御影」は色彩、文様など一切排した「くろき袈裟」と質朴な椅子の後屏が画風の殆どを占めている。この一切の虚飾を排した質朴な像容こそ、師如浄から受けつぐ正伝の仏法「只管打坐」を表徴するものといえよう。

また本像は「半身像」であり、わが国の頂相では通例の「全身像」にみられる法衣に袈裟をつけ払子《ほっす》または警策《きょうさく》か竹篦《しっぺい》を手に袖と裳先を垂下して曲彔《きょくろく》に坐し、沓床に沓を置くという一般形式から完全に離れている。さらに左の掌を右の掌の上に重ねて坐す姿は日常の「只管打坐」の姿であり、後屏は僧堂の住持位の椅子の背である。鎌倉時代、禅宗が伝来した当時、住持以下大衆《だいしゅ》が坐禅から食事、睡眠まで一切、僧堂内で行うと定めた宋規によっていた。すなわち、本像は像主道元の必然性をもった日常の姿であり、多くの頂相にみる観念的な全身像の形式を離れて、常に弟子と共に僧堂に坐る道元の生き生きとした姿を表す独創的な頂相とみることができよう。

因みに永平寺に蔵される七世以下十七世（十世、十一世は欠）までの自賛の頂相(5)を見ても手に竹篦を持ち法被《はっぴ》をかけた曲彔に坐るという画一的な頂相ばかりである。つまり本像は曹洞門における頂相一般の形式からみても破格のものといえよう。こうした個性的な表現には像主自らの意思の反映を認めざるを得ないのではないか。そこに一切の虚飾を排した道元の只管打坐、すなわち坐禅は即、悟りであり悟りが即、坐禅であるという、修証不二《しゅしょうふに》、本証妙修《ほんしょうみょうしゅ》を説く道元の仏法の真髄が表徴された必然的な姿影とみることができよう。

さて次に右のような道元の思想を反映した像容に加えて、さらにもう一つ本像について思量すべきことを採り上げてみたい。

この当時の頂相というものの性格及び道元の思想、真面目《しんめんもく》を考えたとき、簡単に「複製」とか「賛」は代筆などとはいえないことである。

法統を嗣《し》続する嗣法の証として嗣書があるが「頂相」も同じく嗣法の証として師から資（弟子）へと

授けられるものであった。弟子の証が師の証にあいかない一如となるのが「証契《しょうかい》」であり、その嗣法の証として釈尊以来、嫡嫡《ちゃくちゃく》嗣承した諸祖師の名を書きつらねその末尾に授与される弟子の名が記された嗣書が師から弟子に授与される。

また師の「半身」の「真影」を描き、これに賛あるいは法語を記した「頂相」も嗣書と同じく師から弟子へ一対一で直指単伝《じきしたんでん》されてきた嗣法の証として弟子に与えられた。

天童《てんどう》如浄に嗣法し曹洞門の嗣書を授けられた道元は『正法眼蔵　嗣書』において、この無上菩提（この上ない覚りの智慧）の嗣法について「先師天童堂頭《どうちょう》（如浄）ふかく人のみだりに嗣法を称することをいましむ」と説き嗣法の重要性について述べている。

ところが、この当時の宋国では甚だしい嗣法の不正行為が横行していたのである。すなわち頂相や法語の軸を請い求め勝手に嗣法の証としたり、官吏に賄賂を贈って一寺の住持の座に就くなど私利私欲を貪るという状況が『嗣書』巻にも述べられている。

こうした宋国における嗣法の乱脈と「頂相」や法語の乱用に対し道元は「かなしむべし、末法悪法かくのごとくの邪風あることを。かくのごとくのやからのなかに、いまだかつて一人としても仏祖の道を夢にも見聞せるあらず」と述べて厳しく批判しているのである。

以上のように嗣法の乱脈を嘆じ頂相の乱用を厳しく糾弾する道元において、「頂相」に「賛の代筆」をさせるなどという行為があり得たであろうか。また道元の直弟子において、師道元の寂後といえども、複製した師の頂相に賛を代筆するなどということが許されるものであったと考えられようか。

『永平広録』には道元の自賛が二十一首あり、それに見合う数の頂相が制作された可能性があるといわれるが、その場合、すべてが一本ずつ新規に描かれ制作されたとは限らない。むしろ同じ画像がいく本か描かれ、それに道元が自ら賛を書いた場合があったと考える方が自然であろう。その場合、全く同じ画像が忠実に写されて複数描かれたとしても、これを複製とか模本であるとはいえない。

そのように考えた上で、道元の在世時は勿論、示寂後においても、直弟子懐弉が道元の署名を代筆までして賛を書き入れ、頂相が複製されたと考えることができるであろうか。

頂相は嗣法の証である上、師の真影である。

道元が叢林草創の指導軌範として最も信頼した現存最古の清規《しんぎ》（禅門独自の規則）である「禅苑《ぜんねん》清規」（北宋崇寧二年撰一一〇三）には、示寂した尊宿（有徳の長老）を入龕《にゅうがん》して法堂《はっとう》に移し、法座上に尊宿の真（肖像）を掛けて行う仏事「掛真《かしん》」の儀が記されている。「掛真」の真は真実の姿「真影」であるが、『荘子』に「真、神也」とあるように「たましい」の意でもある。

この「師のたましい」であり、生身の先師そのものの「真」であればこそ「嗣法の証」としての「頂相」の意義がある。

はるか後代になり、頂相の意義がおろそかにされるようになってから模写された模本などというものは、ただ資料的に描き残すだけのものとして作られたものであり、忠実、正確なものでないことは勿論、そこに像主の思想が表徴された生身の真影とはなり得ない。

殊に法脈を伝える師資相承《ししそうじょう》を重視した道元の法脈において、師道元を敬慕することこの上なかった懐丼が「代筆」によって著賛し、署名を代筆して、先師のたましいを表す「鏡の真影」を複製したなどとは考え難いのである。

以上、これまでの考察を綜合してみるならば「鏡の御影」として伝来した真影の複製説や、はるか後代の模本説は成立し難いものと考えられる。残された問題は「賛」の筆跡をはじめ、これまで弟子の筆跡として片づけられてきた、道元入越後の晩年の書や在京時の若書『普勧坐禅儀』の書などを採り上げて検証する「筆跡鑑識」である。

注

1 大久保道舟『道元禅師伝の研究』(岩波書店 昭和二十八年)
2 笛岡自照『永平寺雑考』(古径荘 昭和四十八年)
3 金沢弘「日本肖像画の諸問題 その二 頂相」(京都国立博物館『日本の肖像』中央公論社 昭和五十三年)
4 同右
5 永平寺史編纂委員会『永平寺史』上巻 三七一頁(大本山永平寺 昭和五十七年)

五　「普勧坐禅儀」の性格と書風

1　普く勧め宣揚する「坐禅儀」の性格

道元の墨跡といえば必ずといってよいほど採り上げられるのが永平寺蔵『普勧坐禅儀』(1)（国宝）の一書である。

何故か、その理由は『坐禅儀』とその他の現存する道元の遺墨との「書風」の異同にある。後述するように、『坐禅儀』には、道元の他の書にはみられない特異な書風が示されている。従って、この双方の書を対比して一見した印象だけでは、全く書風、書法の異なる書、すなわち「別人の書」とみるのも無理ではない。

また、道元の書は研鑽を積んだ「正統な書法」によるものであるが、『坐禅儀』では「書風の書き分け」が基本となる上、「書法、筆法」が変わるところもあれば変わらないところもあるという変化に富んだ書が示されている。しかし、一般に「禅の書」の特徴とみられがちな「無書法で奔放な書」とは全く本質を異にするものである。一方、特異な書風を示すこの『坐禅儀』以外の現存する道元の書、すなわち、その殆どを占める「晩年の書」においては「書風の書き分け」や「書法、筆法」の変化など一切、示すことなく一貫して整斉とした道元本来の書であることが歴然としている。従って以上のような道元の書の本質が認識されなければ、適正な鑑識は成立しない。しかも、このところに、本題の「道元の思想と書」の検討における最初のキーポイントが見出されるのである。

次に『坐禅儀』の書に表徴された特異な性格について採り上げてみると

①表題に「普勧」の文字を冠し、釈尊正伝の仏法「坐禅儀」を「普く勧める」と標榜し、「入宋伝法沙門道元撰」と表記して開教の根本義を説く道元一代の画期的撰述として提示されている。

②『坐禅儀』の文は、道元としては異例の四六駢儷体《しろくべんれいたい》(2)を用いた刻意の文として知られているように、華麗な文辞により音調を整え朗誦に適する美文が提示されている。

③筆跡も文と共通する特徴を示し、道元の入宋時、中国書道界に流行していた「宋代新書風」のなかでも特に、「黄庭堅《こうていけん》」の峻抜雄健な書風にならう刻意の書である。すなわち、②の文体と同様、道元の書としては異例の一見して目をひく際立った書風であり、「劇跡」とまでいわれている書が示されている。

右に採り上げた『坐禅儀』の「文」と「書」についての提説は、すでにこれまでにも提示されている多くの見解に共通して示されてきたものである。

ところが、ここで疑問が生じる。道元の思想をわかり易く説いたものとして親しまれている『正法眼蔵随聞記』(3)には、道元の「文筆否定」の信条として知られる次のような説示がある。これは和辻哲郎氏の『沙門道元』(4)に採り上げられて以来、多くの先学によりくり返し引用されているものであるが、先の道元の文と書が、この道元の「文筆否定」の信条に反するという不条理が生じるのである。

「今代《きんだい》ノ禅僧《ぜんそう》、頌《じゅ》ヲ作リ、法語ヲ書カン料《りょう》ニ、文筆等ヲ好ム、是則《これすなわち》非也。頌、不《ず》レ作《つくら》トモ、心ニ思ハン事ヲ書《かい》タラン、文筆不《ず》レ調《ととのわ》トモ、法門ヲ可《べき》レ書《かく》也」

すなわち、ただ仏法を学び仏道を修すべきであるのに、近頃の禅僧は漢詩文の頌を作ったり法語を書くために文筆等を好む。これは全くの間違いである。頌を作らないでも、心に思ったことをそのまま書けばよいのだし、文章が整わなくても仏の教えを書けばよいのであると説いている。この「文筆否定」は、そのまま、それと一体になっている筆墨、書法についても必然、成立するとみるべきであろう。

一方、この問題については、池田寿一氏による次のような指摘がある。

「道元帰朝後最初の撰述である『普勧坐禅儀』がこの四六文でなされていることは、道元の全著作の上からは異例であるが、普勧を目的とした当時の実状からすればむしろ常套的な表現様式かも知れない」「朗々誦読のために骨折って推敲彫琢したのではあるまいか」「それが『正法眼蔵坐禅儀』に至れば、ぎりぎりの素朴簡潔な散文に削られてゆく」「前者には主体の興奮がまざまざと具象化されているが、後者は必要な実践的事項以外一切の文学的形象を削っている」(5)

右の説に関連していえば、ここに採り上げている『普勧坐禅儀』は嘉禄三年（安貞元年　一二二七）道元二八歳の撰述（浄書は天福元年＝一二三三、三四歳の自筆本）である。しかし、池田氏が対比された『正法眼蔵坐禅儀』は寛元元年（一二四三）四四歳の越前下向、入越の年、越州吉峰《よしみね》精舎で示衆されたものて、同じ「坐禅の儀則」を説くものであっても、年代に一六年間の隔たりがある。

すなわち前者が立教開宗、弘法《ぐほう》宣布の意気に燃えた帰朝最初の撰述であるのに対し、後者は「入越の年」、それは道元の生涯で『正法眼蔵』の示衆が最多となり、いわば道元の思想の最盛期に連なる時期の撰述であることに注目しなければならない。

ところで、このような道元の「文」における「変移」については、その後、西尾実氏によっても指摘されている。西尾氏は、まず『正法眼蔵』についての文の構造分析を行ったあと、やはり『随聞記』にある「文筆否定」の説示を採り上げ「道元の文章では二八歳の『普勧坐禅儀』などは四六騈儷体の整った漢文であるが、正法眼蔵の最初の巻『辨道話《べんどうわ》』になると、そういう文体は後退し三五歳に説き始めた『随聞記』のころになると確かに彼の文体が革新されている」「これは漢詩の創作や文選に心を惹かれていた時代の道元からいうと、原理的な表現法の革命である」(6)として、『普勧坐禅儀』から『正法眼蔵』各巻にみる「語言文章」への「変移」について、それは道元の表現法の革命であり文体の創造であると説かれる。

しかし、池田・西尾両氏ともに、道元の「文」が何故、このように変移したのかという、その根拠については、和辻氏の場合と同じく『随聞記』の説示を引用するにとどまっていて、その説示の根源となる道元の基本思想については説かれていない。

そこで、『普勧坐禅儀』と『正法眼蔵坐禅儀』が、双方共に同じ「坐禅の儀則」を説くものであることから、ここで改めて、この双方を具体的に対照してみたい。

両者の違いを簡約にいえば、文言にいくらかの異同はあっても、前者の内容から、必要最小限の部分のみ、すなわち、坐禅はどのようにすべきかという方法だけをとり出し和文に直したものが後者である。その他の華麗な刻意の文辞は一切省かれ簡潔に記述されている。

ところが、そのかわりに後者では、全文の最後をしめくくるものとして、特に注目すべき「不染汚《ふぜんな》の修証《しゅしょう》なり」の一言がつけ加えられているのである。坐禅の方法について述べた部分だけを抜き出し、そこに新たに加えられた終結の一言「不染汚の修証なり」こそ、道元の仏法の基本思想となるものである。これによって初めて、この儀則の意義性格が改められることとなる。つまり、ほぼ、同一の内容を簡潔に必要最小限の文辞に改めた撰述の意義が、この「不染汚の修証」の一言に表徴されている。

道元の仏法では、悟りを目的とし、修行を悟りのための手段とみることは否定される。修行と悟り（証）は一つという「修証一等」で、修行即、仏の行となり、人間本来の悟り、本証の上の修行「本証妙修」である。

『正法眼蔵』「辨道話」巻には「修をはなれぬ証を染汚せざらしめんがために」として悟りを目的とせず、煩悩で染汚しない修行「証上の修」が説かれる。すなわち、本来の仏が仏を実現する本証妙修であるからには、坐禅のみならず日常生活の全てが仏法を体現するものであり、「不染汚の行」であらねばならない。従って、推敲彫琢した名文や殊更な書技を表す峻抜雄健な劇跡などは「染汚」となる。けだし、一切の功利心を払拭した文や書であり思いはかりによって汚されることのない「不染汚」の行こそ、道元の仏法の基本思想「本証妙修」であり、そこに『普勧坐禅儀』から『正法眼蔵坐禅儀』への変移の意義がある。

しかし、それでは「辨道話」が説く「不染汚の修証」に反するような文や書で撰述された『普勧坐禅儀』が「辨道話」の撰述とほぼ同時期に相次いで宣布されていることになる。また、この真筆『普勧坐禅儀』の書巻の体裁も、その文と書を象徴するかのように類のない華麗なものとなっている。

中国宋代の絵模様を茶色と銀色に刷り出した蠟牋《ろうせん》七枚を継ぐ料紙は白茶地金銀泥霞引き蓮弁散らしの紙表装を含め、縦三一・五センチ、尾紙を入れた全長は四一九・五センチの巻子本であり、黒漆塗りの軸端部に螺鈿《らでん》を施し軸頂に十六弁菊花の鍍銀透彫り金具を装着している。

なお本書巻は永平寺に襲蔵伝来したものではなく、古筆家十代の了伴により寄進されたものであることが尾紙末端の付記や別添の嘉永五年の寄進状からわかる。

また他に古筆鑑定家畠山牛庵の二代随世による寛永六年の「道元禅師之真筆無疑者也」の折紙が添えられていることから、この真筆『普勧坐禅儀』の書巻は二〇〇年余の間、巷間にあったものとみられる。

以上、自筆『普勧坐禅儀』の特異な性格を中心に検討した結果、「文体」「書風」は勿論、書巻の体裁から伝来の経緯までが異例である上、その性格に、道元の基本思想となる「不染汚の修証」にかかわる問題が浮かび上ってきたのである。

2 「辨道話」巻と機の教化

「辨道話」は『正法眼蔵』九五巻の第一巻であり、帰国後最初の撰述となる『普勧坐禅儀』にひき続いて巻頭に「正伝の仏法の正門となる端坐参禅」を示し道元の仏法の基本的立場が表明されている。そのあと一八の問答形式を用いて道元の仏法が説示され、そこに『正法眼蔵』全巻の主要テーマの大要が示されている。

その説示はまず、坐禅が無上の悟りに至る「最上無為（分別作為のない）の妙術」であると説き、帰国後の道元はこの坐禅により男女、貴賤を選ばず、在家出家の別なく、修行すれば、みな得道するとして、これを「普く勧める」ことによる「弘法救生《ぐほうくしょう》」を志したと述べる。

また、この修行が生仏《しょうぶつ》一如（衆生、仏が全く等しくなる）で本来の悟りの上の修行「証上の修」であり、修行即、悟りの「修証一等」であって修行即、仏の行となる「本証妙修」であると説き、さらに、これを煩悩で汚さぬよう修行を怠ってはならない「不染汚の修証」という道元独自の思想が説かれている。

すなわち、ここに道元の仏法の基本思想となる「只管打坐」「弘法救生」「本証妙修」「不染汚の修証」の相互関連するところが示されることとなり、その上で、この仏法修道の中心となる坐禅「只管打坐」の規矩作法について「すぎぬる嘉禄のころ撰集せし普勧坐禅儀に依行すべし」と示している。

そこで、1項に述べた『普勧坐禅儀』の文体、書風から書巻の体裁まですべてが道元の「文筆否定」

ことととなる。

の信条はもとより、「辨道話」に説かれる「不染汚の修証」と相反する独特の性格に改めて注目すべきこととなる。

けだし、道元帰国後最初の撰述になる「普く坐禅を勧め」衆生を救済する「弘法救生」のための「坐禅儀」であればこそ、「入宋伝法沙門道元撰」になる、類例のない「普勧」の冠辞を付したわが国初の『坐禅儀』の真面目が強く打ち出されたものとみられよう。

従って、この坐禅儀がひろく知れ渡り認識されるべく、一見して目を惹き強い印象を与える書として、異例の華麗な文体となり、殊更に峻抜雄健な劇跡となったわけである。

すなわち今日でも、道元の代表的「墨跡」として第一に採り上げられる上、この書巻が長らく巷間にあって損傷もなく伝来したのも、その独特の文体や書風と書巻の様相が格別に注目され尊重されたからにほかならない。

つまり『普勧坐禅儀』一巻の書に示された類のない華麗な刻意の文体や殊更な書芸を表す劇跡、さらには書巻の体裁に至るまで、道元の仏法「不染汚の修証」に矛盾するとみられる表現も、そこに、帰国直後における道元の「弘法救生」の志を表徴したものとしての意義が見出されることとなる。

そこで改めて、当時の「弘法救生」に注目するならば、その教化の環境と教化の対象の機根に適応した「機の教化」が課題となる。すなわち、教化の具体的な「説時」「説所」「説相」に配慮した「善巧《ぜんぎょう》方便《ほうべん》」である。

先に採り上げた帰国当初に撰述された『普勧坐禅儀』の、いわば道元の思想「不染汚の修証」からはあり得ない、従って道元の書には類をみない独特の性格も、この「機の教化」からの観点により初めて理解されよう。

なお暦仁二年（一二三九）には道元が『護国正法義』を著し、王法（王勅）による正法の護持宣揚を奏聞したといわれ、また「辨道話」にも「仏法を国中に弘通すること、王勅をまつべし、といえども」とあることから、そこにも王法に依拠して弘法を志すという「善巧方便」が見出されることとなる。

さらに後で採り上げることとなるが、道元の在京時の教説と入越後の教説では相反し矛盾するところが認められ、この矛盾を道元の「思想の変化」とみるか否かについての論議が生じている。一般にはこの変化を「円熟によるもの」とか「思想の変革」といわれるが、特に注目すべき、在京時の「在家成仏説」から入越後の「出家至上主義」への変化などは単なる年代による違いとか「一時の舌のすべり過ぎ」と説かれることがある。

しかし、その提説では入越後の教化の環境や教化の対象の変化に対応した「対機の教化」についての視点がなく、何故、入越後に教説が変改されたのかの疑問は解消されない。

先に在京時の「善巧方便」の象徴ともいえる『普勧坐禅儀』の文と書の性格をみたが、これまで、この「普勧」の冠辞に表徴された「機」の教化の本質に注目されたことはない。

また『普勧坐禅儀』の道元の書としては類のない独特の筆跡と、入越後の道元が本来、身につけたあるがままの筆跡、すなわち「不染汚の修証」に即した書を対比する「鑑識」もないまま、入越後の晩年の書を弟子の筆跡とみる誤解が通説化したのである。

次に本稿の命題「道元の思想と書」についての具体的な検証に移ることとし、筆跡の鑑識を採り上げることとしたい。

注

1　奥書に天福元年（一二三三）中元月書于観音導利院（花押）とあり、嘉禄三年（安貞元年　一二二七）中に撰述されたものを、その六年後に浄書したものであることがわかる。本文七四行八八二字に内題二行一四字、奥書三行一九字を加えた総字数九一五字と花押が書かれている。

2　四字と六字の対句を用いた華麗な漢文。故事、先例のある語句に、朗誦に適するよう規定された文字を配列。奈良・平安の漢文に多用された。

3　六巻。嘉禎年間（一二三五～一二三八）に道元が弟子に説示した法語の集録。直弟子懐弉の筆録になる。

4　和辻哲郎「沙門道元」（『日本精神史研究』岩波書店　大正一五年）

5　池田寿一「道元の文学」（『文字』二六　岩波書店　昭和三三年三月）四二頁

6　西尾実「『正法眼蔵』解説」（『日本古典文学大系81』岩波書店　昭和四〇年）二八～三一頁

六　筆跡の鑑識

1　『普勧坐禅儀』筆跡鑑識の要点

①　これまでも『坐禅儀』の書風については「宋風の、特に黄庭堅に倣う峻抜雄健な書」とする見解がある一方、「王羲之《おうぎし》風の優雅な書」とみる見解もある。

見解が対照的に異なる二様の書風に分かれていることから、この「宋風」とか「王羲之風」とかいう書風について具体的に把握されねばならない。

②　鑑識の資料としては、道元三四歳の「若書」ともいえる『坐禅儀』の一書と入越後の、いわば「晩年の書」(1)とを対比し検証することとなるが、『坐禅儀』には「宋風」と「王羲之風」の二様の書風が一書のなかに混交していることが具体的に検証することにより明らかとなる。一方、「晩年の書」は、すべて道元が本来身につけた「王羲之」の書で一貫している。

つまり、一見、全く異なる書の印象を与える「若書坐禅儀」と「晩年の書」であるが、『坐禅儀』のなかの「王羲之風の書」も「晩年の書」の「羲之に学ぶ書」もすべて全く同一個性の書、すなわち同一人の書であることが判然とする。

③　けだし、道元の書の本質は一貫して、本来、身につけた羲之に学ぶ一切、書芸の意識を捨て切った無為自然あるがままの書「不染汚の書」である。

しかし、先に述べたように、帰国後、正伝の仏法として「坐禅を普く勧め宣揚する」という「弘法救生」を披歴した『坐禅儀』の書においては、この書が格別に注目されるための機の教化「善巧方便」により、一見して目をひく殊更に強い筆勢を表す「宋風の書」が混交されて全体を印象づけるものとなっている。

従って、この宋風の筆勢の印象にとらわれたならば、書の本質を見誤ることとなり、対照的に、特段、目をひく書芸を示すところのない、あるがままの「不染汚の書」は別筆、弟子の書とみる錯誤を生じたものとみられる。

2　王羲之の書風と宋代新書風

『坐禅儀』の筆跡については、すでに多くの先学による見解が示されている。要約すれば、鎌倉時代禅僧の代表的な書の一つであり、道元の面目、禅風をよく表すとする点では共通するが、いかなる書家の書法に倣うものかについては見解が分かれ、王羲之・褚遂良《ちょすいりょう》など伝統的書風の書家をあげる[2]一方で、それと対照的に異なる宋代新書風のなかでも特に、黄庭堅（山谷《さんこく》）が挙げられている。[3]

しかし、王羲之・褚遂良は伝統的古典主義の書であるのに対し、黄庭堅は、それまで絶対的な権威と仰がれてきた「王羲之の典型に反撥し、それと対決する意味をもって新しく興ったもの」[4]であり、個性の自由を発揮する主観主義の書、すなわち「宋代新書風」を代表するものである。

そこで道元の書風については、当時のわが国書道一般の状況も併せて考慮すべきこととなろう。王羲之の書は優麗典雅で気品と形式美に溢れるものであるといわれる。彼とその子王献之《けんし》の二王により完成されたという楷・行・草の三体は古典主義の書の基本となり、中国書道はもとよりわが国においても今日まで美しい書の典型として標準的地位を保っている。奈良朝にこの書風がわが国に移されると当時の好尚にも合い、やがて和様化されて日本の書の主流となった。

殊にわが国では中国のように、このアカデミズムに反撥する顔真卿《がんしんけい》のような書家も現れず「一筋に王羲之を遵奉し、たとい書風に創造的な徴候が表れても、それは王羲之風の線に添うてのことであります」[5]といわれ、平安初期の三筆（嵯峨天皇・空海・橘逸勢《たちばなのはやなり》）、中期の三跡（小野道風・藤原行成《ふじわらのゆきなり》・藤原《ふじわらの》佐理《すけまさ》）なども、その骨子は王羲之に学ぶものといわれる。つまり、道元の書に王羲之の書風と共通するところが認められるのも至当なこととなる。殊に道元の生い立ちの貴族的環境を考えれば早くから王羲之の法帖による書の研鑽が行われ、これが道元の書の基本となったのはまことに自然なことといえる。

一方、道元が入宋した貞応二年（一二二三）の頃、中国書道界には、王羲之の典型的アカデミズムに反撥する新様式の書がひろめられていた。すなわち、古典主義の書に対する主観主義の書として北宋に興った新書風の三大家、蘇軾《そしょく》・黄庭堅・米芾《べいふつ》らの書である。従って道元が宋から帰国した嘉禄三年に撰述し、その六年後に浄書した『坐禅儀』には、この新書風の影響があったといわれ、また黄庭堅の峻抜な書風によく通じるものがあるとする見解が多いことも頷けるところである。

つまり、道元の書の本質は王羲之に学ぶ伝統的書風で一貫するものの、『坐禅儀』については、その上に道元が入宋中に会得した宋代新書風を加えたものとして把握されるべきものとなる。

そこで次に、この両書風の混交について具体的に検証するため、筆跡の写真を用いて検討することとしたい。

3　宋風の『坐禅儀』と伝統的な書『示誡』「賛」との比較

『坐禅儀』のなかの「宋風」と「伝統的書風」の混交をみる場合、併せて「伝統的書風」で終始一貫する「晩年の書」の『示誡』と「賛」の筆跡も採り上げ、これら三書の筆跡の拡大写真により検証することとしたい。

『坐禅儀』と対比する『示誡』と「賛」は共に道元の真筆として宝慶寺に伝来し、『示誡』は道元が鎌倉幕府五代の執権北条時頼の教化のため鎌倉に下向した「鎌倉行化」の史実を伝える史料として、また「賛」は道元唯一自賛の頂相に記された「賛」として知られているが、両書とも道元の真筆にあらず、直弟子懐弉の筆跡とみる通説により福井県文化財の指定にとどまっている問題の書である。

『示誡』には宝治二年（一二四八）二月の奥書があり、「賛」は建長元年（一二四九）の年記を有する。両書の筆写時期の差は一年未満であり、同一筆者であれば当然筆跡に強い相似性が予想される。但し、『坐禅儀』と『示誡』「賛」には一五、六年を隔てる書写時期の差がある。また、『示誡』は『坐禅儀』と同じく料紙に書かれ手もとにおいてみる巻物の書であり、書写の態様に共通するところがある上、『坐禅儀』の総字数九一五字に対し、『示誡』の総字数一〇七八字で対比すべき同じ文字が多く抽出できる。

一方、「賛」は六九字に過ぎない。とはいえ、先述のように『示誡』と書写の時期はほぼ同一である。

ところが、先に鑑識資料として特に採り上げた五書のなかでは、この「賛」の筆跡だけが唯一、頂相の絵絹に書かれた掛軸の書であり、他の『坐禅儀』や『示誡』などの四書はすべて料紙に書かれた巻物

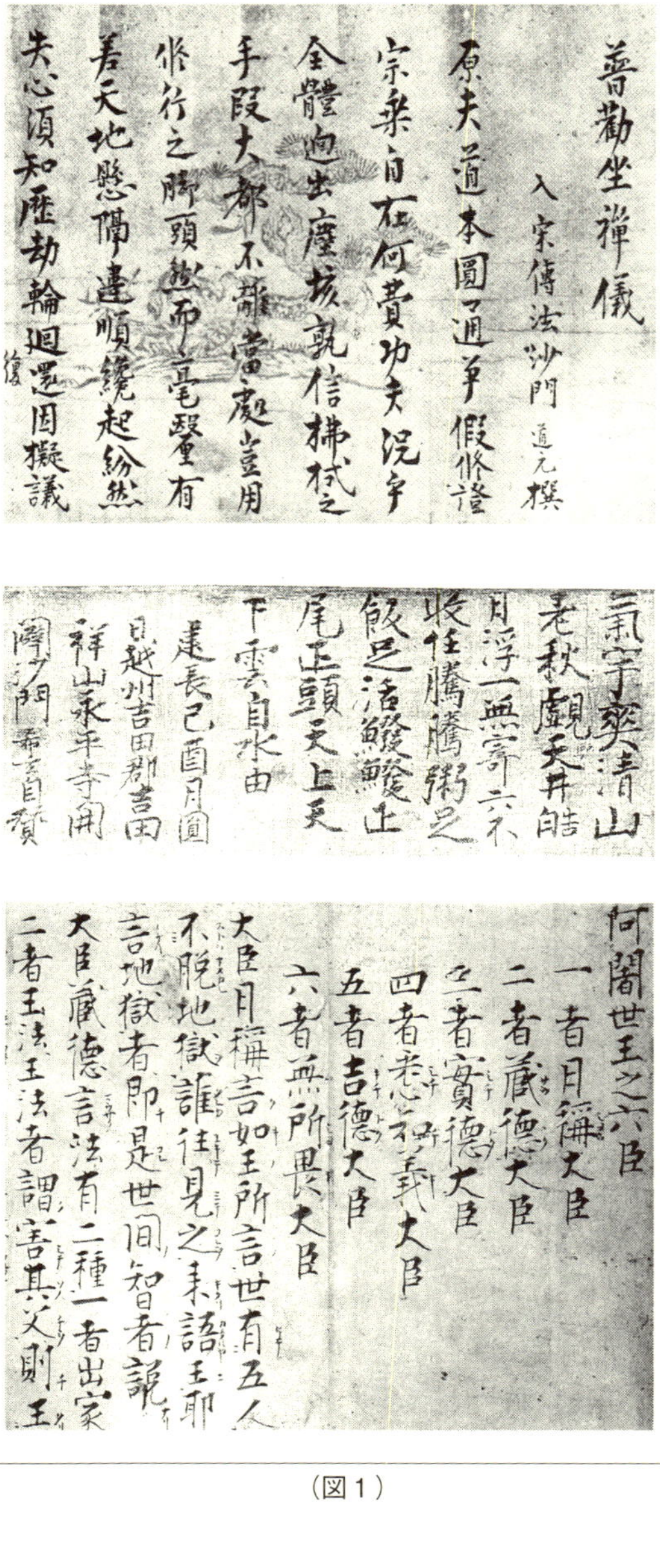

（図１）

の書であるため、書の態様が異なっている。

こうした書の様態の違いについて木下政雄氏は「書は、用いる目的・場所に応じてその字姿を変えて行く」「巻物における書は、一字一字の構成が全体に及ぶのに対し、掛軸を最初から念頭においた書というものは、一字一字の構成に加え、紙面全体を考えて書を構成する必要がある」「同一人の筆跡でも、掛幅むきに書いた書は筆線が太く装飾的な要素が強くなってくる」(6)とその違いについて説かれている。

事実、一見した印象においては「賛」の特に太く柔かな筆線、筆法で書かれた書は、『坐禅儀』や『示誡』など料紙に硬い筆致で記された書とは異なる個性を感じさせるものとなっている。

しかし、こうした書全体の印象から離れて一字一字の書法、筆法を対比検証することにより、筆者に特有の書の個性が明らかになる。

そこでまず『坐禅儀』のなかの「宋風の筆跡」とはどのようなものかをみるため、『坐禅儀』と『示誡』の巻頭部分、それに「賛」の三書を対比してみたい(図1)。

一見して目につくのは『坐禅儀』にみられる特異な書法、すなわち、にん偏などの左の払い、天の右払い、しんにょうの波、それに均斉を破るような長い横画などにみられる鋭く強い筆勢やバランスを破った運筆である(図2)。

『坐禅儀』の書に散見されるこの強い筆勢と運筆が際立って見えるため、その印象がこの書の個性を直観させるものとなり、そこに優雅な王羲之の典型と対照的な書「宋代新書風」が表徴されている。

『普勧坐禅儀』の宋風の強い筆勢

（図2）

一方、「賛」や『示誡』にこうした強い筆勢や均衡を破るような運筆は見出せない。すべて穏やかな伝統的書法である。

しかし『坐禅儀』がすべて、このような鋭く不均衡な書ではない。その一方で結体の均衡がよく整い穏かで典雅な趣の伝統的な書、すなわち王羲之に学ぶ道元が生来、身につけた書も混在している。次に掲げる（図3）は『坐禅儀』のなかの同じ文字すべてが「伝統的書風」だけで書かれているものをとり出して、『示誡』「賛」の同じ文字の筆跡と対比したものである。比較してみると双方の筆跡の個性に異なるところはなく共通した「形態」と「筆法」が認められる。

つまり『坐禅儀』には「宋風」と「伝統的書風」の書き分けもあるが、このように、すべて「伝統的書風」で書かれた筆跡もある。従って、これを同じ「伝統的書風」ひとすじの『示誡』「賛」の筆跡と対比すれば同一個性、同一人物、道元の筆跡として確定する。

書法の特徴をみると、「頭」の豆偏三画の転折や「承」の一画の転折、「萬」の各転折などにみる強い筆圧が目につくが、そうした筆圧をかけた太い筆線と細い筆線が対照的に組み合わされているなどの特徴が歴然としている。

「無」では『坐禅儀』の四つの無が『示誡』や「賛」の無と同じく字姿も筆法も全く同様「伝統的書風」によって書かれているが、これを例えば禅の書として有名な虎関《こかん》師錬《しれん》（一二七八〜一三四六）の

「無」と比較するならば性格の違いは明らかである。その拡大写真はあとで採り上げるが、師錬の際立った筆勢により奔放逸脱の筆致が示されているからである。

また「念」はすべて三、四画の「ラ」が「二」に書かれている。これは王羲之や欧陽詢《おうようじゅん》の書にみられるものであり、『示誡』の「念」も同じである。

さらに『坐禅儀』に一字だけ書かれているものならば『示誡』にも対比できる文字が多くあり「賛」にもある。そのなかで比較的画数が多いものを次に採り上げてみよう（図４）。

先述した「転折の強い筆圧」は「善悪」「動」に明瞭であり、筆圧をかけた「太い筆線と細い筆線の組み合わせ」も双方、同様である。また「繋」のように複雑な構成の文字においても少しも乱れるところがなく双方共に整然とした結体は、例えば後に採り上げる懐奘の筆跡と

（図３）

（図4）

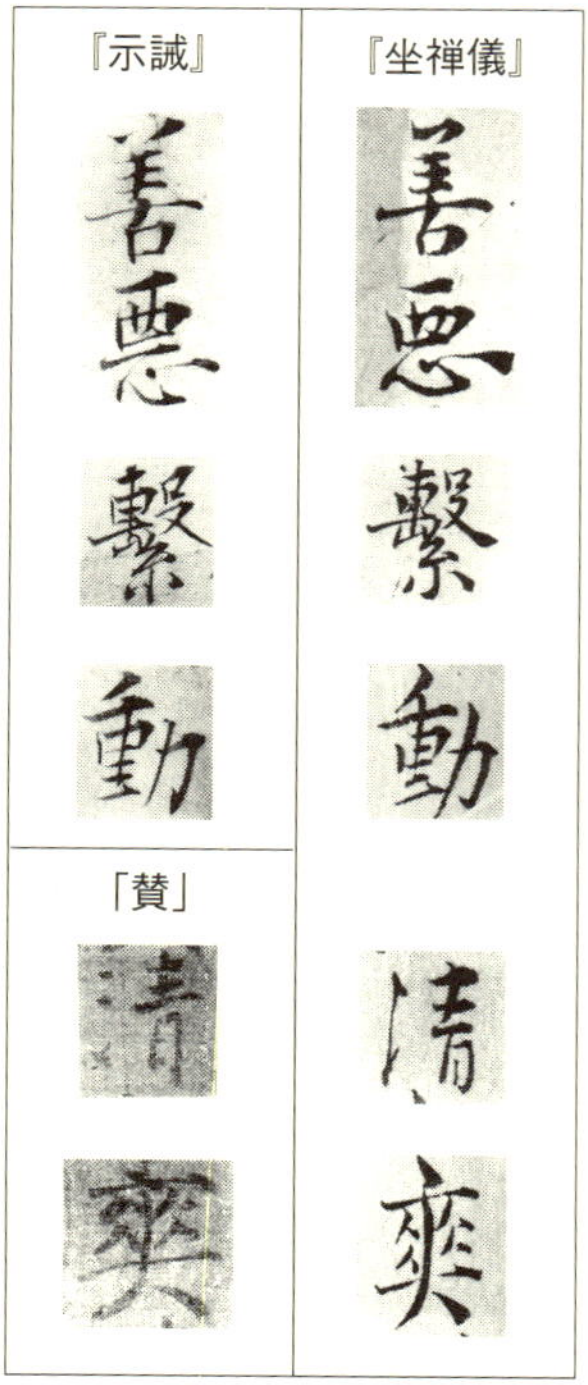

（図5）

は全く異なる性格の書といえる。

それに「賛」との対比では「清」の「青」が双方共に、上下で正中線をはずし左右にずれているという共通する字姿になっているが、これは王羲之『蘭亭序《らんていじょ》』(7)の定武本、神龍半印本など古来もっとも優れたものとされる拓本にみられるのと同様の結体である。

さらに「爽」については字体が共に「念」の場合と同じく王羲之にみられるものと同じであるが、『坐禅儀』では筆線が硬く強い感じである。一方「賛」では和らかな筆線にみえるが、これは先述した書巻と掛軸の書という書の態様の違い、また料紙と絵絹の違いなどによるものであり筆跡個性の違いではない。右のような認識の上で対比した場合はどうか。

まず上下二本の横画の起筆と筆圧をかけた収筆の形やその間の運筆、下の横画の収筆からの小さな勾《こう》（はね）、長い縦画の運筆や最終画の筆致など全く同様である。さらに二本の横画に挟まれた四つの

「人」は、左の二つが縦画に沿って書かれ、右上の一つだけが、その二つの画を少し離して書き、右下の一つは、これだけが縦画から離して書かれているところなど、点画相互の均衡と結体において全くの同一性が認められ、『坐禅儀』と「賛」双方の字画の構成、結体は酷似している。

次に『坐禅儀』と『示誡』の双方から「隹」の旁《つくり》をもつ文字をとり出して対比したものを採り上げてみたい（図5）。いずれも「隹」の二画に「縦軸の微妙なゆがみ、うねり」が共通して認められる。また同じ縦軸でも、五画の縦軸は、二画の長く細いうねるような筆線とは対照的に太く強く書かれている。つまり「太い筆線と細い筆線の対照的な組み合わせ」という特徴が両書に共通している。

以上の検討において、『坐禅儀』『示誡』「賛」三書にみる個性的な特徴が確認され、特に『坐禅儀』と『示誡』「賛」の筆写時期は一五、六年の歳月を隔てる「若書」と「晩年の書」の対比であるにも拘らず、その個性的な書の特徴においては全く変化をみせていないことが瞭然としている。

すなわち『坐禅儀』『示誡』「賛」三書が同一個性を表す同一人物の書、道元の真筆であることが明示されることとなる。

4 筆跡鑑識の要点

ここで、これまでに検討した『坐禅儀』『示誡』「賛」の三書による道元の筆跡鑑識について、元科学警察研究所主任研究官・猪刈秀一氏の論考「筆跡鑑定の要点」(8)を参照し、これまでの論点をまとめておきたい。猪刈氏は豊富な経験をもとに鑑識の基本的な問題を採り上げられているが、「筆跡の同一性を証明する根拠」について次のように提示されている。

「筆跡を比較するとどのような筆跡の間にも必らず類似点と相違点が存在している。従って、それぞれについてその価値を評価しなければならない」

「筆跡が同一人のものであることを証明するためには特徴点の稀少性の高いことと十分な数の特徴点が存在することを示さなければならない。さらに相違点についての検討を行うことが必要である。すなわち相違点が有力なものではなく、無視し得るものであることを証明すべきである」

つまり、「類似」や「違い」を指摘するだけではなく、「それらについての価値を評価」することが重要であり、「類似」や「違い」にしても、それが有力なものか、意味のない無視し得るものかの判断が必要となる。

逆に、同じ書風の流れのなかにある筆跡の場合、単に「形」が似ているのは当然のことであり、それだけでは意味がない。そこに「特徴点の稀少性の高いこと」や「十分な数の特徴点が存在する」ことを示す必要がある。

例えば、道元が基本とする書風は王羲之に学ぶ書である。従って王羲之の名跡『蘭亭序』と道元の書には「形態」の類似するものがある。しかし別人であるため、筆法に違いがあり、種々の異なる特徴点が認められる。猪刈氏は、

「筆跡は人の運動によって形成される記録であるから同じ人の筆跡でも全く同一になるとは限らない」

「しかし、筆跡を調査研究すれば、同一人の筆跡には、かなりの恒常性が存在していることがわかる。そしてある程度の文字数を比較検査すれば、その異同鑑定は可能である」

「筆跡の不変性は、ある条件のもとにおいて成立するものであって、その条件としては、おおむね次のようなものがある」

（一）巧まずに（工夫しないで）書かれた筆跡であること。

（二）同一書体で書かれた筆跡であること。

（三）同一年代に書かれた筆跡であること。

（四）記載時における筆者の身体的状態もしくは健康状態に著しい差異がないこと。

イギリスの筆跡学者ソーデックは、鑑定が信頼できるための筆跡についての二つの条件をあげている。

（一）書く人が書道的なことを意識せず、書く内容に集中すること。

（二）その人が書くことに全く慣れていて、その書き方が無意識的・自動的になっていること。

「これらはいずれも、筆跡が巧まずに書かれたものであることが要件である」（以上傍点筆者）

右に採り上げた猪刈氏の提説「筆跡鑑定の要点」には、先に、道元の書についての重要な論点として採り上げてきたところと一致する要件が示されている。

また、猪刈氏は英国の筆跡学者ソーデックが、信頼できる鑑定の条件として「書道的な意識のない、無意識的・自動的な書」であることを条件としていることも採り上げられているが、これは猪刈氏が「同筆と鑑定する条件」の第一にあげた「たくまずに書かれた筆跡」と全く同じ要件である。

しかも、この要件は即、先に述べた『坐禅儀』と晩年の書になる『示誡』「賛」などの筆跡鑑識において、重要な視点として明示したものである。

すなわち、『坐禅儀』は道元が生来、学び身につけた王羲之の「伝統的な書」に加えて、入宋時に影響を受け会得した「宋風の書」を加えた書であり、その上、同一の文字について全く異なる「書法の書き変え」もみられるところがある。いいかえれば、『坐禅儀』には道元本来の書と共に、特に「宋風を意識し」書風を書き分けた「刻意の書」の部分があることになる。その故は、すでに述べているとおり、この書が開教の根本義として「普く坐禅を勧める」ための『普勧坐禅儀』であり、格別に注目されることを意図して特に目立つ「宋風」を強調した、道元としては格別、変化に富んだ特異な書であるがためである。

しかし精彩を放つ宋風ではなく、目立たない「伝統的な書」こそが道元が生来、身につけた、あるがままの巧むところのない無意識、自動的な書であり、道元の思想「不染汚の修証」に即した道元本来の書であることは明らかである。従って『坐禅儀』と「晩年の書」については、双方の「伝統的な書」の部分について同じ文字の筆跡を対比検討するならば、共に同一個性の「特徴点の稀少性を示す筆跡の恒常性」の存在が確認されることとなる。

殊に、道元「晩年の書」は先述のように、書風、書法の書き分けは勿論、文字の形態や筆法に至るまで変化を示すことなく、「無意識、自動的に巧むことなく書かれた書」であるため、『坐禅儀』から「晩年の書」まで一貫する伝統的書風の筆跡の個性について、その本来の書を基本として対比鑑識するならば、むしろ、その検証は容易であるとみることができる。

何故か、道元の場合、すでに明らかなように、十五、六年を隔てる『坐禅儀』と「晩年の書」においても、その「基本的な筆跡」である「巧むところのない筆跡」には変化が示されていないからである。

これを例えば、中国南宋初代の皇帝・高宗《こうそう》の筆跡と比較してみればその性格の違いは瞭然となる。

5　黄庭堅から王羲之へ——南宋初代の天子　高宗の書

南宋初代高宗の書については「最初は黄庭堅の書を学び、ついで中年には米芾におもむき、最後には王羲之、王献之に専心した」(9)と説かれているように、高宗が当時流行した新書風を代表する黄庭堅から、王父子の伝統的な書まで、よく習熟していたことを示す遺墨がかなり現存している。「賜梁汝嘉勅書《りょうじょかにたまうのちょくしょ》」（以下「勅書」）（図6）は紹興《しょうこう》五年（一一三五）高宗二九歳の書である。道元三四歳の『坐禅儀』と同様、若書といえるものであるが、その暢達な筆致は黄庭堅そのものであり、書を愛好し精励して書論『翰墨志《かんぼくし》』まで著したという高宗の意気が感じられるものとなっている。

ところが同じ高宗の書でありながら、その二一年後の執筆になる「徽宗文集序《きそうぶんしゅうのじょ》」（以下「文集序」）、紹興二四年、一一五四、高宗四八歳）（図7）の書になると書風は一変する。高宗が最後に専心したという王父子の書「伝統的書風」に変移し、先の若書「勅書」の筆跡に通じるところは全くない。

特に「勅書」にみる「春」「彦」「厚」などの左右の払い、「季」「華」の太く均衡を破るかのような横画や「クニガマエ」の大きな字体と奔放な運筆、それに「道」「誕」の強調された波磔などに「宋代新書風」に倣うところが明らかであり、書全体の様相でいえば、文字の大小や斜傾する変化などの自由で奔放暢達な筆致が連続し、その意欲的な書技を顕示する書となっている（図8）。

一方、二一年後の「文集序」には、格別に目をひく強い筆致は全くなく、磔法の一部に強い筆法が認められはするものの、書全体が柔らかく温和な筆致で格別な書技の顕示もなく、ごく自然な書法で一貫している。つまり、先の鑑識の要点に述べられているように「同一人の筆跡でも全く同一になるとは限らない」のである。

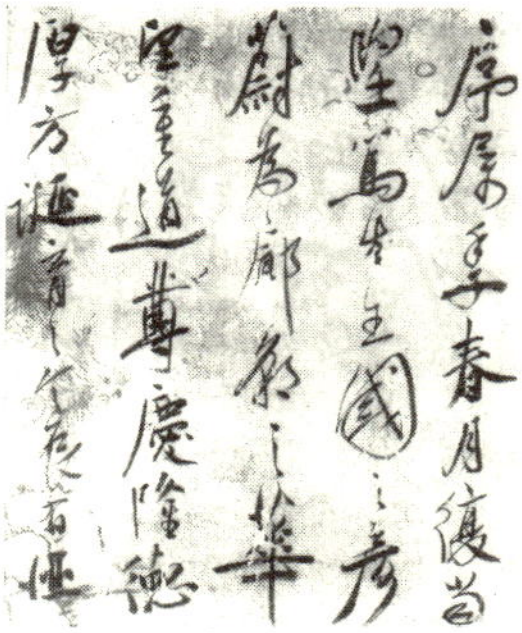
（図６）

すなわち「勅書」の筆跡は、先の「鑑識の要件」となる「巧まずに」「同一書体（書風）で書かれた」「書道的なことを意識せず」「無意識・自動的な書」ではない。それとは逆に、「宋風の書」としての特色を顕示する意欲という「書道的な意識」をもって、「巧みに書かれた」ものである。従って、同じ高宗の書ではあっても、「宋風」ではなく「伝統的な羲之の書風」で書かれた筆跡—異なる書風で書かれた書と比較した

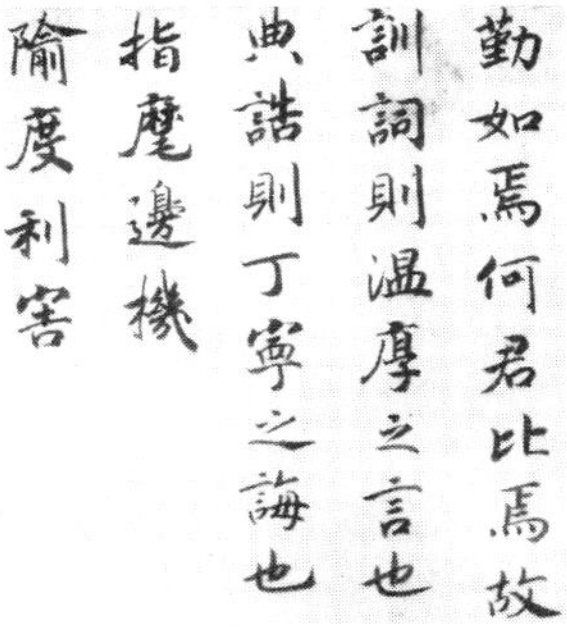
勤如焉何君比焉故
訓詞則温厚之言也
典誥則丁寧之誨也
指麾邊機
喩度利害
（図７）

（図８）

場合、書風が変われば文字の結体や書法、筆法も変化するため、「同一人の筆跡でも同一にはならない」ことから、同一人の筆跡でも、別人の書とみる錯誤を生じかねないことになるわけである。

つまり、「筆跡の鑑識」においては、右のような基本的な認識を欠落したままでは鑑識が成立しないことは瞭然としている。

現代においては、楷、行、草というように「書体」を違えて書き分けることはあっても、書の「芸術的な様式を変化」させることを目的として「書法」を違え「書風」を書き分けるようなことは通常あり得ない。日常、実用の書にはあり得ず、書道作品でもない限り無用であるし、一般には「書法、書風」を書き分けるような能力もないからである。しかし、毛筆が日常の筆記用具であった時代において書の研鑽を積んだ人物の場合には「芸術的な書の様式を変化させ書風を書き分ける」ことが行われている。

また、筆跡は一生不変ではない。先の鑑識の要点に「同一年代に書かれた筆跡であること」が条件として示されているように、若書もしくは壮年の書、晩年の書というように、年代や生活環境の違いによって書風は変化するものである。それに筆跡は、用筆が異なったり、すでに述べているように、巻物の書と壁間にかける掛軸の書という書の態様の違いによっても、文字の形態的な特徴や筆法など、変わるところもあれば、変わらないところもある。

さらにいえば、同じ一つの書のなかでさえ、形を変え、筆法を変えて変化を表すところに書の妙味があるとなれば、書の研鑽を積んだ人物の場合には、むしろ、意識して変化を表すことに努めていることがある。

以上でわかるように、よくいわれる「筆跡は変わらない」というのは、先の「筆跡鑑識の要件」にも特に示されているように、筆者が、「無意識的」に書道的なことを考えずに、その人が生来、身につけた「あるがまま」の筆跡の場合に「変わらない」といえるのであって、そうでない場合、単純な一元的解釈が通用するものではない。

以上、高宗の書が「宋風」から「二王の書風」へと一変している「書風の変移」について採り上げてみた。しかし一方、高宗の「勅書」から「文集序」へと「書風の変移」がみられることに一脈通じるようなところが道元の書の場合にも見出されることに注目したい。

すなわち、道元の『坐禅儀』の書についても、その「黄庭堅風の峻抜な筆致」をもって、道元の禅風を表す書とみる見解がある。

従って、道元の書がこの宋風の『坐禅儀』から、「晩年の書」では道元が本来、身につけた二王の書へと「書風の変移」があったとみるべきであろう。しかも『坐禅儀』の書は高宗の若書「勅書」のように、書全体が「宋風による殊更な書技」を顕示するものではない、むしろ、高宗が黄庭堅風から一転して二王の書風へと変転した「文集序」の穏やかな趣きに似ている。すなわち、一部に「にん偏の払い」など、太く強い筆致がみられるものの『坐禅儀』全体は穏やかに落着いた、むしろ謹厳な趣きさえ示すのも、その書の根幹が羲之の骨法によるものだからであろう。

すなわち、高宗の書が「宋風から二王の風」へと変移したこと以上に、道元の「晩年の書」では、道元本来の書「伝統的な二王の書風」で一貫する書への変移がみられるのであり、むしろ当然の変化とみるべきものであろう。

ところが、この道元の「書風の変移」について、これまで採り上げられたことはなく、一見した「書風の違い」の印象をもって筆跡鑑識もないまま別人の書、弟子の筆跡とみられてきたわけである。

6　道元の書の性格と検証

これまで道元の筆跡について様ざまな異論を生じた原因については次のような問題が認められる。

①「筆跡鑑識」（拡大写真による検証）によるものではなく、書風の印象による見解。

②「書風の変化」による「筆跡の変化」、書法、書風を分析する認識の欠落。

③身についた筆跡は一生不変とみる一元的認識。

④用具や書写の対象の別による筆跡の違いについての認識。

⑤傍証を判断の根拠として逆に筆跡を傍証に従属させる。

右の問題に共通するのは「書風、書法」の問題であり、⑤の傍証による判断も、「書風、書法」の分析、検証による筆跡鑑識についての認識の問題に帰着するものとなる。

道元の書の場合、一般にその墨跡の代表として採り上げられてきた『坐禅儀』の書には「宋風の書」と「伝統的な書」という二様の「書き分け」がある。すなわち道元の書としては類のない特異な性格を表徴した筆跡であるが、こうした書風、書法についての分析検討もないまま、「宋風」の殊更に目をひく強い筆勢の部分にとらわれ、これこそ道元の「禅の精神」を表徴するものとみる誤解があった。従って、もう一方の、書風、書法の書き変えが全くなく、一見、平凡で目立たない「伝統的な書」の部分に注目されることはなく、道元の墨跡といえば、「宋風を顕示した『坐禅儀』の一書」のみが常に採り上げられることとなった次第である。

その結果、「宋風の書」こそ、道元の「禅の特質」を表すものとみられることとなった。従ってすべて「伝統的な書」のみで一貫し、筆跡に終始、変化をみせることなく整斉と書かれた「晩年の書」は、伝統的な型にはまった書として、書芸的にも妙味がなく、まして「禅林墨跡」にもそぐわぬものとして、ついには、弟子の筆跡とみられるに至ったことになる。

ところが、先の「筆跡鑑識の要点」に示された「筆跡の不変性の成立条件」の眼目、

◎たくまずに書かれた筆跡。

◎書道的な意識をもたず、無意識的・自動的に書かれた筆跡。

の二点こそ即、道元の書の本質であり、道元の思想「不染汚の修証」を具現する筆跡、すなわち、殊更な書技の意識を顕示することのない「不染汚の書」を示すものである。

この道元の書の根源に注目すると共に、右の「筆跡の不変性」つまり「同筆性の成立条件」に即して検証することにより、はじめて、適正な鑑識が成立することとなり、これまで、道元の書について生じた異論の原因となる「書風の異同」の問題は解消することとなる。

7　懐弉の筆跡『正法眼蔵　佛性』

道元の書については、弟子の筆跡が道元の真筆として紛れているとの見解がある。殊に道元に嗣法し日本曹洞宗二祖となった懐弉は、上足として常に道元に侍し『正法眼蔵』の書写、校合に当っていたことから、彼の代筆と推測されたり、師の道元を敬慕するあまり師の筆跡を模倣した場合もあろうとの憶測がなされても無理ではない。「賛」や『示誡』の筆跡を懐弉の代筆に擬する見解もこのようなことに起因するかと思われる。

しかし、筆跡は人格・個性と直結するものといわれている。もし、道元の筆跡を弟子が臨模したとしても、題字などの短い語句などはともかく、文の全体について模倣を試みても破綻はまぬかれない。字姿・結体にとらわれれば筆力、筆勢が衰えるし、筆圧の変化を模倣しつつ筆勢を保とうとすれば字姿の変乱はまぬかれない。こうした様相は、一字ずつ拡大写真によって対比検討すれば十分に鑑識できることは明らかである。

特に、道元「晩年の書」として採り上げた『示誡』や「賛」の書では、いわゆる書家の書のごとく書風、書法を書き分け、殊更に書技の変化をみせるものではなく、巧まずに書くことを基本とする書であ

（図９）

る。従って、先に提示している筆跡の特徴を鑑識の主眼に据え、拡大写真を用いて、道元の『示誡』「賛」の筆跡と懐奘筆『正法眼蔵　佛性』の筆跡を対比、検証するならば、これまでのほぼ通説化したような提説、すなわち『示誡』や「賛」を懐奘の筆跡とみる印象論が誤解であることは容易に首肯されよう。

なお、この場合、重要なことは、必ず、筆跡の拡大写真を用いて、肉眼では見過し易い微細なところを正確に観察することである。時に、細部不明の小さなコピーを提示するだけで、事実と異なる誤った解釈が不公正に提説されたこともあり、注意を要することとなる。

ここでは、『道元禅師真蹟関係資料集』[10]（以下『資料集』）に収載された「懐奘禅師筆蹟」のなかから、実査のご許可を頂き資料撮影することができた『佛性』の筆跡につき拡大写真を採り上げて検証することとしたい。

懐奘筆『正法眼蔵　佛性』（永平寺蔵　重要文化財）の書は、縦二二・八センチ、横一五・七センチの冊子本で六三紙、一二六頁にわたる長文の書である。抹消加筆の修訂が多くみられるが、奥書により、道元が仁治二年（一二四一）に示衆した『佛性』の記録を懐奘が書写し、のちに道元の再治本によって正嘉二年（一二五八）に校合されたものであること、また、奥書の修訂をみると、初めは『佛性』の表題のみで『正法眼蔵』の題号は記されず、あとで『正法眼蔵』の第三としてまとめられた編集の経緯がわかるものとなっている。

それは表題を示す「佛性」の筆跡の上に、あとで「正法」の文字が太い筆で重ね書きされ、それに続けて改めて「眼蔵佛性第三」と大きく書き記されていることによる（図9）。

次に『佛性』と、『示誡』及び「賛」と『坐禅儀』から同じ文字の筆跡を抽出して掲げる（図10）。

まず、本章第3節「宋風の『坐禅儀』と伝統的な書『示誡』「賛」との比較」において採り上げた

（図10）

「転折の強い筆圧」についてみると「頭」（豆偏）の三画、「物」の六画、「悪」の三画などの転折に違いが認められる。『示誡』と「賛」では、先にみた『坐禅儀』と同じく「転折の強い筆圧」が認められるのに対し、懐奘筆『佛性』では、むしろ穏やかに特別な筆圧をかけることなく転折している。

それに、ここで特に注目されるのは「物」の「牛」（牛偏）四画である。『示誡』では「払い上げる」べき牛偏の四画が「払い下げ」られている。これは通常の書き方と異なっている。ところが、この変則的な書き方は『示誡』だけではなく『坐禅儀』にもあるため、これも掲示した。しかし懐奘筆『佛性』では図でわかるように通常の払い上げる書き方になっている。

さらに、あとで改めて採り上げることとなるが、『示誡』と『坐禅儀』の書、すなわち道元の筆跡には、同じく「払い上げ」るべき「才」（手偏）が「牛」（牛偏）の場合と同じく「払い下げ」られているものがある。ただし、正確には、『坐禅儀』の場合は、実は「払い下げ」た手偏と一度払い下げた上で逆に「払い上げ」た手偏が混在しているのであるが、これは、すでに述べているように『坐禅儀』の書には「書風、書法の書き分け」が行われているからである。

このほか複雑な「蔵」の文字構成や筆法が全く異なることにも注目すべきであるし、やはり、先に採り上げている縦画の微妙な「うねり」または「ゆがみ」が『示誡』の「蔵」や「復」に認められるが、この『坐禅儀』と共通する筆跡の特徴も懐奘筆『佛性』には全くみることがない。

なお加えれば、道元の筆跡『坐禅儀』と『示誡』に共通してみられる「太い筆線と細い筆線の対照的な組み合わせ」が懐奘の筆跡では明確ではなく、筆線にあまり太い細いの違いが認められず、ほぼ同じ太さの筆線になっている。この特徴は「蔵」「復」「善悪」などの文字で理解されよう。

但し、この特徴は「賛」の筆跡では殆ど認められないことになる。その理由は「書写の態様」の違いによる。すなわち先に述べているように「同一人の筆跡でも掛軸むきに書いた書は筆線が太く」なるという、書写の様式や用具の違いによるものであり、これについては後に詳述することとしたい。

一方、『坐禅儀』『示誡』に対する『佛性』の比較では、同じく料紙に書かれ、手もとにおいてみる書であり、この点では同じ書写の態様で書かれているため比較した場合、筆跡個性の違いは明白になるわけである。

さて以上の筆跡鑑識により、『坐禅儀』『示誡』「賛」の三書に共通する筆跡個性の特徴が確認された上、今回、さらに懐奘筆『佛性』との対比により、『示誡』「賛」の筆跡を懐奘の代筆などとみる提説は錯誤であることが明らかとなった。

つまり、改めて『坐禅儀』『示誡』「賛」の三書が共に道元の書であること、対して、『佛性』の書は全く筆跡個性の特徴を異にする弟子懐奘の書であることが確認された次第である。

しかし何故、『坐禅儀』と共通する筆跡個性の特徴を示す『示誡』や「賛」の書を懐奘の筆跡とみるような錯誤が生じたのかの疑問が残るが、その原因として考えられるのが次の二点である。

① 懐奘筆『佛性』や『十方』のごく一部の文字、それも表題や奥書の題号などにある「蔵」「佛性」の筆跡に『示誡』の筆跡と似通う筆跡個性の特徴が認められること。

② 『坐禅儀』の書の性格は、先に述べているように道元の書としては特異な性格を表すものである

ため、その書風、書法を分析検討することなく、単に一見した書の印象の違いにより『坐禅儀』以外の「晩年の書」を別人、弟子の筆跡としてかたづけたこと。つまり、筆跡鑑識の基本的認識の欠落が原因。

まず、①については、懐弉が師道元の筆跡を僅か一部ながら模倣したものとしてみるほかはない。

そこで、この筆跡の模倣を示すものとみられる題号の「蔵佛性」の部分につき、懐弉と道元の筆跡を対比してみる(図11)。一見して意外に思われるのは懐弉の「題号の筆跡」と「本文の筆跡」との違いである。この「蔵佛性」三字の筆跡は、同じ懐弉の筆跡でありながら、「奥書題号」と「本文」では、字体から筆法まで、筆跡の性格が全く異なってみえる。

しかも、題号の「蔵」「性」は『示誡』の筆跡と字体、筆法の共通するところがある。また、「佛」は『示誡』に記載がないため、『坐禅儀』に書かれたものを抽出して対比したが、この場合は『坐禅儀』が宋風を加えた書であるため、「にん偏」の格別太く強い左払いは異なるものの、右側の旁「弗」の転折など、かなり相似するところがみえる(「眼」は『示誡』『坐禅儀』の両書ともに記載がないため採り上げていない)。

こうした「題号」と「本文」の筆跡の異同、すなわち、本文の筆跡と全く異なる奥書題号のごく一部の筆跡だけが道元の筆跡『示誡』『坐禅儀』の筆跡に類似する性格を示すことについては、やはり、懐弉が道元の字体、筆法をまねて記入したものとみるほかはない。

また事実、右の推測の例証としてみることができる懐弉の筆跡がある。それが『資料集』に「懐弉真跡の標準をなすもの」として採り上げられている『正法眼蔵十方』の筆跡である。この『十方』は『佛性』に続いて『資料集』にその筆跡写真が掲載されているが、やはり、その題号の筆跡だけに『佛性』の奥書題号と同様、『示誡』『坐禅儀』の筆跡、すなわち道元の筆跡と共通する個性の特徴が示されている。これは『資料集』の写真図版でも十分に認められる（題号の「正」「法」「蔵」の筆跡）。

（図11）

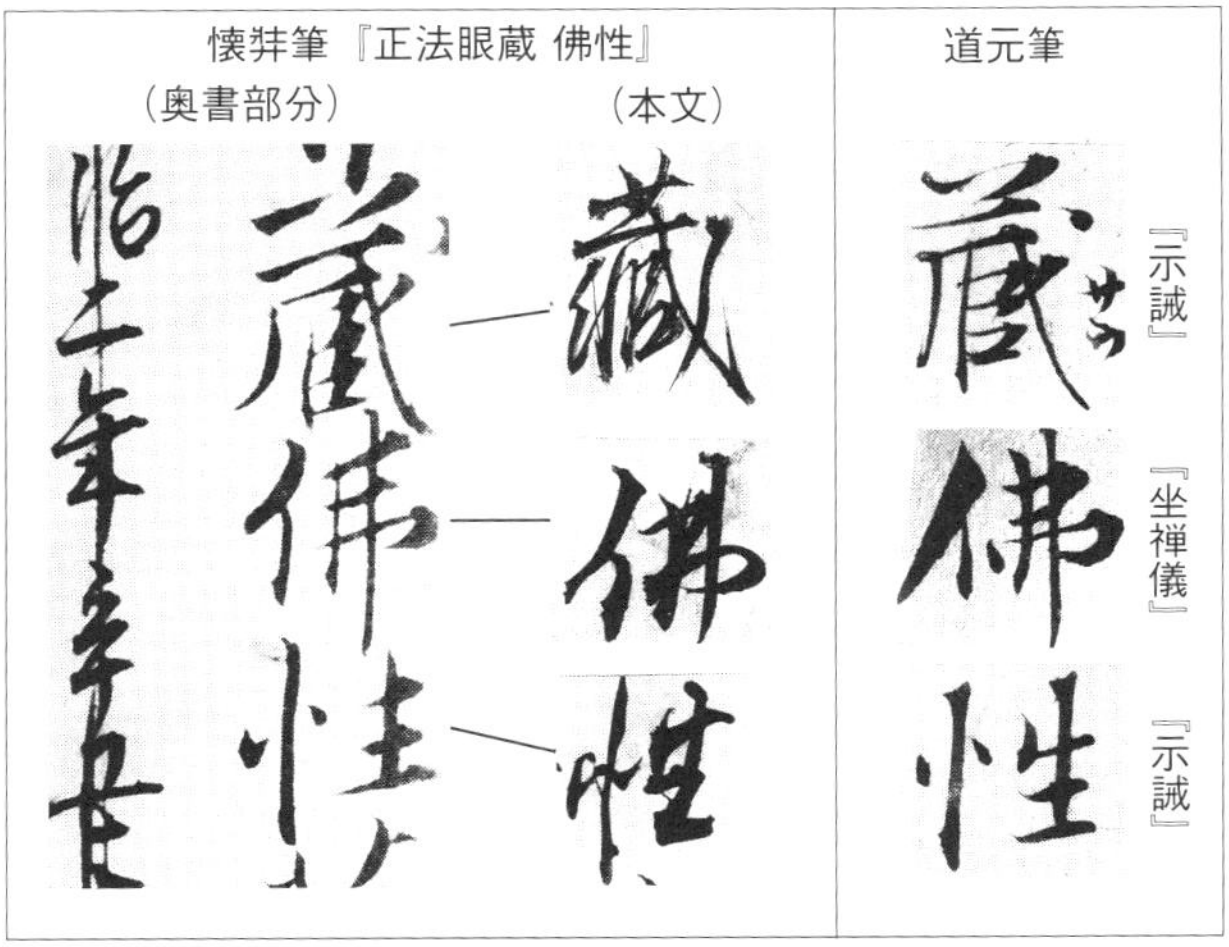

しかも『十方』の場合は、先の『佛性』の奥書題号のように「正法」の文字が重ね書きされていないためこの巻頭の「正法蔵」の筆跡が道元の筆跡に類似する特徴を示していることがより明確である。しかし巻頭の比較的落ち着いた行書体の筆跡も『佛性』の場合と同じく、次第に筆は走り出し、その行草の速筆には『佛性』の筆跡と同様、懐弉独自の個性的特徴、すなわち先の図10で検討した道元の筆跡と全く異なる個性的特徴が示されるものとなっている。

さらに『十方』の場合も、佛性と同様、本文の走り書きが奥書に至って、題号の部分だけは落着いた行書となり、その「正」「法」「蔵」には『示誡』や『坐禅儀』と類似する特徴を認めるものの、それに続く、年記や示衆、書写の場所を記すところでは再び懐弉本来の筆跡に戻っていることも『佛性』の場合と全く同様である。つまり、本文の走り書きの細字が多いところでは個々の文字をとり出して対比するのは難しく、図10のように拡大写真を用いるのでなければ無理となる。従って、落ち着いて大きく書かれた題号に注目することとなり、その明確な筆跡を、同じく行書で確然と書かれた『示誡』の筆跡と比較して同筆とみる誤説を生じたものとみるならば錯誤の提説についての疑問は解消されることとなろう。

次に②の問題、『坐禅儀』一書のみを真筆とみて、他の書風の異なる筆跡を別人の書とみる見解については、「書風、書法」についての認識、すなわち「筆跡鑑識の基本的認識」が問題となる。また細やかな筆法をみる場合、先に提示した「書写の態様」の違いについての認識が重要となる。

右は筆跡鑑識一般についての基本となる認識であるが、道元の筆跡については、さらに、その思想「不染汚の修証」がその書の根幹であることから、この道元の書の本質についての論考が本稿の主題となる。

従って、本稿の出発点となった道元の書を弟子の筆跡とみる錯誤においても、この道元の思想とかかわるところがあるが、すでに先の検討において、この問題を解明する「筆跡鑑識の要点」が、道元の筆跡を代表する『坐禅儀』の書の特異な性格にあること、また検証を通じて、道元の思想を具現する「不染汚の書」に注目することにより、はじめて「書風、書法の異同」の問題は解消し、道元の筆跡についての適正な鑑識が成立することを述べている。

注

1 道元帰朝後、京都、深草、山城と参学行脚した二八歳から四四歳までの一六年間に対し、越前下向の四四歳から入寂時五四歳までの一〇年間を晩年として区別した。

2 横井覚道 複製本『普勧坐禅儀』別冊解題(永平寺・昭和四四年)

3 田山方南編『禅林墨跡』(聚楽社・昭和三〇年)
中田勇次郎『普勧坐禅儀』(『書道全集』一九巻 平凡社・昭和三〇年)
堀江知彦編『墨跡』(『日本の美術』五号 至文堂・昭和四一年)
大久保道舟『道元禅師真筆集成』解説(筑摩書房・昭和四五年)

4 神田喜一郎「日本書道史7鎌倉Ⅱ」四頁(『書道全集』一九巻 平凡社・昭和三一年)

5 上田桑鳩『書道鑑賞入門』一九頁(創元社・昭和三八年)

6 木下政雄「書 見る立場と書く立場」(『日本の美術』一八二号『室町時代の書』所収 至文堂・昭和五六年)

7 中国東晋の永和九年(三五三)三月三日、王羲之四七歳の時、会稽山陰の蘭亭に風流の士、四一人を招き曲水の雅宴を催した際、会衆が作った詩の序文で羲之第一の劇跡。

8 猪刈秀一「筆跡鑑定の要点」(『古文書研究』二号 昭和四四年)

9 神田喜一郎「高宗と書道」(『書道全集』一六巻三頁 平凡社 昭和三〇年)

10 永平正法眼蔵蒐書大成刊行会(大修館書店 昭和五五年)

七　不染汚の修証を具現する書

1　劇跡『普勧坐禅儀』の書風、書法

道元が天福元年三四歳の書『普勧坐禅儀』には、道元の書としては異例の次のような特異性が示されている。

『普勧坐禅儀』の書は、これまで常に道元の「墨跡」を代表する「文」「筆跡」として採り上げられてきた観がある。従って、道元の「文」と「筆跡」についての問題、特に真筆か否かの判定においては常に、この『普勧坐禅儀』一書の筆跡を「基準の書」として比較考量されてきている。

しかし、『普勧坐禅儀』の書は、これまでの検討で明らかなように、その「文」も「書」も道元としては「類のない特異性」を示すものであるため、その特異性についての認識を欠落していては鑑識は成立しない。

しかも、この道元「在京時の書」の異例の特異性は「入越後」において一変するのである。すなわち、その「異例の特異性」は消失し、道元が本来、身につけた、あるがままの「不染汚《ふぜんな》の書」への変改

である。

しかし、これまで、その「文」の変化については説かれているものの、その「筆跡にみる書風、書法」の変化について説かれたことはない。すなわち「入越後」の筆跡の変化については、これを道元の「書風、書法」の変化とみることはなく、弟子の筆跡として片づけられてきたわけである。

先に採り上げた池田寿一氏の説には『普勧坐禅儀』の「推敲彫琢した」とみられる刻意の名文が、「入越後」の『正法眼蔵坐禅儀』になると「ぎりぎりの素朴簡潔な散文に削られ」「実践的事項以外一切の文学的形象を削っている」という「文の変化」については説かれているが、「筆跡」についてはふれられていない。

しかし、右に説かれている文にみる変化こそ、「不染汚の修証」にもとづく性格そのものである。

それに、いみじくも、ここに引証された『正法眼蔵坐禅儀』の巻末は「不染汚ノ修証ナリ」の一文によって終結されているのである。

つまり、道元「入越後」において、その「文」も「筆跡」も「不染汚の修証」を具現する、道元本来、あるがままの煩悩によって染汚されない書への変移を表すこととなる。

ところで先に提示した、在京時の『普勧坐禅儀』と入越

普勧坐禅儀

文体
特に「普勧」と冠辞して「弘法救生」を標榜し、四六駢儷体《しろくべんれいたい》を用いた華麗な文辞による刻意の美文。

書体
文と共通する性格を表すもので、強く峻抜な宋風の筆勢と、穏やかな伝統的書風とを混交する変化を示す刻意の劇跡。

後の『示誡』「賛」との比較検証は、この三書が同一個性を示す道元の筆跡か否かの鑑識を主眼としたものである。従って、「筆跡鑑識の要件」に則し、「無為自然、あるがままの巧むところのない筆跡」について対比することが要件となる。そのため、書風、書法を書き分け変化を示す刻意の劇跡とみられる『普勧坐禅儀』についてては、そうした特異性を表す筆跡ではなく、道元本来のあるがままの筆跡である伝統的な筆跡の部分を採り出し、これと、「入越後」のすべて、あるがままの伝統的な書風で一貫する『示誡』「賛」の筆跡と対比することにより適正な鑑識が成立し、はじめて、これら三書がすべて共通する筆跡個性の特徴を基盤とする道元の真筆と認定できたわけである。

つまり、道元の書の本質となる「不染汚の修証」を具現する筆跡について検証することにより、先に採り上げた「筆跡鑑識の要点」にある「筆跡の不変性の成立条件」（同一人の筆跡としての要件）となる、

◎巧まずに書かれた筆跡

◎あるがまま無為自然に書かれた筆跡

という「筆跡鑑識」の適正な要件が成立したのである。

しかし、ここで冒頭に採り上げた劇跡といわれる書の変化を表す『普勧坐禅儀』の筆跡の異例の特異性を具体的にみるために、次に拡大写真（図1）により、その「多様な変化」を表す筆跡の特異性について特に採り上げてみたい。その特異性こそが、これまでの道元の筆跡についての錯誤をもたらした原因だからである。

『普勧坐禅儀』の書を開いて、まず目につくのは、太く強い筆勢で書かれた「イ」（にんべん）の左払

いなど一見して目をひく筆致である。また「辶」（しんにょう）や「走繞《そうにょう》」などの右の払いにも強い筆勢がみられる。さらに冒頭の副題にある「法」や本文二行目の「在」と一二行目の「有」など、字体の均整を殊更に破るような強い横画の筆致も散見される。

加えて、筆跡の行間を広くして字体を大きく書かれていることなど、本書が格別、異例の格式を整えたものであることは瞭然としている。従って、ひろく注目されるものとなり、今日までも、その伝統が生き続けてきたわけである。

（図1）

以上に述べた本書の筆跡の特徴は図1によって明らかとなるが、こうした際立った筆勢をもって、端的に本書を「宋風の書」とみる見解が一般となり、また、この書風の強い「印象」から、今日、道元の墨跡を代表するものと目されるに至っている。

しかし、『普勧坐禅儀』の書の特質は単にその一点にとどまるものではない。

例えば、先にも採り上げている「法」の一字は、字体の均整を破る「宋風の楷書体」に書かれ

（図2）

『坐禅儀』（宋風楷書）（草書）　『示誡』（楷書）

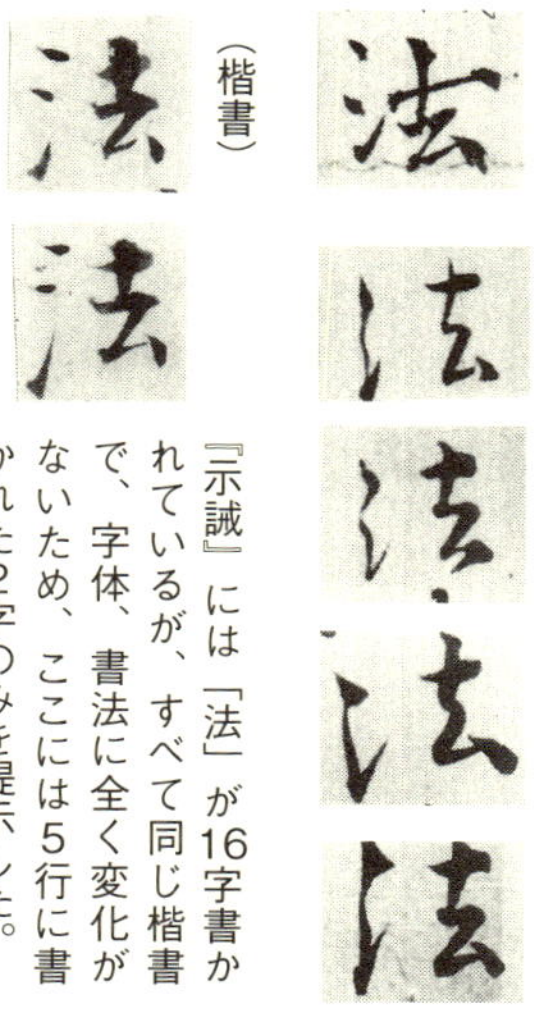

『示誡』には「法」が16字書かれているが、すべて同じ楷書で、字体、書法に全く変化がないため、ここには5行に書かれた2字のみを提示した。

（図3）

『坐禅儀』の書体、筆法の異なる「謂」

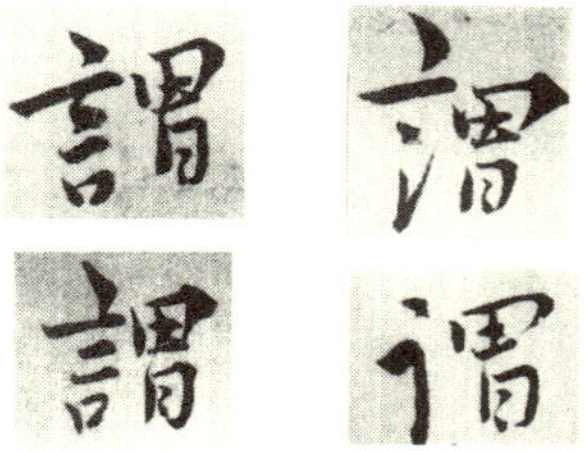

『示誡』に書かれた「言偏」と「言」

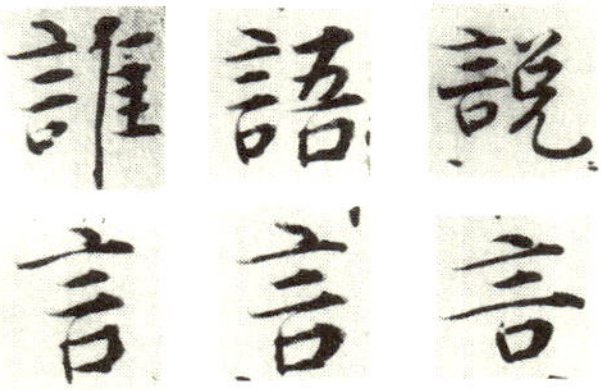

ているが、本書には、その他に「法」は四字書かれている。しかし、その四字はすべて「伝統的書風の草書体」というように書風、書体の書き分けがある。

一方、『示誡』には「法」が一六字書かれているが、すべて「伝統的書風の楷書体」であって一切、変化はない（図2）。

また『普勧坐禅儀』には、同じ文字の「偏」の部分について書体、筆法を変えているものがあり、「謂」四字の「言偏《ごんべん》」にそれがみられる。一方、『示誡』には、そのような書き分けは一切ない（図3）。

ところで先の図1には『普勧坐禅儀』の強い筆勢を表すもののなかから特に目をひくものとして「にん偏」などの左の払いを採り上げている。ところが、同じ『普勧坐禅儀』のなかには同じ「にん偏」でも図1のそれと全く異なる書風、筆致を示すものがあり、しかもそれが『示誡』や「賛」に書かれた「にん偏」と全く共通する筆致、すなわち「伝統的な書」である王羲之の穏やかな書風に類似するものとなっている。従って、その穏やかな筆跡には、先に採り上げた中国南宋初代の皇帝高宗の「徽《き》宗文集序《そうぶんしゅうのじょ》」に書かれた「にん偏」と全く同一の書体、筆法が示されている。さらに、これも先の図1に、『普勧坐禅儀』に書かれた特に、「宋風」の殊更に不均衡を表す筆跡として採り上げた「有」が『示誡』では、その特異性が消失した上、これも高宗の「徽宗文集序」にある「有」と字体から筆法まで全く同様の筆跡へと変移している（以上、図4）。

（図4）

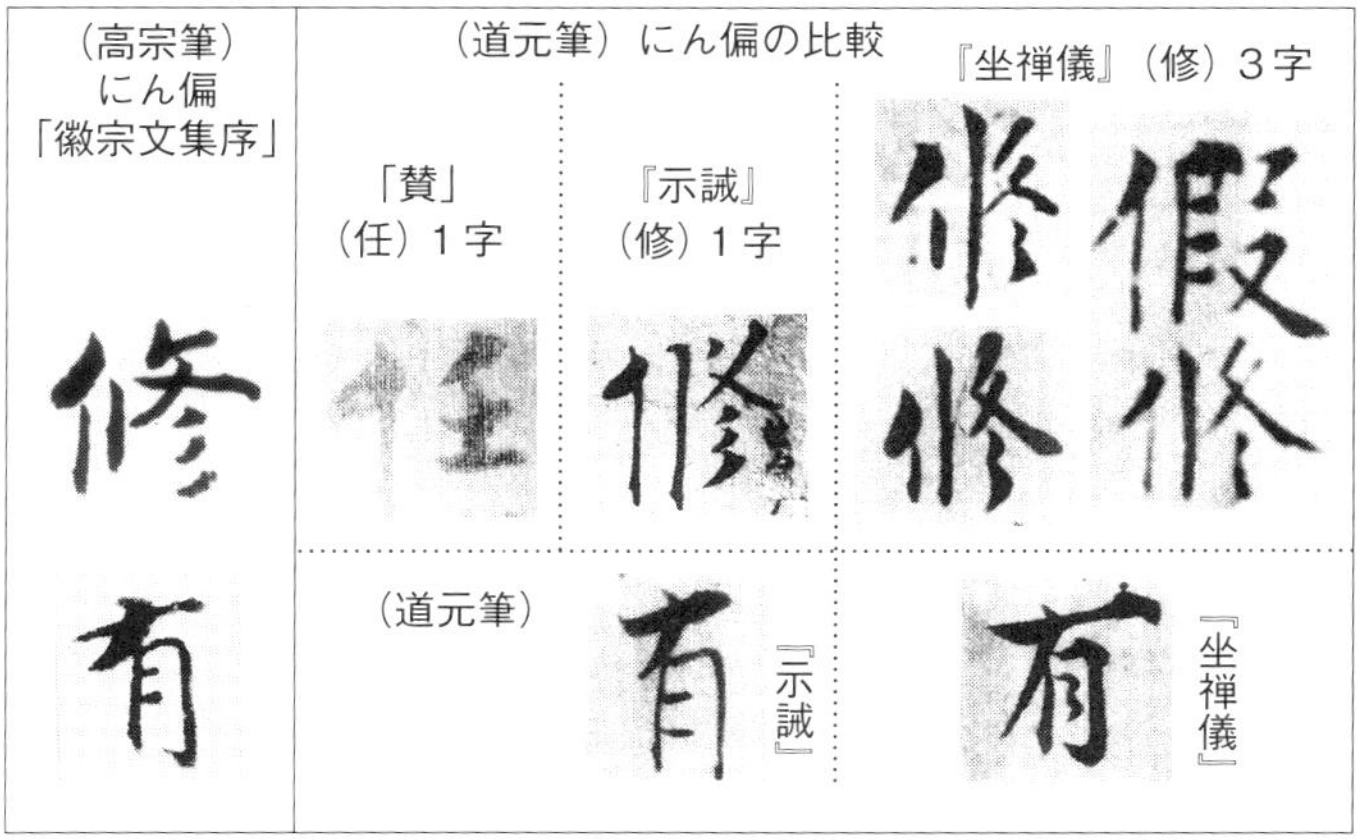

つまり、道元入越後の『示誡』や「賛」では、在京時の『普勧坐禅儀』にみる「宋風の筆勢」や「不均衡の筆致」を顕示する書風から、道元本来の「伝統的な書」へと回帰したことになる。

従って、黄庭堅の宋風を学んだ高宗が、最後には王羲之、王献之父子の伝統的な書に専心したという[1]、その高宗の「徽宗文集序」（以下「文集序」）の筆跡が、同じく王父子の伝統的な書ひとすじに変移した道元入越後の筆跡と類似するところを示すこととなるわけである。図4に示した「修」や「有」の筆跡がそれであるが、さらに、道元の『示誡』「賛」と高宗の「文集序」から同じ文字の筆跡を抽出して対比することにより、その類似性は明らかになる（図5）。

先の「筆跡鑑識の要点」に「同じ書風の流れのなかにある筆跡の場合、単に形が似ているのは当然のことで、それだけではなく、そこに、十分な数の稀少な特徴点の指摘」が必要なことを述べているがこの図5でわかるように、道元も高宗もここでは王父子に学ぶ同一書風を表しているため、字体の構成はよく似ている。それに「隹」の旁においては、細い筆線と太い筆線の対称的な縦画の組み合わせまでもが類似している。しかし、別人であるため、細部をみれば、先に指摘したように「萬」「動」の右肩の

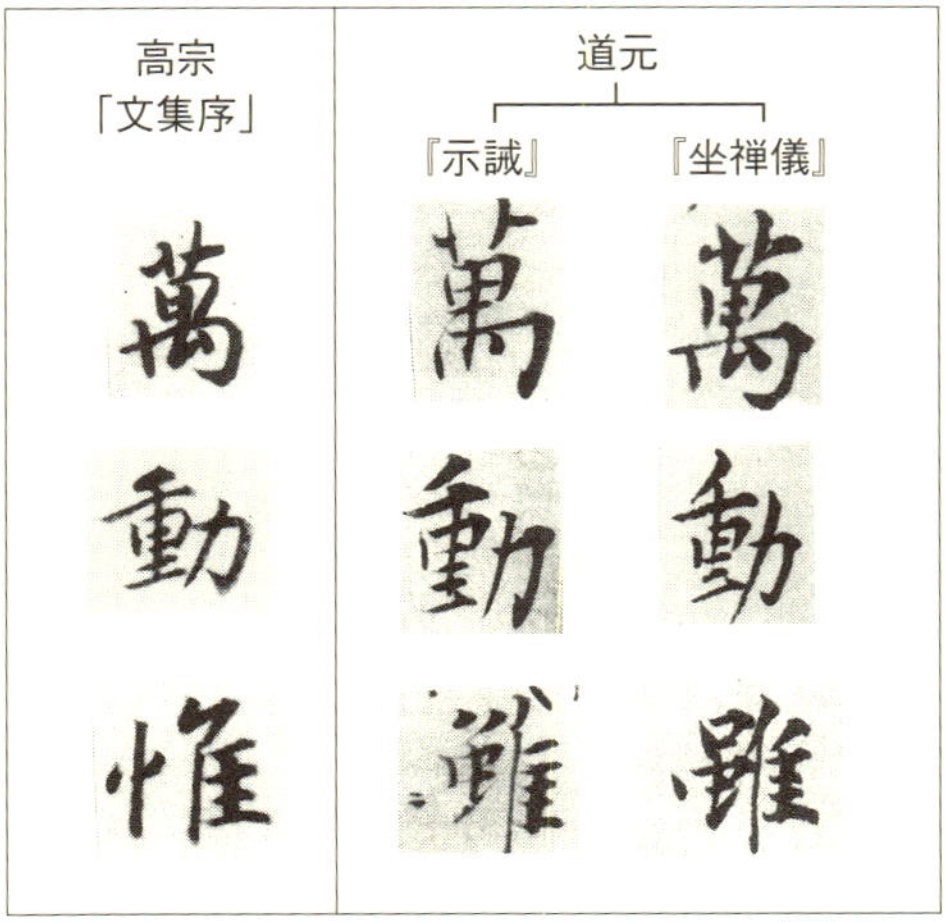

（図5）

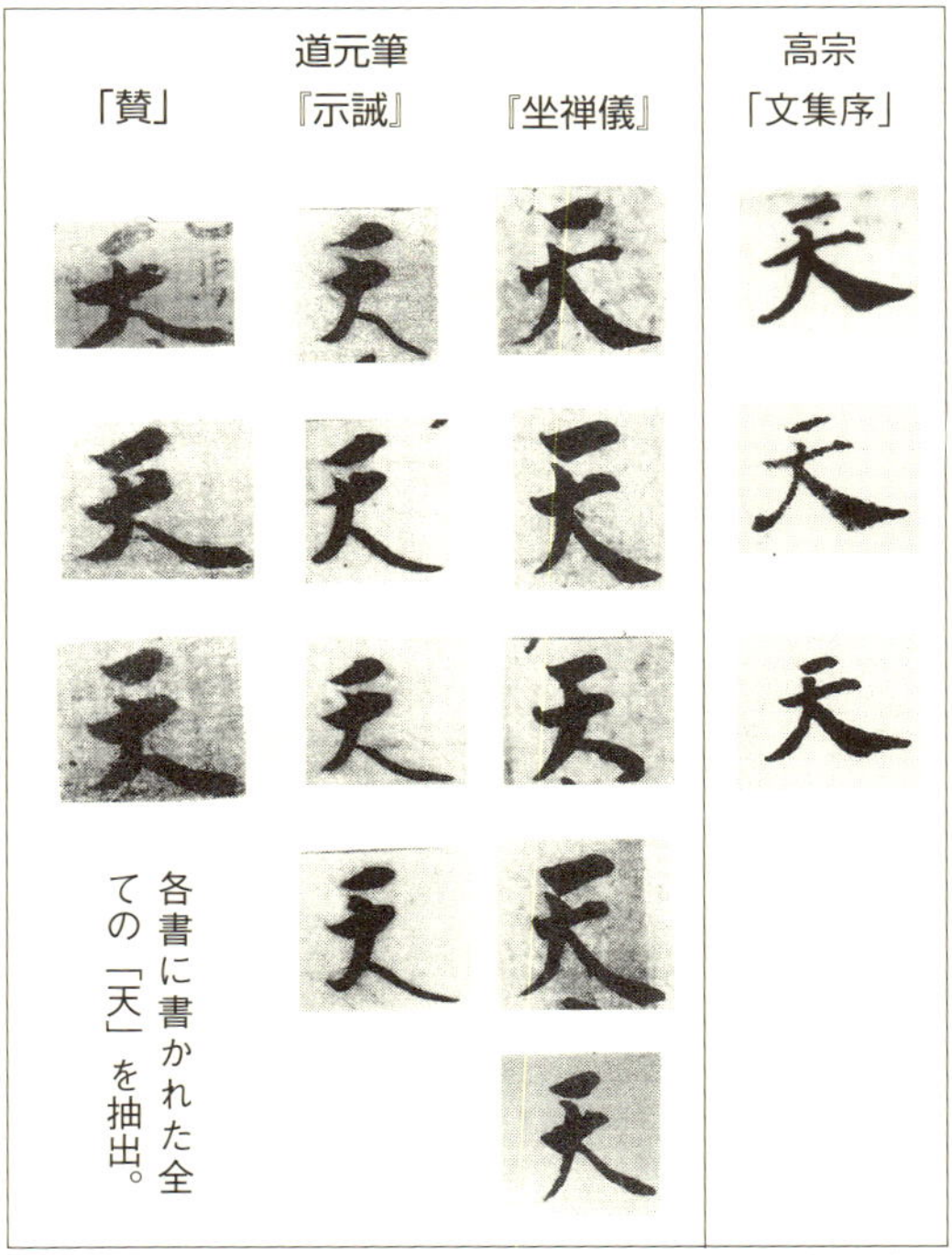

（図6）

筆圧や「隹」の細い縦画の微妙なうねりの運筆などが高宗の筆跡にはないという違いがある。

また、これとは別に、道元と高宗の書が同じく伝統的な書の流れのなかにあるとはいえ、この双方には大きく異なるところがある。それは、高宗の書風について「その磔法《たくほう》は特に目立つ……鋭い磔法と円い右肩（先述の筆圧をかけない右肩の転折）とは対蹠的」[2]といわれるところにある。そこで、その鋭く目立つ磔法の一例として、同じく「文集序」に書かれた「天」三字と道元の『坐禅儀』『示誡』「賛」から抽出した、すべての「天」を対比した（図6）。

この対比では、伝統の書に宋風を加えた『坐禅儀』に対し、宋風から伝統の書へと変移した高宗の「文集序」が共に、右の払い（磔）に太く強い筆勢がみえる。とはいえ、『坐禅儀』の「天」は三九行の「行書」に変化したあと、再び楷書の筆勢をみせるものに戻るものの、その磔には微妙な「うねり」が加わる変化をみせ、そこには「入越後」の『示誡』「賛」の柔らかな磔と共通する運筆が見出されることとなる。

ところで、道元筆になる右三書の「天」の一見した印象はそれぞれ異なっている。まず『坐禅儀』の「天」については先に高宗の「天」との比較を述べているが、『坐禅儀』『示誡』「賛」三書それぞれの磔をはじめとする筆跡の態様は全く異なってみえる。

そのため、「書風、書法の書き分け」や「書写の態様の別」についての認識を欠落した視点でこの三書をみると、特に『示誡』の書の全体にみられる細く墨色も薄目の筆跡、なかでも磔の細く柔らかな筆法、また「賛」の特に太く柔らかな筆線などの異同から『示誡』「賛」を『坐禅儀』と異なる別人の書とみたり、さらには『示誡』の筆跡を弱く筆力に欠けるものとみる見解まで示されることとなる。しかし、こうした誤解は「書風、書法の書き分け」や「書写の態様の別」についての無理解から生じたものとみるほかはない。すなわち、先に引用した木下政雄氏の提説に示されているように「賛」のような掛軸の書では「太く柔らかな筆致」となるのであり、「書は用いる目的・場所に応じて変化する」のである。

一方、『示誡』の場合、『坐禅儀』のように開宗宣言としての格式や弘法宣布の意気を示す太く強い筆力など意図するところは一切ない。従って、太く強い筆勢をもつ大きな字体が無理なく収まるように行間を広くとる配慮など無用となる。というより、そもそも『示誡』の場合は、強い筆力筆勢を顕示することなどあり得ない「用に即した書」であり、即、あるがままの「不染汚の修証」を具現する書である。従って、そこに書技、書芸など一切の変化を表すことなく淡々と書かれた「入越後の書」は今日、書芸的な妙味は勿論、墨跡の概念にもそぐわぬものとして殆ど注目され難い書となった次第である。

以上、『坐禅儀』の書の特異性を中心に筆跡の拡大写真による具体的な検証を提示した。しかし、実は道元の書で「宋風の筆勢、筆力」を示すのは、この『坐禅儀』の他に、もう一書、「普勧坐禅儀撰述由来」の書がある。次にこれを採り上げてみたい。

2　普勧坐禅儀撰述由来の書

本書は『普勧坐禅儀』と一体のものとして永平寺に伝来し、江戸期の宗学者面山瑞方《めんざんずいほう》によって「普勧坐禅儀撰述由来」と名付けられた書跡である。
「坐禅儀」の撰述に至る趣意を記したもので、嘉禄三年の『普勧坐禅儀』撰述のあと、天福元年の真筆本の浄書の際、本書も浄書されたものとみられ、『普勧坐禅儀』と同様、紋様を摺り出した宋代の臘牋《ろうせん》を料紙とする、やはり異例の書跡である。従って、『普勧坐禅儀』が国宝に指定された昭和二七年三月二九日にこの「撰述由来」の書も併せて「附指定」とされている。

ところが、これに対して古田紹欽氏による異論がある。(3) すなわち、この「撰述由来」の文中には、ただ「坐禅儀」とあるのみで「普勧」の冠字がないことから、この「撰述由来」は『普勧坐禅儀』の付帯史料ではなく、『正法眼蔵坐禅儀』に付帯するもののようにみられるという見解である。また加えて、「その筆跡が、天福元年本『普勧坐禅儀』の筆跡より遥かにその熟達したものが知られる」ことから、「撰述由来」を天福元年本『普勧坐禅儀』より一〇年後の『正法眼蔵坐禅儀』の示衆に際しての筆跡ではなかったかとして、本書を『正法眼蔵坐禅儀』に付帯する史料とみる異論である。

右の古田氏の異論には、すでに鈴木格禅氏による反論がある。(4) 鈴木氏は「撰述由来」の文中に撰述の趣意が、帰朝後、参学者から「坐禅儀」を撰せよという要請があったことによる、と記述されていることを挙げ、要請する参学者が『普勧坐禅儀』を撰せよ、というのは理に合わない。一般的な「坐禅儀」を要請するのが自然であること、また、すでに嘉禄三年の『普勧坐禅儀』撰述後には、それが浄書されているのに、さらに撰述の一六年後になって「坐禅儀」の要請と事新しげにその由来を述べて『坐禅儀』が撰されたとみることは不自然であることを説かれる。

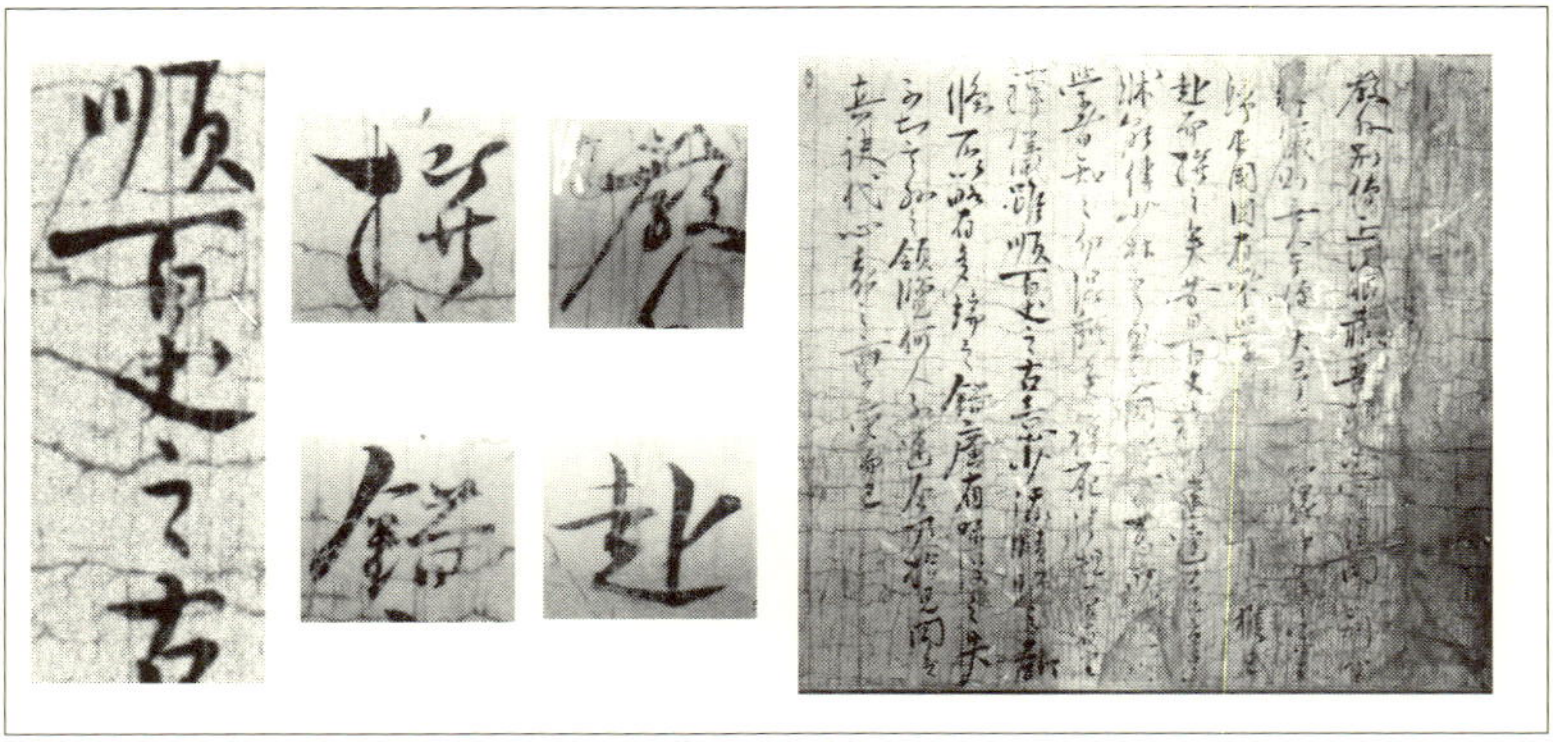

（図7）

右は「撰述由来」の文面と年代的な経緯からの反論である。しかし、そもそも「撰述由来」と「入越後」の『正法眼蔵坐禅儀』では、書の性格が相反し、それは「撰述由来」の書風と筆致に顕示されている（図7）。

「撰述由来」は「伝統の書」と「宋風の書」を混交した『普勧坐禅儀』より、さらに「宋風」の性格をより強くした書である。「教」の四画、「赴」の八、九画、「撰」の手偏、「百」の一画、「丈」の三画、「錯」の金偏《かねへん》などに強く不均衡な筆勢がみられ、そこに一見、『普勧坐禅儀』より、更に熟達した筆跡の印象を生じるかも知れない。

しかし、それは「書写の態様の別」による違いである。『普勧坐禅儀』は、長大な料紙に、大きな文字が一行の字数にも配慮した上、書体、書風の変化を示す書である。従って子細にみれば伸びやかさに欠けるところもある。一方、「撰述由来」は小さな書面（縦二七・三、横三四・五糎）に行草体の大小をとりまぜた文字の連綿体を主とする、はるかに自由豁達《かったつ》な書である。つまり、こうした「書写の態様の別」を考慮せずにみれば、その暢達さを熟達による差違と見まがわれることもなろう。

さらに重要なことは先に述べた「撰述由来」と『正法眼蔵坐禅儀』の書の性格の違いである。すなわち、「入越後」の教説である『正法眼蔵坐禅儀』は道元の思想「不染汚の修証」にもとづく「只管打坐」を説くものであり、「不染汚ノ修証ナリ」の一文で終結している。

一方、「撰述由来」は『普勧坐禅儀』と同様、宋風の書技を自由豁達に顕示する意欲をもって華麗に書かれている。従って「撰述由来」は『正法眼蔵坐禅儀』とは相反する性格の『普勧坐禅儀』と共通する性格の書とみられる。

すなわち、「撰述由来」は「在京時」の「弘法宣布」のための殊更に強い印象を与える書であり、そこに『普勧坐禅儀』の付帯史料としての意義が明示されていることとなる。

3　道元の思想と和辻哲郎「芸術への非難」の論説

道元の天福元年、三四歳の書『普勧坐禅儀』が始めて注目されたのは、大正一一年の東京大学史料編纂掛による史料展覧会への出陳であった。その後、鎌倉時代禅僧の代表的な書、いわゆる「墨跡」の一つとしての関心も高まり、昭和二七年三月二九日、国指定「国宝」の書跡となった。

この『坐禅儀』の書が注目されはじめた大正一五年、和辻哲郎氏による道元の「文」についての論説「沙門道元」が提示されたことについては先に述べている。すなわち『正法眼蔵随聞記』にある道元の「文筆否定」の信条である。和辻氏は「沙門道元」のなかで三度、この説示を採り上げているが、その眼目となるのが八章の「芸術への非難」である。和辻氏は『随聞記』にある「学道の人は先ず須《すべから》く貧なるべし、財おおければ必ずその志を失う」という説示をひいて「道元は衣食住の欲からの脱離を真理への道の必須の条件とする」などと述べたあと「芸術への非難」の章において次のように説く。

「この道元の考え方はやがて仏教の芸術的労作を否認することになる。聖徳太子と法隆寺によって推測せられる天平時代の仏教、降っては貴族の美的生活に調和した藤原時代の仏教、これらを通じて著しいのは、彼らの法悦がいかに強く芸術的恍惚に彩られているかの一点である」「道元にとっては、仏像堂塔の類は真理への道に何の益するところもない」として『随聞記』にある「たとひ草庵樹下にてもあれ、法門の一句をも思量し、一と時の坐禅をも行ぜんこそ、誠の仏法興隆にてあらめ」という説示を採り上げる。

次いで和辻氏は「これは明かに美の力を無視することである。そうしてこの無視は、官能的なる一切のものに対する不信の表白である」「道元が斥けるのは単に仏教美術のみではない。文筆詩歌等もまた『詮なき事なれば捨つべき』ものである。法の悟りを得んとするものに美言佳句が何の役に立とう」と説き、先に採り上げた「今代の禅僧云々」という「文筆否定の信条」が採り上げられている。

そこで改めて、道元の基本思想と併せて思量した場合どうか。道元の思想においては、悟りを目的とし、修行を悟りを獲得するための手段とみることは否定される。すなわち、一般には凡夫が修行して仏果位に至ることとなるが、道元の説くところは異なる。道元は修行することが仏の行であるとし、修行と悟り（証）が一つであるという「修証一等」を説くのである。また修行することが仏の行であるから修行は悟りを待つものではない。修行に何の代償をも求めることなく、無所得・無所悟で、ただ只管《ひたすら》に坐禅するという、その坐禅、只管打坐《しかんたざ》は、人間にもともと具わっている本来の悟り、本証の上の修行であり、これが「本証妙修」であると説く。

道元が先師如浄から伝えられた「仏祖正伝の仏法」の意義を示す『正法眼蔵』には、この教説がくり返し説かれている。

一方、和辻氏も「沙門道元」の「四　修行の方法と目的」のなかで、道元の修行のあり方として次のように説かれている。

「彼（道元）にとって仏法の修行は他の或物を得んがための手段ではなかった」「魂の救い、永遠の幸福が究竟の目的であるならば、仏法は手段であって最高の価値ではない。真実の仏法修行はこの種のこゝろをも放擲《ほうてき》しなければならぬ。たゞ身心を仏法に投げすてゝ、更に悟道得法までをも望むことなく修行しなければならぬ」

右に述べるところでは修行の代償を求める有所得心は完全に排除されている。

しかも、右の特に傍点を付した和辻氏の言説は、『随聞記』二十一に「只身心ヲ仏法ニナゲステヽ、更ニ悟道得法マデモノゾム事ナク修行シユク、是ヲ不染汚ノ行人ト云也」とある説示そのままが引用されている。ただし、和辻氏の引用文にはない、結語の「不染汚ノ行人」の文言こそ、『正法眼蔵辨道話』に説かれている道元の「修証一等」「証上の修」「本証妙修」にもとづく「修をはなれぬ証を煩悩で染汚しない不染汚の行者」を示している。

すなわち、行・住・坐・臥の四威儀（僧としての規律正しい生活）や挙措進退の作法のすべてに仏の行を体現するものとなる。これが「威儀即仏法、作法是れ宗旨」といわれる道元の生活禅である。
また「衆生本来仏」としての修であるからには、煩悩で「染汚」されることがない「本証妙修」であり、有用、無用の思いはかりによって汚されることのない意志意欲以前の「不染汚の修証」である。つまり、日常生活のすべてが本来の悟りの働きであり仏の行であって、一切の功利打算を拒否する不染汚の修証である。すなわち、榑林皓堂《くればやしこうどう》氏の説かれる「時々を行尽する不染汚の修証は勿論坐の一行には限らない。ひろげれば行住坐臥であり、時間的には二十四時間全体となる」[5]のである。

ここで先に採り上げた『随聞記』三巻にある、やはり殊更な文筆の意義を否定した説示を重ねて採り上げてみたい。

「法語等ヲ書《かくに》モ、文章ニオホセテ書《かか》ントシ、韵聲《いんしょう》タガヘバ被《られ》レ拄《ささえ》ナンドスルハ、知《しり》タル咎《とが》也。語言《ごごん》文章ハイカニモアレ、思フマヽノ理ヲ、ツブ〳〵ト書キタラバ、文章ワロシト思フトモ、理ダニモキコヘタラバ、道ノ為ニハ大切也。余ノ才学モ如《ごとし》レ是《かくの》」

すなわち「法語などを書くにも文の法則に合うように書こうとし、韻や平仄《ひょうそく》が違うと、そこで考えあぐねたりするようなことはいらざる知識の罪である。言葉や文章がどうあろうとも思うままを、こまごまと書いておけば、後の人も文章はよくないと思っても、理が通じていることこそが仏道には重要である。他の学問知識も同様のことである」と説かれている。ここでは、文章における芸術的表現への志向が「知りたる咎なり」として完全に否定されている。つまり文章を飾ろうとするような虚飾の心を捨て切り率直なあるがままの表現に徹した「不染汚の文筆」である。

これを「書」の場合でいえば、殊更に書技をひけらかし巧みな書を書こうなどと思うことは「染汚」である。すなわち一切の功利心や虚飾の心を払拭した書、思いはかりによって汚されることのない意志意欲以前の書、無意識的、自動的な書こそ「不染汚の書」である。

また書法の上からいうならば、道元が幼時から学び身につけた伝統的な書、王羲之を骨子とする古典伝統の書、道元本来自然の「あるがままの書」こそ「不染汚の書」である。

さらに書については『随聞記』にある「正ニ任運トシテ心ヲヲクコト莫《なか》レ」の説示も参照すべきである。「自然のまま、法が自ずから運び動くに任せて思慮分別を働かせない」という「任運無作」の行である。この「あるがまま、自然のまま」こそ「不染汚の浄行」、本来の悟りを煩悩で染汚しない「本証妙修」に即するものであり、これを書においていえば書道的な意識を一切捨て切った本来学び身につけた自然の筆の運びであり「任運無作の書」すなわち、道元の書の本質となる。

和辻氏の提説には「本証妙修」や「不染汚の修証」の文言こそないものの、その道元の思想にもとづく「文筆」の性格が示されているが、それだけではない。「芸術への非難」に示されているように文芸のみならず一切の芸術的要素は斥けられていることがわかる。当然、「文」における「文芸」の場合と同じく「書」においても殊更な「書技書芸」は否定さるべきものとなる。

しかしその後、道元の書に注目された提説としては寡聞にして、先に採り上げた池田寿一、西尾實両氏の見解を知るのみである。但し両氏とも、洛南深草時代の『普勧坐禅儀』から入越後の『正法眼蔵坐禅儀』への「文体」の変移について説かれているものの、そこに「不染汚の修証」の文意はなく、何故、道元の文が変改し革新されたのか、その根源となる道元の思想については説かれていない。そのためか、以後、道元の書については曖昧な印象による見解が提示され、特に筆跡については、道元の思想にもとづく書の性格についての考察はもとより、適正な科学的検証もないまま混乱した錯誤の見解も提示されることとなった。そこで次に道元の書にかかわる見解と問題の経緯について採り上げてみたい。

4 道元の書についての見解と問題

○大正十五年

和辻哲郎「沙門道元」

・『随聞記』にもとづき道元の「思想と文筆」について提説。

・「官能的なる一切のものに対する不信」

・殊更な文芸の意義を否定。

○昭和二七年三月二九日

永平寺蔵『普勧坐禅儀』

道元自筆として「国宝」指定

・「普勧坐禅儀撰述由来」は「附指定」

○昭和二八年

大久保道舟『道元禅師傳の研究』

・『普勧坐禅儀』―「著しく宋風の風格を現わしている」

・『示誡』――「書風は懐弉に相似しているから懐弉が書写し保管したものであろう」
・「道元頂相」――「単なる肖像画ではなく實に優れた一箇の藝術品」
・「賛」が義雲の筆跡に似ていることと伝来の事実から恐らく同師の時代に複製されたのではないかと想像する」

○昭和三三年
池田寿一「道元の文学」（『文字』26）
・道元は文芸の意義に否定的。
・道元の全著作の上からは『普勧坐禅儀』の四六文は異例。
・『普勧坐禅儀』の刻意の名文から素朴簡潔で一切文学的形象を削った散文『正法眼蔵坐禅儀』への変移。

○昭和三五年五月
宝慶寺の「文化財調査」（福井県文化財保護委員会）
・説明のため出席された大久保道舟氏の見解――『示誡』は懐弉筆。「頂相」は「賛」が義雲筆であるから義雲による複製とし、その論拠として頂相の賛と義雲筆の「雲居道膺像」の賛が同筆であることを説かれた。筆者も随伴していたが、席上提示された双方の筆跡は全く別筆にみえるという疑問を生じた。

○昭和三七年五月一五日
宝慶寺蔵「道元頂相」福井県文化財指定　指定理由―道元在世中の「自賛の頂相」

右同寺蔵『名越白衣舎示誡』福井県文化財指定　指定理由—鎌倉名越白衣舎における道元自筆の法語

・右の指定は大久保氏の自著や先の県文化財調査会での同氏の見解に反して両筆跡を道元の真筆とみる指定理由が公示されている。筆者はこの指定に一切関与してはいないが以後、道元の書の特徴、性格に関心をもつきっかけとなった。

○昭和四〇年

西尾實『正法眼蔵　正法眼蔵随聞記』解説（『日本古典文学大系』81）

・道元に文学的表現否定の思想がある。

・『普勧坐禅儀』の刻意の名文は『正法眼蔵』になると文体が革新され道元の表現法の革命となった。

○昭和四一年

石川県大乗寺蔵「羅漢供養講式稿本断簡」（本文四〇行）（石川県立美術館寄託）　道元自筆として重要文化財指定

・宝治三年頃、法要の法式を撰述した際の草稿で宝治二年の『示誡』に続く筆跡。本書は草稿の書であるが、謹直な『示誡』の書と全く同一個性を示す整斉とした書風を示す。本書については後の章で採り上げることとする。

なお本書の指定に先立つ昭和二五年に愛知県全久院蔵の同じ「稿本断簡」（本文四四行）が道元自筆として「重要文化財」に指定されている。

○昭和五一年

大久保道舟解説「永平道元禅師観月の御影」複製本

・この解説で大久保氏は『道元禅師傳の研究』に示した頂相の賛を義雲の筆跡とみる自説を撤回し、『示誡』と同じ懐弉の代筆とする訂正を提示する。その傍証として「希玄」の署名を懐弉代筆の場合の署名とみる提説については先に採り上げている。

さて、ここでひとまず、以上に採り上げた道元の書についての見解、提説の経緯のなかで浮かび上がってきた問題点を次に提示してみたい。

① まず早くには和辻氏による『随聞記』の「官能的なる一切のものに対する不信の表白」「文芸の意義を認めていない説示」、また池田氏による「道元の文が刻意の名文」から「一切の文学的形象を削った散文」への変移、さらには西尾氏による道元の文が「思うままの理をつぶつぶと書く」という『正法眼蔵』各巻にみる「表現法の革命」を表す文へと変移したことなどの指摘が注目される。この三氏の説には「不染汚の修証」の文言こそないものの、その観点には道元の思想に通じるところがある。

② 道元の「文」については右のように「思想と文」の係ることについての提説があるが、その文と一体となる「書」について道元の思想と関連するところが説かれたことはない。

但し、洛南深草時代の書『普勧坐禅儀』については道元の代表的墨跡としてよく採り上げられ、

「俊抜雄健な宋風の書」として注目されているが、そこに思想に通じる視点はない。先の大久保氏の筆跡についての見解においても、『普勧坐禅儀』の書が「著しく宋朝の風格を現わしている」としてその宋風の書の印象にふれられているが、その特異性の意味するところについての見解はない。また筆跡について単に「相似しているから」という論証ぬきの判断を前提として論点を無視した印象をもって結論とされていることから、自著に示した頂相の賛を義雲筆とする見解を、その後の頂相複製本解説において撤回し懐奘筆に変改されるという、これも印象による結果の訂正が生じている。従って、同氏の自著や県文化財調査会での同氏の見解に反して『示誡』と頂相の賛を「道元自筆」とする県文化財指定の指定理由が公示されているが、これに対する見解の提示もないまま、その後、この両筆跡を懐奘の筆跡とみる見解が発表される始まりとなった。

③　右のような混乱が生じた原因は次の二点である。

○道元の「思想と書」の相即不離の実体についての認識の欠落。すなわち在京時の「弘法救生」の信念を具現した『普勧坐禅儀』の書から入越後の「不染汚の修証」を具現した書への変移の認識が重要であり、それにはまず『普勧坐禅儀』の書の特異な性格として「宋風の書」であることと多様な変化を表す劇跡であることが認識されねばならない。その検証が前の拡大写真による書技書芸の多様な変化の提示である。宋風の書が「王羲之の典型に反撥してそれと対決する意味をもって新しく興ったもの」[6]であればこそ「宋風の書」『普勧坐禅儀』には殊更に強い筆勢と不均斉を顕示する意識的意図的な書技書芸が認められることとなる。

○一方、入越後の書は強い宋風の筆勢も多様な書技書芸の変化も消え、穏かで伝統的な道元本来あるがままの「不染汚の修証」を具現する書である。この認識を欠落した場合、入越後の書を別人、弟子の書とみる混乱と錯誤を生じることとなる。

注

1 神田喜一郎「高宗と書道」(『書道全集一六』平凡社　昭和三〇年)
2 同右　図版解説「徽宗文集序」
3 古田紹欽『正法眼蔵の研究』(創文社　昭和四七年)
4 鈴木格禅『普勧坐禅儀』(『道元の著作』講座道元第三巻　春秋社　一九八〇年)
5 榑林皓堂「道元禅の基本的性格」四染汚不得(『宗学研究　第三・四号』曹洞宗宗学研究所　昭和三六年三月・同三七年三月)
6 神田喜一郎「日本書道史7鎌倉Ⅱ」四頁(『書道全集』一九巻　平凡社　昭和三二年)

八　書風の変移と鑑識の要点

1　思想と書の相即不離

道元の書の基本的な性格について理解するためには、道元の「思想と書」の相即不離の実体についての認識が根幹となる。

すなわち深草時代の「弘法救生」を顕示し具現する『普勧坐禅儀』の書から入越後の「不染汚の修証」を具現する『示誡』や「賛」の書への筆跡書風の変移である。これを書法の上からいえば『普勧坐禅儀』の「意識的に書技書芸の多様な変化」を顕示する劇跡から、入越後の『示誡』や「賛」にみる「殊更な書芸の意識を捨て、道元本来あるがままの無意識自動的な書」即、煩悩によって染汚されない「不染汚の書」への変移である。これを「文」の変移と共に次に簡約に図示しておきたい。これが道元の書の「鑑識の核心」となるところである。

すなわち、『普勧坐禅儀』の「基本」となる「伝統の書」の部分を無視して殊更に目立つ「宋風の書」を採り上げ、これを「伝統の書」ひとすじの『示誡』「賛」の筆跡と対比したならば、双方の性格の違いから『示誡』「賛」を別筆、弟子の書とみる錯誤を生じることとなる。しかし、道元の書の基本となる「伝統の書」を観点とするならば『普勧坐禅儀』の基本となる書の部分から『示誡』「賛」は勿論、あとで採り上げる「羅漢供養講式稿本」（重文指定）、さらには道元最晩年の遺墨とみられる『佛遺《ぶつゆい》教経《きょうぎょう》』の筆跡に至るまで、一切、書風、書法など変化することなく道元本来あるがままの「不染汚の書」で一貫するものであることが歴然としているのである。

以上、本稿に提示したこれまでの論証の要点をまとめ、特に、道元の思想と一体となる「書風、性格

深草時代の
『普勧坐禅儀』

〈文〉四六駢儷体の推敲彫琢した名文により正法の宣揚宣布を顕示。

〈書〉伝統の書の上に峻抜雄健な宋風を加え、書法の多様な変化を示した特異性を顕示する劇跡。

↓（変移）

入越後の
『示誡』「賛」
『正法眼蔵』各巻

〈文〉意識的な文芸的表現を脱し素朴簡潔な散文『正法眼蔵』各巻――「不染汚の文」（但し写経の『示誡』や禅語の「賛」は文芸に該当しない）

〈書〉殊更な書技書芸を否定し、道元本来あるがままの伝統的無意識的な書――「不染汚の書」

○『普勧坐禅儀』

〈基本の部分〉―道元本来の羲之に学ぶ伝統の書

〈変化の部分〉―宋風や書体、書法の多様な変化を示す書き分けがあり、書芸を示す部分が加えられている。

○入越後の
『示誡』「賛」

すべて道元本来の羲之に学ぶ伝統の書で一貫し、一切、書風、書体、書法等の書き分けなどの変化がない即、「不染汚の書」

の変移」について提示した。

そこで次にこれまでの混乱した錯誤の見解を採り上げ、右の論証の要点と対照し具体的に拡大写真による検証を提示して道元の書の本質が没却されるに至った経緯をみることとしたい。

2　大久保道舟「遺著及び遺影について」

（『道元禅師傳の研究』岩波書店　昭和二八年）

右の著書には道元の筆跡についての見解が次のように示されている。

○『普勧坐禅儀』――「著しく宋風の風格を表している」（三三八頁）

○『示誡』――「もちろん禅師の真筆ではないが」（二九一頁）「書風は懐弉に相似しているから懐弉が書写し保管したものであろう」（三九四頁）

○月見の像――「単なる肖像画ではなく實に優れた一箇の藝術品」（四二四頁）「賛が義雲の筆跡に似ている」「恐らく同師の時代に複製されたのではないかと想像する」（四二四～四二五頁）

○「筆跡の真偽」――「筆勢の鈍くして墨汁の澱んでいるところなどは禅師の特徴」「上から縦に書き下すような文字は多く手の震えている跡方が見られる……禅師の筆跡鑑定の基準となる」（四一七頁）

次に右の見解についての問題と疑問を提示する。

○『普勧坐禅儀』について「宋風の風格」といわれるが、その性格を具体的に示す筆跡写真の提示がない。従って鑑識の核心となる筆跡の分析による論証の要点、すなわち「書風、性格の変移」「不染汚の書」についての視点がない。

○『示誡』について、論証ぬきで「禅師の真筆ではない」「懐弉の書写であろう」とする論点無視の提説がなされている。

○月見の像に対する「実に優れた芸術品」との評言は『随聞記』にみる「芸術的表現」の否定や「不染汚の修証」に反する観点を示すものとなる。また本像を、一切の虚飾を排した只管打坐、本証妙修を具現した鏡の御影とみる拙稿の見解に相反する評言となっている。さらに「義雲による複製と想像する」との見解も『示誡』の場合と同様、曖昧で論点が無視されている。

○「筆跡の真偽」を判断する根拠として「筆跡の特徴」と「鑑定の基準」が説かれているが、その判断の根拠となる筆跡の写真がないから論証にはならない。また「縦画の手の震えている筆跡」を「禅師の筆跡鑑定の基準」とされているが、『普勧坐禅儀』『示誡』「賛」のいずれにも手の震えた筆跡はない。先に道元の筆跡にみられる縦画の微妙なウネリを示す拡大写真を提示しているが、これは手の震えではなく柔らかな運筆のフクラミやウネリを表すものである。これを手の震えと見做すことはできない。

手の震えや筆の乱れといえるものが認められる筆跡としては円爾弁円《えんにべんえん》が入滅の際に書いた遺偈（図1）があるが、写真で対比してみればわかるとおり道元の筆跡にこうした乱れ、震えの態様をみるこ

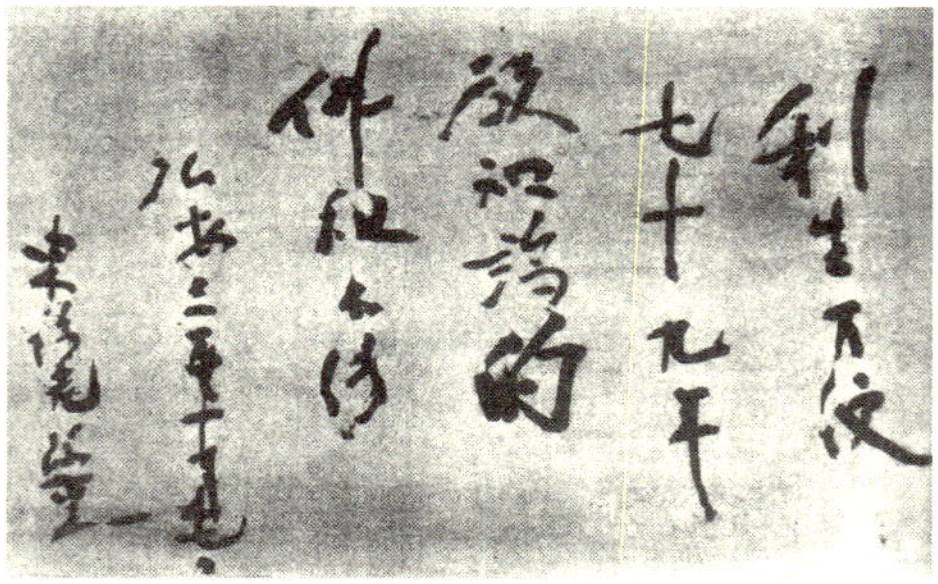
（図1）

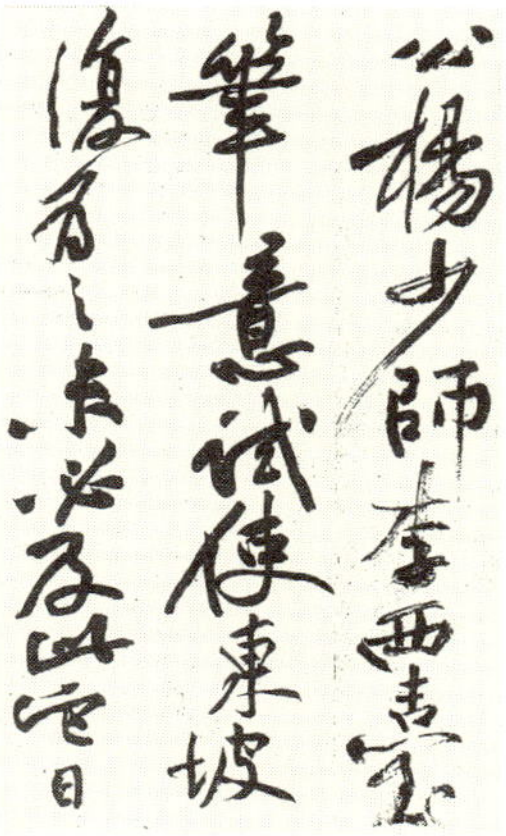
（図2）

とは決してない。また、黄庭堅の宋風を表す筆跡（図2）には殊更に長い縦画や横画にユガミやブレが見られるが、これは伝統の書の典型を否定し個性の自由を発揮せんとする宋風の表徴であり手の震えなどではない。まして道元の書は『坐禅儀』に宋風の筆跡を加えるものとはいえ、本来の伝統的な書の本質を没却するものではなく、その整斉とした書に殊更な手の震えなどは一切ない。

道元の書、筆跡に対する異論は以上のような大久保氏が自著のなかで提示された見解が最初のものと思われる。その後この異論に対する反論もないまま時折、筆跡の断片的な部分について瑣末な見解が提示されるような状況が出来することとなった。

3　筆跡鑑識と論証の規範

すでに筆跡の同筆、異筆の検証において「筆跡鑑識の要件」を無視した論証は成立しないことが明らかである。しかし、この要件を無視し「科学的論証」としての規範を欠落した錯誤の見解も生じている。次に、そうした検証規範を無視した結果、自家撞着に陥った例を採り上げてみたい。それは先年、発表した筆者の拙稿に対する反論として提示されたものであるため、まず、その反論の対象となった拙稿を次に挙げておきたい。

○昭和六三年一一月拙稿「福井宝慶寺　月見の像と道元の筆跡」（『佛教芸術』181号　毎日新聞社）
○平成二年七月拙稿「道元の書『普勧坐禅儀』と書風の変移」（同右191号）
○平成四年六月拙稿「道元の遺墨『佛遺教経』」（同右202号）
○平成一二年九月拙稿「道元の思想と書」（同右252号）
○平成元年一〇月拙稿「道元禅師鏡の御影」1～4（『傘松』553―556号　大本山永平寺）

右の拙稿においては本稿に述べた筆跡鑑識とその性格の分析をもとに『示誡』「賛」の書が福井県文化財としての指定理由と同じく道元自筆の書であることの検証を提示した上、『普勧坐禅儀』と異なる性格、すなわち「不染汚の修証」にもとづく一切、書技書芸の変化を表さない「不染汚の書」であることについて論証した。対する反論が次の論考である。

○平成八年三月角紀子《すみもとこ》「『名越白衣舎示誡』の筆跡について」（『参禅の道』24号）
○平成八年八月角紀子「『名越白衣舎示誡』の筆跡について」（『傘松』634～635号　大本山永平寺）

右二点の論稿発表以前の平成五年にも同じ角氏による「道元手偏」なるものを中心とした提説（『宗学研究』曹洞宗総合研究センター）がある。これは拙稿に対する反論ではないが内容が共通するため併せて採り上げる。なお角氏の反論には平成一二年の拙稿「道元の思想と書」は含まれていない。次に角氏の論考を検討するまえにその「論証」についての問題点を整理するため、ここで速水《はやみ》滉《ひろし》氏著『論理学』[1]から「論証」の要点、規範を中心に提示したい。

4　速水滉『論理学』―原理論と論証の要点

①論理学は思考の形式や法則を研究して真正な知識を得るための規範を定める科学。
②中心は思考による真偽であり思考と対立する直観には真偽はない。
③思考は比較、判断、分析、綜合の作用。
④思考の根本は判断。論証とは判断の真偽を確定する根拠の提供である。
⑤判断の作用は分析と綜合。科学的研究はまず資料につき、異同識別し分析整理することである。

右の要点を本稿の筆跡の判断（同筆か異筆か）にあてはめれば、判断の根拠となる科学的資料（筆跡の拡大写真）を前提とした推論により結論に至ることとなる。

次に速水氏は「思考の誤れるもの之を虚偽」とし、これを防ぐ注意や虚偽の種類を挙げられているが、特に注意すべき点を次に掲げる。

①研究の第一歩は科学的研究資料の獲得と鑑別すべき資料の異同識別、分析整理。
②感覚器官の不完全の欠点を補うため科学的観察資料を用い「観察に関する虚偽」の主因となる主観、先入観を防ぐ。

また、思考の誤れる虚偽の種類として次の種類が挙げられている。

③観察の虚偽の中心となるのは「軽率の概括」すなわち「一部分の事実を観察して直ちに之を全部の事実と見做す虚偽」である。

④「論証の資料」そのものの不完全による「資料的虚偽」

⑤「論証を必要とする命題を前提として仮定する虚偽」言いかえれば「論証によって始めて成立する内容実体を論証なしに根拠として掲げるもの」（論点先取、論点窃取の虚偽）

⑥右は論証自体が不完全なものであるが、外に使用された言語の意義の不明瞭なるがために生じる虚偽がある。（以上傍点筆者）

以上、本稿の筆跡鑑識に関するところを中心に要点を採り上げてみたが、これは即、すでに提示した「科学的筆跡鑑識」の要件にもよく契合するものである。次に右の速水氏の論証の要点を参照し、拙論に対する角紀子氏の反論を採り上げ、その検証を提示したい。

5　角紀子「『名越白衣舎示誡』の筆跡について」

〔問題となる見解〕

①同一人物の文字ならば用筆が異なっても年月が隔たっても形態的な特徴が全く異なることはない。筆法、字形、筆癖が全く異なるのにどうして『示誡』をご真筆と言えようか（『参禅の道』24号）

②道元禅師独特の手偏を発見し「道元手偏」と命名した。これは真筆発見の目安になる（『宗学研

究』35号）

③『普勧坐禅儀』（以下『坐禅儀』）にある紙を貫くばかりの筆勢…誰にも真似のできない道元手偏の創造は神業に近く道元禅師の遠謀深慮を感じとることができる。（同右36号）

〔右についての検証〕

① 速水氏説の論証の科学的研究資料となる拡大写真の提示なしで[2]不完全な言葉だけの真偽不明の錯誤の見解である。細部不明のコピーに予断を与えるような手書きの筆線を加え、自説に好都合な殊更に違ってみえる五文字だけを対比し、逆に同筆性を示す筆跡は採り上げていないという不公正がある。『坐禅儀』は一書のなかでも字体、書風などを書き分けた劇跡である。書の熟達者には当然のことであり用筆や料紙の別によっても筆跡が変化することもよく知られている。[3]『坐禅儀』と『示誡』が同一の筆跡個性の特徴を示す同一人の書、共に道元の真筆であることについての検証はすでに提示している。

また角氏②の見解は鑑識の要点である「筆跡の不変性の要件」すなわち「巧まずに同一の書体で同一年代に書かれた筆跡」という科学的鑑識の要件を無視し、殊更に意識して強い筆勢の書技を示す筆跡、つまり道元本来あるがままの書とは異なる特異な筆跡の部分を鑑識の基準にする錯誤である。

さらに③に至っては「観察に関する虚偽」の主因として排除すべき「主観、先入観」そのものの提示となっている。つまり②と併せて「論証の規範」を無視した「資料的虚偽」「論点先取の虚偽」となる。

この誤説は『坐禅儀』の「手偏」の書法についての誤解によるものである。『坐禅儀』には払い上げるべき手偏の三画を強い筆勢で払い下げたものがあることに目を付けたものだが、実は手偏の三画を払い下げているのは道元に独特のものではない。例えば奈良時代の正倉院文書にある「天平二年　隠伎国《おきのくに》郡稲帳《ぐんとうちょう》」には「拾」「把」などの手偏が払い下げられているし（図3）写経では平清盛・頼盛の『紺紙金字法華経　序品第一』（厳島神社蔵国宝）の五行目以降、「提」などの手偏が払い下げられていて、類例は多い。従って「道元手偏」の発見とか、鑑定の基準となる、との主張は論証の規範に反した感情的虚

（図3）

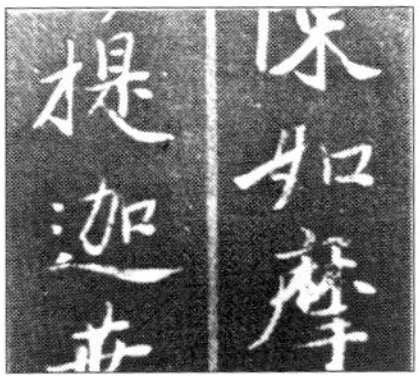

紺紙金字法華経序品第一

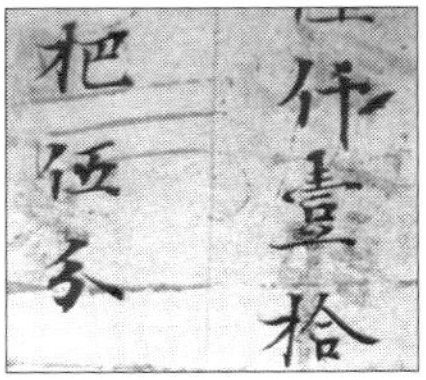

隠伎国郡稲帳

（図4）　『坐禅儀』に書かれた、それぞれ書法の異なる「手偏」

「払い上げ」て書く「扌」が「払い下げ」られている。

（強い払い）

70行

（弱い払い）

30行

（強い払い）

7行

73行

一度払い下げた上で筆を止め逆に払い上げている。

52行

47行

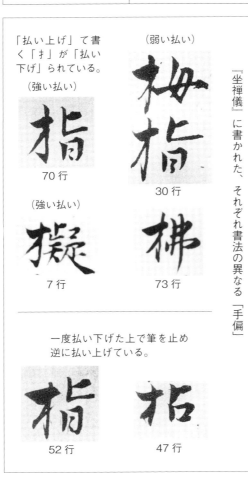

偽となる。
これは『坐禅儀』が意識的に「宋風の強い筆勢を加えた書」であることについての無理解から生じた主張である。従って、この「書風、書法の書き分け」による違いを認識せずに穏やかに書かれた『示誡』の書を別人の筆跡とみる見解は錯誤となる。

図4はすべて『坐禅儀』に書かれた手偏である。52行のものは払い下げた上で逆に払い上げている。47行のものは鈍い筆法で払い上げ、30行の手偏は甚だ弱い払いである。角氏の説によれば、同じ『坐禅儀』の筆跡でありながら別人の筆跡となろう。

「筆跡を比較するとどのような筆跡にも必らず類似点と相違点が存在する。従ってそれぞれについてその価値を評価しなければならない」という鑑識の基本を無視し、瑣末な異同を論《あげつら》い、同筆性を示す本質となる筆跡に注目することなく殊更に目立つ特異な筆勢と書法に惑わされたならば、その特異性の部分こそ道元の書の本質と錯覚することともなる。これまで『坐禅儀』と『示誡』「賛」の書の性格の違いとその変移が把握されたことはない。すなわち道元の思想「不染汚の修証」にもとづく書の性格が認識されることはなかったわけである。

なお、角氏は鑑識とは関係のない文字の用法について『示誡』に「懐妊」の「妊」が「任」と書かれていることについて「これが真筆ということになれば道元禅師の学識教養が疑われます」(『傘松』634号)というが、「はらむ」という意味の文字として「任」と書くのは誤字ではない。「任」は「妊」や「姙」と同じ「はらむ」の文字として使用することは『史記鄒陽傳註』『大戴禮保傳』『説文通訓定聲』『正字通』などに示されている。

注

1　速水滉『論理学』（岩波書店　大正五年）

2　角紀子『傘松』634号論稿に掲載された拡大写真は拙稿「道元禅師鏡の御影」（『傘松』555〜556号）に掲載したものの転載である。

3　木下政雄「書、見る立場と書く立場」（『日本の美術』182号『室町時代の書』至文堂　昭和56年）

九　羅漢供養講式稿本断簡

（石川県大乗寺蔵　重要文化財　石川県立美術館寄託）

1　書簡の性格

これまでに道元の筆跡鑑識資料として採り上げてきたのは次の三書である。

①　普勧坐禅儀

帰国後早々の嘉禄三年（一二二七）撰述。天福元年（一二三三）書。只管打坐の宗綱《しゅうごう》を提唱した開教の根本義。

②　名越白衣舎示誡

宝治二年（一二四八）書写。

『涅槃経』一七巻梵行品にある「阿闍世王之六臣」の一部分の書写。

③　鏡の御影（通称「月見の像」）の「賛」。

建長己酉《つちのととり》（元年　一二四九）書。道元五十歳に描かれた頂相の「賛」。

右のように、開教の根本義を示す「格別の威儀を表した書」とか、写経に類した「謹直整斉な書」、それに「頂相の賛」などという、すべて格調を示した書であり、日常的な書とは異なるものである。
一方、この三書は、それぞれ、その用に即して、「書写の態様」の異なるところがある。しかし、その書の基本は王羲之に学ぶ伝統の書であって、三書共に全く共通する筆跡個性の特徴が認められることとなり共に同一人、道元の真筆として確定することができた。

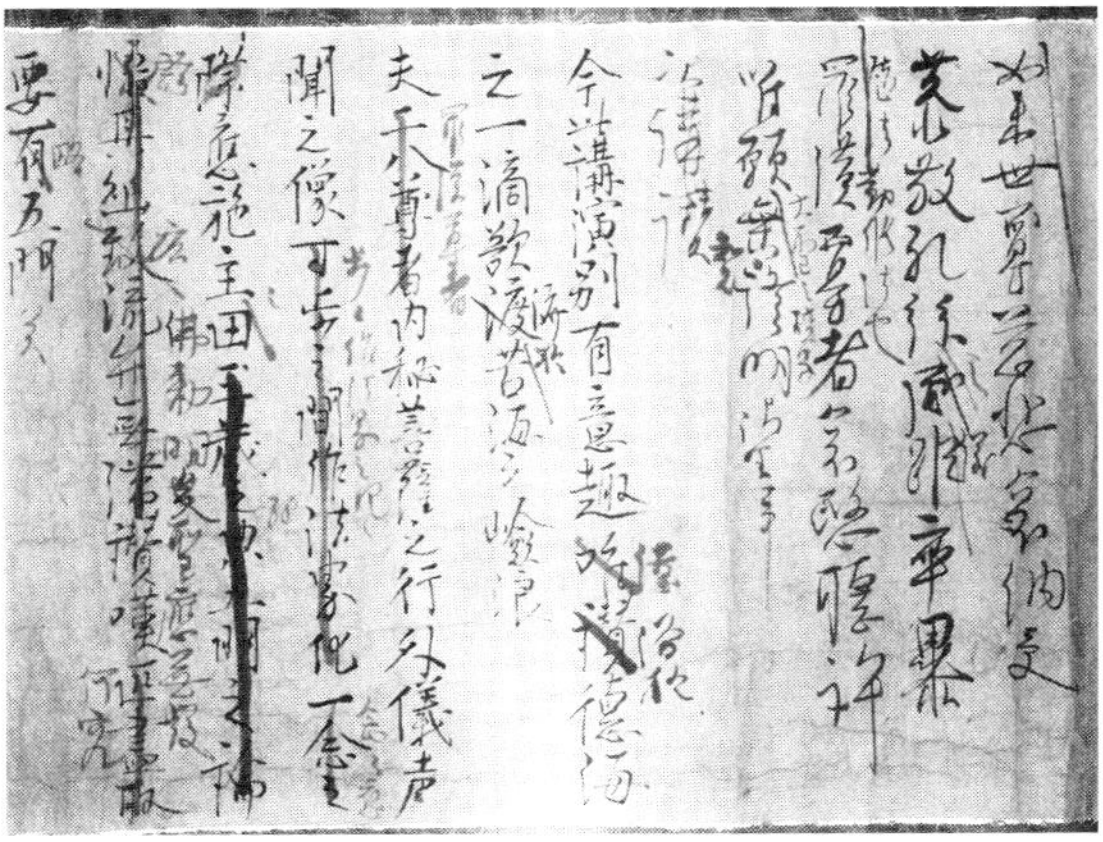
（図1）

とはいえ、右の三書はいずれも格調を示した書であり日常的な書ではない。そこで、それらとは性格を異にした日常的な書、崩し書きを交えた草稿の書という自由な書写の態様で書かれた筆跡として「講式文」を採り上げる意義がある。

十六羅漢を供養讃嘆する「講式文」の草稿であるが断簡となり、ここに採り上げる「大乗寺切」と愛知県全久院蔵の「全久院切」の二巻の書が遺されている。この両本は、もともと連続する草稿が分断されたものである。随所に道元自筆による加筆訂正が認められ、一目して下書きであることがわかる。殊に大乗寺本は首部五行目までの殆どが極めて伸びやかな筆致の草書であり、道元の書でこのように自由な趣を示すものは他に類がない（図1）。
すなわち、これまでに採り上げてきた「格調を示した書」とは全く逆の性格を示す書である。そのような書においても、やはり伝統的書風で整斉と書かれ、そこに『示誡』や「賛」と共通する筆跡個性の特徴が認められることとなれば、道元晩年入越後の「不染汚の書」の性格は動かし難いものとなろう。

この「講式文」は「栄西の供養式文を原拠にして道元禅師が新たに修訂改作されたものとも考えられる」[1]もので羅漢講讃の五門として、

(一)明㆓住処名号㆒ (二)讃㆓興隆利益㆒ (三)讃㆓福田利益㆒ (四)讃㆓除災利益㆒ (五)供㆓世尊舎利㆒

を示している。大乗寺本は(一)の「明住処名号」のうち「伽陀《かだ》頌文」を欠く四十行の部分であり、全久院本は(二)、(三)と(四)の首部一行まで四十九行の断簡である。

大乗寺本については、平成三年八月、大野市博物館特別展「道元とゆかりの高僧」に出陳された際に実査することができた。その末尾に、大乗寺二十七世卍山道白《まんざんどうはく》(一六三六～一七一五)が道元の自筆本であることを認めた鑑記が添えられている。全久院本は未見であるが『道元禅師真跡関係資料集』[2](以下『資料集』)の図版でみたところ、両本ともに全く同様の書風、筆致が認められ、もとは連続した一巻の書であったろうと推考される。但し料紙の幅は大乗寺本の二八・六糎《センチ》に対し、全久院本は二九・一糎(『資料集』解題)と五ミリの差があるが、表装の際の裁断によるものであろう。

この講式文については、道元の伝記の最も基礎的な資料となる『永平開山行状建撕記《けんぜいき》』[3]に「宝治三年己酉正月一日、羅漢供法会アリ　コノ時、請ヲ受玉フ木像画像ノ羅漢、其外諸聖、相共ニ放光シテ、供養ヲ受タマフナリ」「師以㆓自筆㆒書置タマフナリ、此記ノ正本、檀方義重ノ書箱ニ在㆑之」とある。道元が永平寺の方丈で十六羅漢の供養会を修した時、羅漢等の像が光を放つという瑞祥を現したと述べ、道元がこの有様を自筆で記したものが永平寺開基の檀那、波多野義重の書箱中にあったというのである。

また、この『建撕記』に宗門の学者、面山（一六八三〜一七六九）が注釈を加えた『訂補建撕記』には、右の法会の記述に続いて、この法会の瑞祥を記した道元の真跡が常陸州若柴の金龍寺にあること、道元が「講式文」を手撰していること、面山がその草稿の真跡を拝見したことなどを注記している。法会の瑞祥を道元が記したという書は、面山のいうとおり現在、茨城県龍ヶ崎市若柴町の金龍寺に「十六羅漢現瑞華記」として遺存している。『資料集』の図版によれば「宝治三年正月一日己午時供養」の年記があり、図版でも道元の筆跡個性に似たところが窺えるが実査していないため鑑識はできない。

さて、以上の記録から「講式文」は道元が永平寺方丈で羅漢供養の法会を修した宝治三年（一二四九、三月十八日改元、建長元年）頃の撰述草稿とみることが可能となる。そうであれば「講式文」は宝治二年に書写された『示誡』に続く筆跡であり、建長元年仲秋に記された「鏡の御影」の「賛」と同年の筆跡ということになる。

となれば、これまで「入越後、晩年の書」として年代的に区分してきた伝統的な書ひとすじの書が認められるはずであり、また他の同じ年代の書『示誡』や「賛」と共通する書法や同一個性の特徴を示す筆致が看取されることとなろう。

2　筆跡の鑑識

先のように「講式文」の書は宝治二年の書写になる『示誡』に続く宝治三年の筆跡とみられること、また『示誡』は対比できる文字数の多いこと（総字数一〇七八字）から、この双方を比較してみたい。図2は『示誡』と大乗寺の「講式文」四十行のなかから同じ文字を抽出して対比したものである。

この両書の用筆は、やや剛毛で弾力性に富む毫を想像させるものである。総じて筆線が細く鋭くみえる部分が多く、転折のところでは強い穂先の反撥がみえる。また、両書は共に、いくらか蠟分を沁み込ませたような加工紙を料紙として、同じく手もとにおいて読むことを前提とした巻物の書である。

以上のように、この両書は書写の年代が近く、その性格と書写の態様まで、よく共通するところがある。従って対比検討するのに恰好の資料となる。

まず一見して、その筆跡個性の特徴から、この両書ともに同一人の筆跡であることがわかる。『示誡』が謹直な写経の書であるのに対し、「講式文」は草稿の書であるにもかかわらず、そのような違いを感じさせない。もちろん、「講式文」には抹消加筆の修訂が多くあり、加筆の文字は極めて簡略に崩した草書が多い。

また首部五行までは僅かに行書を交えるものの殆どが草書である。しかし、本書の場合、書き始めには崩し書きが多いものの、後半に進み、かえって方正な筆跡が多くなっている。一般には楷書で書き始めても後半になると逆に筆を速め崩し書きが多くなるのとは逆である。しかも、このような草稿の書においてさえ、むしろ整斉とした楷書に近い書体が主幹になっている。つまり、これまでにみてきた道元の書が終始、謹直な書風で一貫し決してゆるがせにならぬことと軌を一にするものであろう。謹直な『示誡』の筆跡と対比する場合、あまりに崩した筆跡では比較にならないが、このような道元の書の性格から、草稿の書であっても対比できる文字を抽出するのに困難はなかったのである。

この対比によって浮かび上ってきた両筆跡に共通する特徴をみると、すでに、これまでの鑑識で提示したものと同様の特徴が認められる。これを次に掲示する。

① 長い筆画が細く微妙にわん曲した柔らかい筆線で書かれるという筆致の特徴は「聞」「羅」「復」などの長い縦画に明らかである。

② 「羅」はかなり崩しているが、二画の転折に強い筆圧をかけて少しはねるように収筆していると

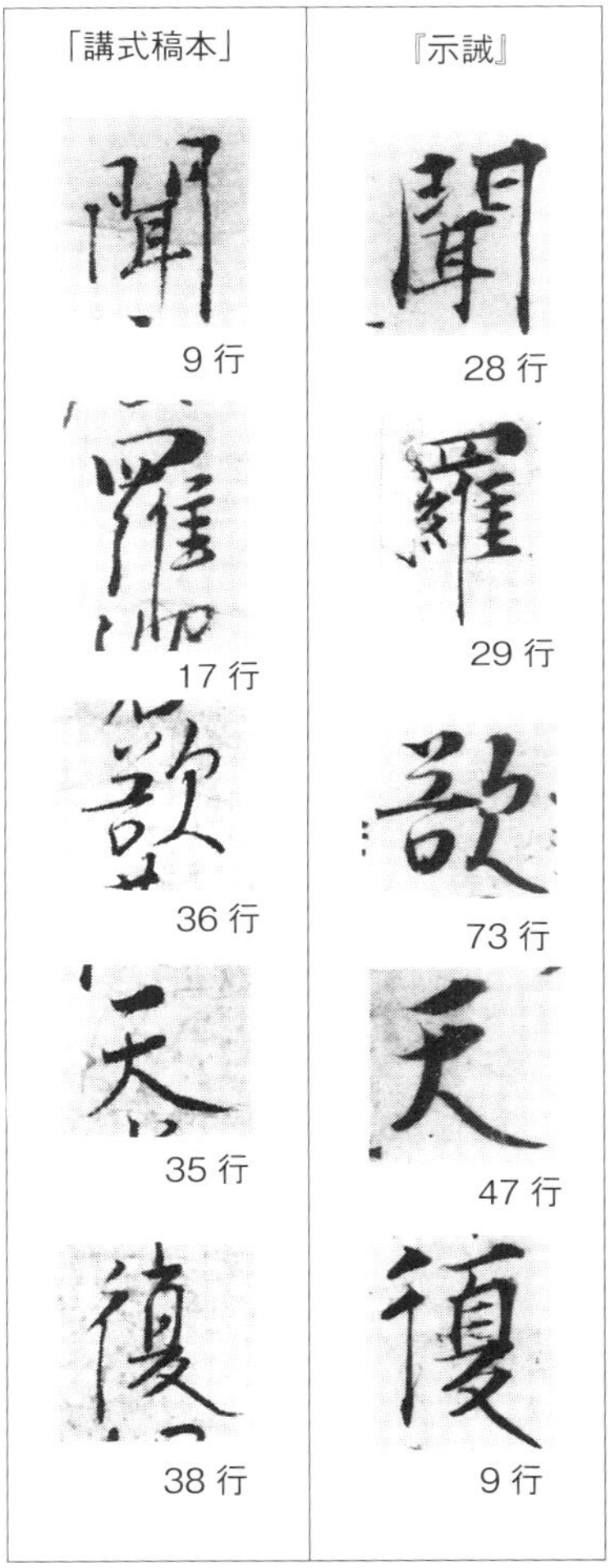

（図２）※数字は行数

ころも全く共通している。

③「復」の最終画の払いが細く長く書かれているため大きく右下がりの字形を示している。

④「天」は画数が少ないものの、その結体のバランス、筆法など、「欲」と同様、よく共通する書風を表している。

以上の鑑識と先の『建撕記』の記述を考量するならば「講式文」を道元入越後の書と認定できることとなる。また、同年代の書『示誡』と同じ書風、全く伝統的な書風によるものであり、そこに宋風の影響や殊更な書体書法の変化などは一切、認められないことが明らかになった。しかも、このような率意の書、それも下書きであるにも拘らず、謹直な写経の書『示誡』と比べても同書体の文字では書法に全く変化、差違がなく、同一の筆跡個性の特徴が明示されている。

すなわち、宋風を交えた『坐禅儀』の多様な変化と強い筆勢を加えた書風から入越後の穏やかな伝統的な書への「書風の変移」は、こうした「草稿の書」という性格の違いに関係なく、入越後の書において一様に認められるものとなろう。

次に「講式文」の書を検討することについて、もう一つの意義があることを指摘したい。

これまで、道元の筆跡としては国宝指定の深草時代の若書『坐禅儀』の一書のみが格別に有名である反面、この『坐禅儀』と対照する「入越後、晩年の書」として採り上げられたものはなかった。

本稿の鑑識において、「講式文」と入越後の書『示誡』の筆跡個性の特徴と性格の同一性について採り上げ、同じく同年代の書として提示できたことは、「講式文」が重要文化財として認定された真跡であることから、若書の基準的な筆跡となる『坐禅儀』に対し、晩年の書の基準的な筆跡として「講式文」をみることができることとなる。

道元の基準的な筆跡とされている『坐禅儀』と異なった書風、すなわち「書風の変移」を示しているがために、これまで晩年の書のいくつかが、弟子の代筆に擬せられてきたとみる蓋然的判断からも、この「講式文」についての検討は重要となろう。

3　筆跡鑑識に係る問題と錯誤

ここで、これまでの道元の書についての検証のなかで明らかになった問題点、すなわち「筆跡鑑識の基本」となる筆跡の異同識別や分析整理の問題とその欠落による錯誤の内容についてまとめておきたい。

(一) 書技書芸による書の変化

① 道元一代の画期的撰述となる『坐禅儀』の特異な性格、すなわち道元本来の伝統の書の上に強い筆勢と多様な書風書法の変化が加えられたものであることは、拡大写真を用いた筆跡の分析整理により初めて認識されるものである。

② これまでは右の検証を欠落したまま、殊更に強い筆勢や書法の変化を表す部分だけに注目し、これを道元の書の本質とみる誤解を生じた。

③ その結果、一切、書技書芸の変化を示さず、あるがままの書で一貫する入越後の書を弟子の書な

（図3）

王羲之「蘭亭序」に書かれている「之」

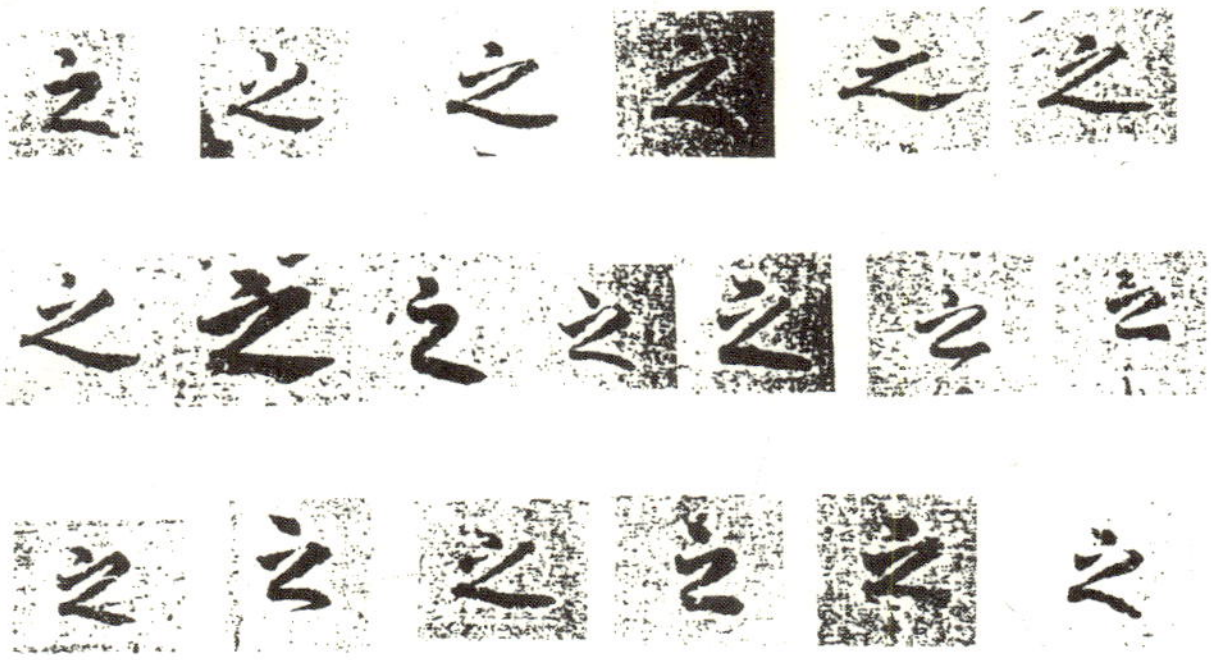

どとみる錯誤を生じた。

また、『坐禅儀』一書のなかでも書風書法から文字の形態までもが変化している事実を無視し矛盾と混乱の誤説を生じた。先にこの誤説の具体例として「道元手偏」説を採り上げた。以上のような書技書芸の変化について思量すべきは「筆跡は人物・個性と直結する独特のもので、身についた書の個性は本来変化しない」との説である。しかし、「筆跡不変性の要件」としては、「身についた書の個性」が変化しないのは「本来、あるがままの無意識自動的な書」の場合であって、意識して書技書芸の変化を表した場合、筆跡が変化することは当然であり、すでにこれまでの検証により明らかである。

ここで一例として、王羲之の名跡中でも第一の劇跡となる「蘭亭序」に書かれた「之」の一字をみるならば、すべて形や筆法を変えた劇跡であることがわかる（図3）。

（二）書写の態様に即した書の変化

『坐禅儀』『示誡』「賛」の三書は共に格調を示した書である。しかし、この三書を一見した比較では、かなり異なった印象を受ける。原因は書風書法の違いは勿論、料紙と画絹・用筆・用墨などの違いからくるが、それは即、「書写の態様の別」によるものである。

すでに頂相の「賛」については先に巻物の書との態様の違いについて述べている。しかし『坐禅儀』と『示誡』という同じ巻物の書でも一見して異なる書の性格、すなわち先の（一）に採り上げた『坐禅儀』の書技書芸の変化を表す書に対し、『示誡』の一切、書技書芸の変化を示さない道元本来あるがままの書という性格の違いがある。

『坐禅儀』の書の特異な性格については先の（一）に述べているが、重要なことは、この性格の違いを生じる基本的な原因が、次のような「執筆意識の違い」とそれによる「書写の態様の違い」から生じることについての認識である。

○『坐禅儀』の書風

「普勧」と冠字し正伝の仏法を宣揚宣布するため、開教の根本義を説く道元一代の画期的撰述に即した書風である。従ってその執筆に際しては、まず教化の命題となる「弘法救生」の目的に即した「書写の態様」が注目される。すなわち強い印象で注目される峻抜雄健な劇跡となった。

料紙は劇跡に相応しく、絵模様入りの蠟牋《ろうせん》であり、用筆、用墨も料紙の質と強い筆力に対応するため『示誡』に用いたものより太い筆と濃い墨が使用された。

○『示誡』の書風

料紙は『坐禅儀』の二分の一ほどだが、総字数は逆に一〇七八字（坐禅儀は九一五字）と多い。また、『坐禅儀』では強い左右の払いの筆勢に対応して文字の行間が広いが『示誡』では強い筆勢はなく通常の行間である。従って一見した印象から筆線が細く墨色も薄い『示誡』は『坐禅儀』より筆力が弱いとみる見解があるが、道元入越後の『示誡』では格別、注目を集めるための「書写の態様」を表すことはない、というより、すでに筆力の強弱や上手下手の書芸の意識を超えた「執筆意識の違い」がある。すなわち、そこに道元の思想「不染汚の修証」にもとづく書の本質が示されている。

図4は『坐禅儀』『示誡』「講式文」三書から「迦」の「辶《しんにょう》」を中心に「走繞《そうにょう》」の払いを併せて対比

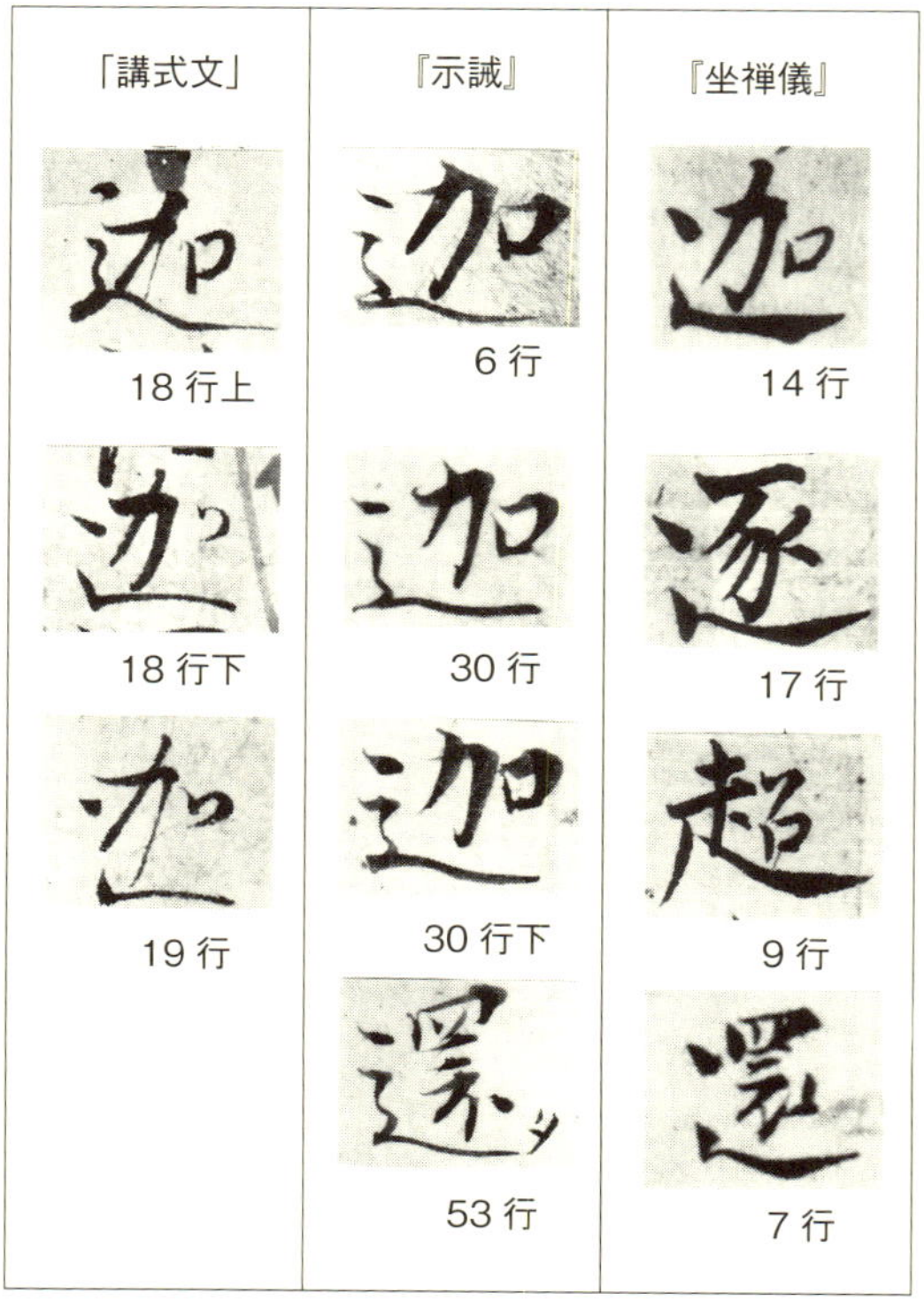

（図4）

したものである（『坐禅儀』の「迦」は14行の一字のみである）。一見して『坐禅儀』の太くて強い払いの筆勢に対し『示誡』「講式文」の払いは筆線が細く墨色も薄いこと、また『示誡』が書写された翌年の筆跡「講式文」が草稿の書のため特に墨色も薄い走り書きであるにも拘らず『示誡』と同じ字体の構成と書法を示していることがわかる。

すなわち、道元のように書の研鑽を積んだ人物の書では『坐禅儀』と『示誡』のように、それぞれの書の目的により「書写の態様の違い」がある。勿論、草稿の書「講式文」には下書きとしての性格がある。従って、その執筆意識の違い、筆跡の違いが一見してわかる。そこで、この違いだけを採り出して比較した場合の錯誤については先に述べた。

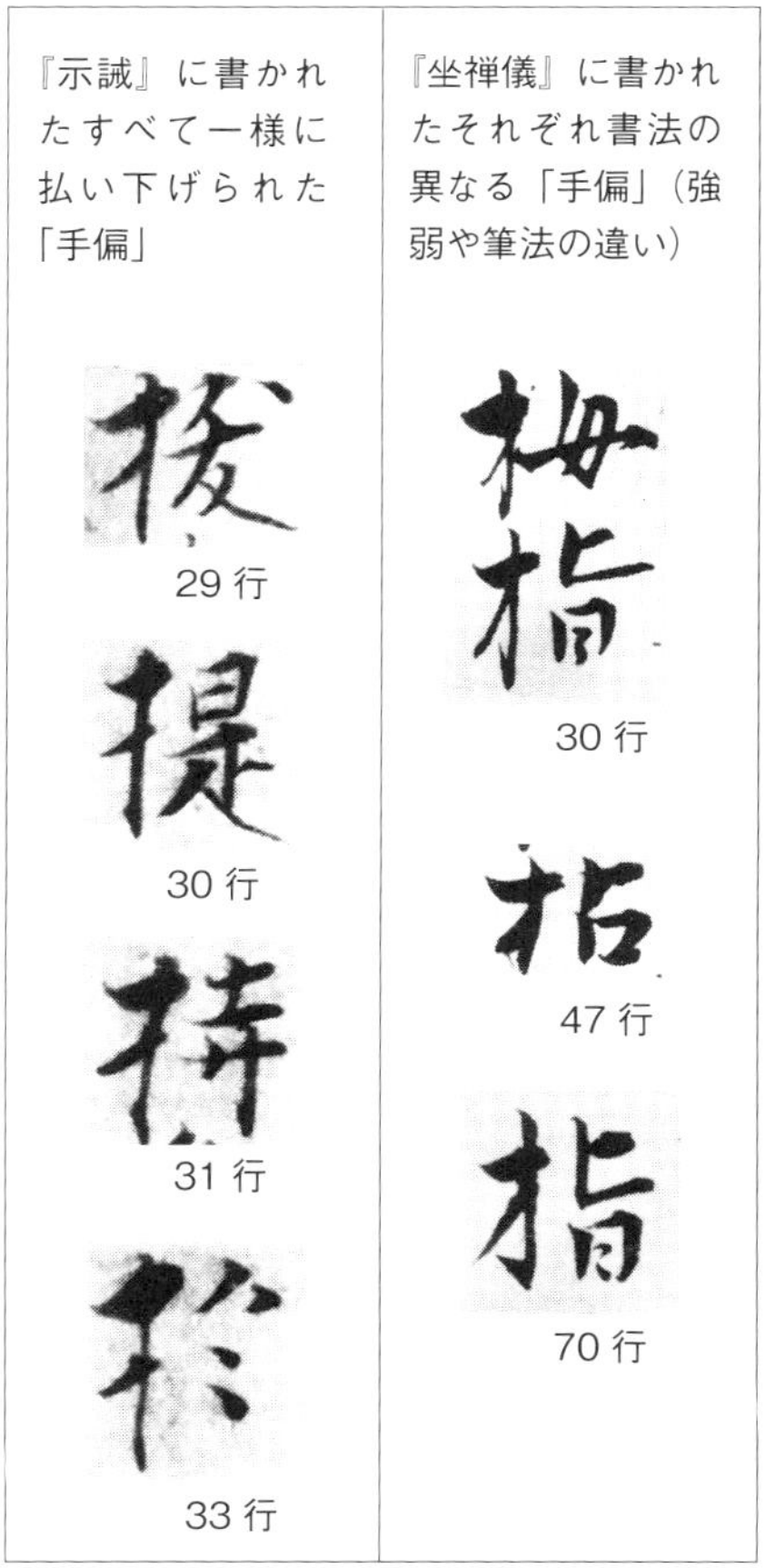

（図5）

また名跡「蘭亭序」にみる多様な筆跡の変化についても図3に提示している。

つまり筆跡の違いだけを採り上げて別筆とみるならば、書法を書き分けた場合、すべて別人の書になるし、同一の書のなかに別人の書があることとなり自己矛盾に陥る。

図5は『坐禅儀』と『示誡』の手偏の書法を対比したものである。『坐禅儀』のそれぞれ変化する手偏に対し『示誡』の手偏の書法には先の図4に示した「辶」の払いと同じく一切、変化がない。

すなわち『示誡』「講式文」両書には、道元入越後の書に共通する、一切、書法の変化などを表すことのない「不染汚の書」としての書の本質が示されているのである。

注

1 『道元禅師真跡関係資料集』(大修館書店　昭和五十五年)
2 同右
3 面山訂補本(『曹洞宗全書史伝下』昭和四年)

十　最晩年の遺墨『佛遺教経』

（神奈川県總持寺　祖院旧蔵本）

1　『遺経』の意義

總持寺に道元筆と伝えられる『佛垂般涅槃略説教誡経』《ぶっしはつねはんりゃくせつきょうかいきょう》（『佛遺教経』《ぶつゆいきょうぎょう》略して『遺経』《ゆいきょう》とする）が伝来していることを知ったのは『道元禅師真跡関係資料集』（以下『資料集』）による。

『遺経』はこの『資料集』のなかで、宝慶寺の『示誡』のまえに掲載されている。この両書が続けて掲載されているのは双方の書風に類似するものを認められたからであろうかと憶測するが、私には一見して両書が全く同じ書風書法を表す筆跡にみえたため、特に注目すべきものとなった（図1）。

『資料集』の『遺経』についての解題には「道元禅師は示寂に当って釈尊の教誡に同じて自らもまた八《はち》大人覚《だいにんがく》を説き、これを『正法眼蔵八大人覚』（建長五年）として撰述されている。伝の如く本書が道元禅師の真筆とすれば、本書の『遺経』はまさにその『正法眼蔵八大人覚』撰述の依拠となったものといえよう」とある。

本書の内容は、仏弟子に対し「八大人覚」といわれる徳目、少欲・知足・遠離・精進・不妄念・定・智慧・不戯論の修習をすすめ、持戒と四諦の理を説いたもので、その名のとおり釈尊が入滅に臨み略説された教誡である。

この書巻には年記がなく書写の年時は不明であるが、末尾には次のような付記がある。

名越白衣舎示誡

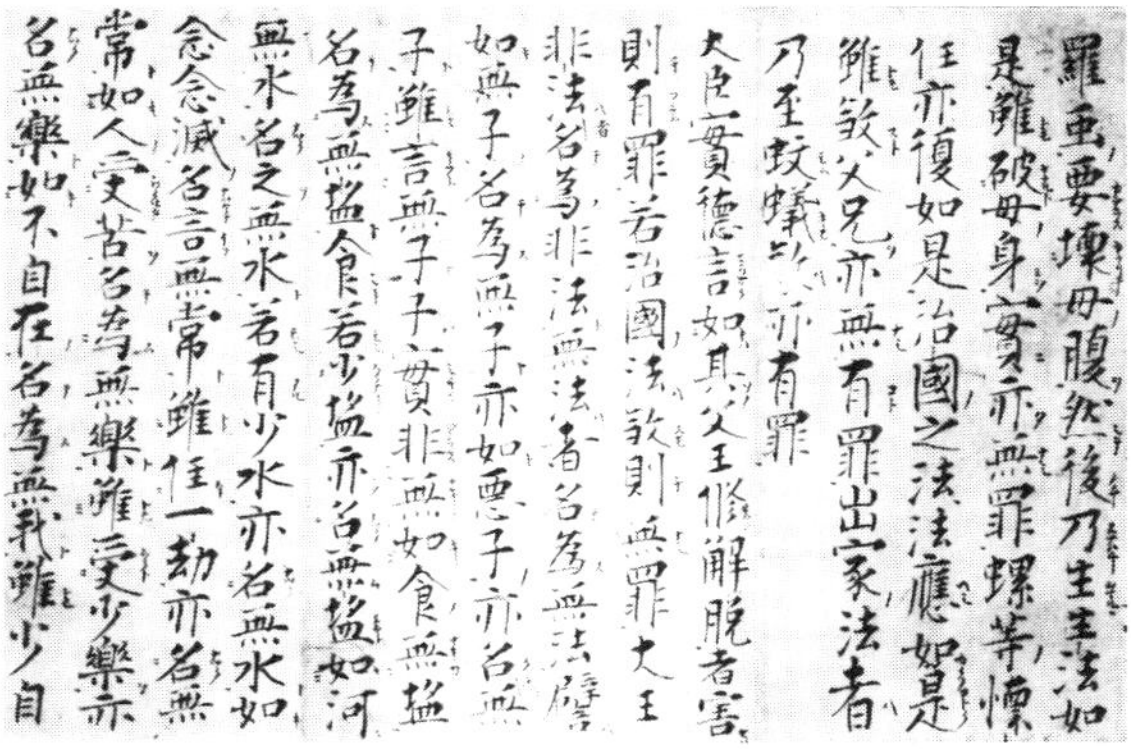

羅重要壊母腹然後乃生生法如
是雖破毋身無罪亦無罪螺等懐
任亦復如是治國之法法應如是
雖殺父兄亦無有罪出家法者
乃至蚊蟻殺亦有罪
大臣無實徳言如是父王脩解脱者害
則有罪若治國法殺則無罪大王
非法名爲非法無法者名爲無法譬
如無子名爲無子亦如悪子亦名無
子雖言無子子實非無如食無塩
名爲無塩食若少塩亦名無塩如河
無水名之無水若有少水亦名無水如
念念滅名言無常雖住一劫亦名無
常如人受苦名爲無樂雖受少樂亦
名無樂如不自在名爲無我雖少自

佛遺教経

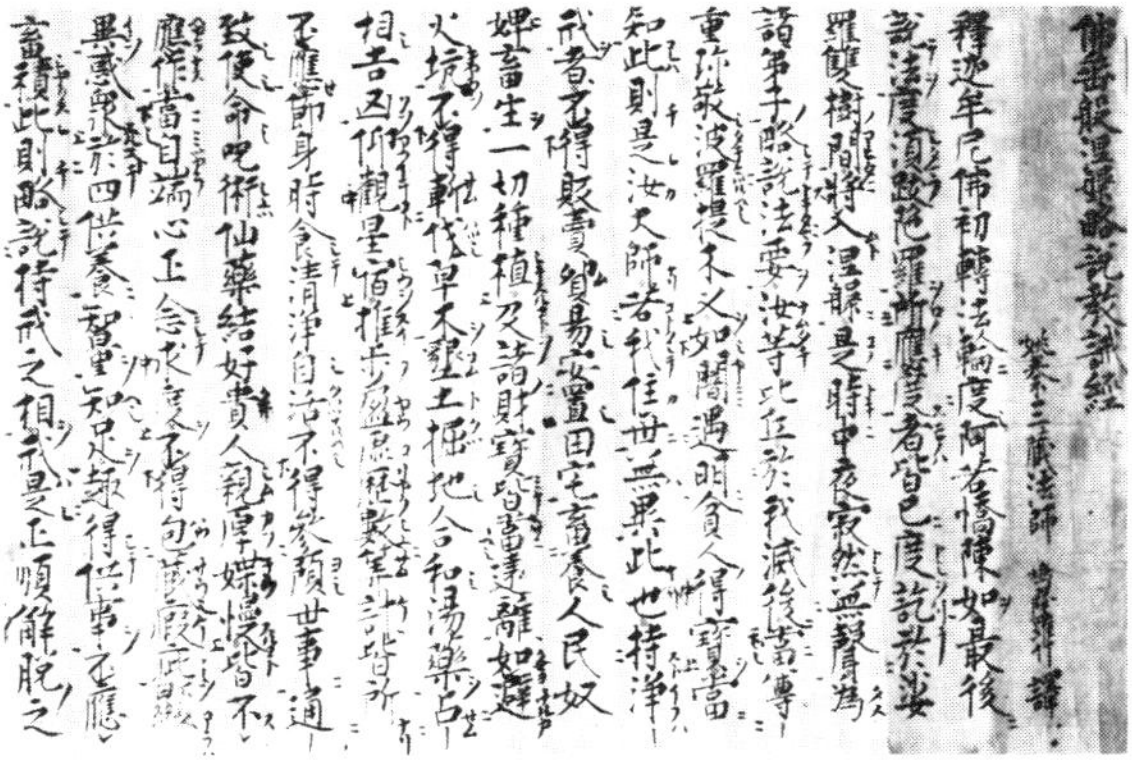

佛垂般涅槃略説教誡經
姚秦三藏法師　鳩摩羅什譯
釋迦牟尼佛初轉法輪度阿若憍陳如最後
説法度須跋陀羅所應度者皆已度訖於娑
羅雙樹間將入涅槃是時中夜寂然無聲爲
諸弟子略説法要汝等比丘於我滅後當尊
重珍敬波羅提木叉如闇遇明貧人得寶當
知此則是汝大師若我住世無異此也持淨
戒者不得販賣貿易安置田宅畜養人民奴
婢畜生一切種植及諸財寶皆當遠離如避
火坑不得斬伐草木墾土掘地合和湯藥占
相吉凶仰觀星宿推歩盈虚暦數算計皆所
不應節身時食清淨自活不得參預世事通
致使命呪術仙藥結好貴人親厚媟慢皆不
應作當自端心正念求度不得包藏瑕疵顯
異惑衆於四供養知量知足趣得供事不應
畜積此則略説持戒之相戒是正順解脱之

（図1）

此経者
永平開山和尚御筆也
總持寺丈室之公用
古室和尚寄附之
永享九年丁巳《ひのとみ》二月日誌之

この付記によれば、總持寺九十代の住持、古室法鑑[1]が寄付し、道元の真筆として總持寺祖院に伝来したものとみられる。しかし、この寺伝は信憑性が乏しいとみられてきたのか、これまで特に採り上げられることはなかった。しかし、平成二年十一月にこの書巻を調査する機会に恵まれ鑑識した結果、道元の真跡として認定することができた。

先の『資料集』には道元最後の著作『正法眼蔵八大人覚』と『遺経』との関係が述べられているが、このことは『遺経』の書写時期を推定する拠り所となるため次に説明を加えておきたい。

釈尊最後の教法となった『遺経』は弟子に対して「八大人覚」を説く教誡であるが、道元の最後の教説も同じ「八大人覚」を説く『正法眼蔵八大人覚』であり、この最後の著作において道元は『遺経』を全文に引用し、道元自身の最後のおしえを書き遺している。

『正法眼蔵八大人覚』の奥書きには「建長五年（一二五三）正月六日、永平寺において書す」とあり、この巻が道元示寂の八ヵ月前の著述であることがわかる。また、この奥書のあとには道元に嗣法し永平寺二世となった懐弉による付記がある。そのなかで懐弉はこの一巻を義演書記に書写させて自分が校正したこと、これは先師道元の病中の著述であり、最後の教勅であること、先師をお慕いする人は必ずこの巻を書して護持すべきであることなどを述べ「此れ釈尊最後の教勅にして、且つ先師最後の遺教なり」と結んでいる。懐弉は常に道元に侍し『正法眼蔵』の多くは彼の書写、校合になったというが、この付記には道元を敬慕する情に格別なものがあったという懐弉の真情が吐露されている。

そこで、このように本書巻は道元最後の著述である『正法眼蔵八大人覚』に引用されている『遺経』を書写したものであるから、この書巻は道元最晩年の真跡ではなかろうかと推測されることとなる。

2 『遺経』の筆跡鑑識

すでに道元入越後、晩年の真跡であると論定した『示誡』は、『大般涅槃経』十九巻梵行品八之五の「阿闍世王之六臣」からその一部を書写したものである。また總持寺の『遺経』も同じく涅槃の経典の書写である。それに両書は用筆もほぼ同じ太さで同質の毫とみられる上、実査してわかったが料紙も同質の麻紙であるため、全く同様の筆致にみえる。『資料集』の図版で両書を比較してみても共通する道元の書の特徴を十分に看取でき、両書は比較検討する上で絶好の資料と思われた。

平成二年十一月、總持寺宝物殿主・高橋全隆老師のご厚意により『遺経』を撮影し、『示誡』に書かれているのと同じ文字について拡大撮影することができた。その後、『示誡』についても改めて同じ文字について拡大撮影をさせて頂き両筆跡の対比が可能となった。

字数は『示誡』が一〇七八字、『遺経』は二四一二字の多数である。『示誡』と『遺経』では同じ文字を夥《おびただ》しく抽出し対比できる上、両書ともに写経であるため全く同じ書写の態様を示している。次に『遺経』の書巻の現状を示す。

『遺経』

紙本巻子装　一巻　麻紙　墨書

縦二三・八センチ　横三六一センチ

（内題）佛垂般涅槃略説教誡経

（本文）一四八行

（尾題）佛垂般涅槃略説教誡経

（付記）「1項」参照

（総字数）二四二二字

一行宛の字数はすべて一七字詰めで写経様式に則して経典全文が書写されている。『示誡』の総字数のうち重複しているものを除くと二七八字となる。このうち『遺経』にも同じ文字が書かれているのは一七八字であった。

ここに対比する文字は整理するため、まず最初に『示誡』巻頭の題号の文字「阿闍世王」の「阿」について対比し、その他は特徴の見やすいものを中心に採り上げてみたい。

以下に掲げる図版はすべて、右が『示誡』、左が『遺経』から抽出した文字の拡大写真である。数字は行数を示す。

図2の「阿」の筆法や運筆の基本となる起筆と収筆に注意してみよう。
阝（こざとへん）の短い横画の起筆とその転折にかけての運筆や転折に強い筆圧をかけていること、縦画の起筆と収筆の筆法やその間の運筆など全く同様である。この（阝）は筆順が現在行われているのとは違い、まず縦画を一画としてひき、現行の筆順では二画となっている筆画から旁《つくり》の（可）の横画へ続いている。このことは『示誡』の筆跡でみると起筆からの筆線の連続がよくわかるが、双方ともに同じ筆順である。旁の（可）の横画は『示誡』の方では（阝）から続いて見え、『遺経』の方は断絶して見えるが脈略には全く違いがない。また（口）の転折にやはり強い筆圧をかけ、大きな突出をつくり出していることも全く同じである。次にこの「阿」に認められたような特徴的な筆致について種類別によくわかるような例をまとめて採り上げてみることにする。

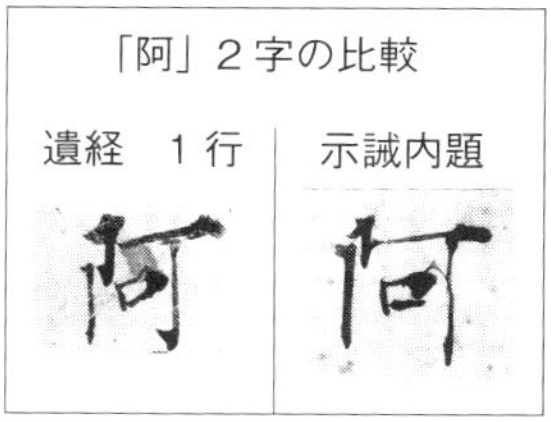

（図２）

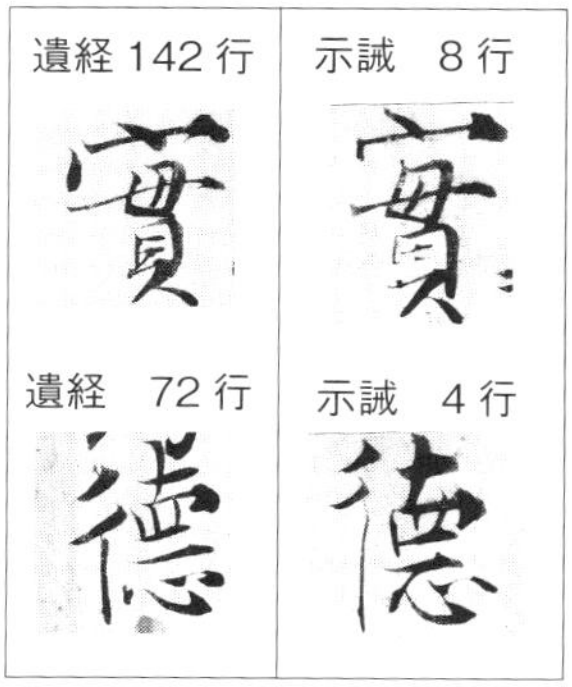

（図３）

図3の「實」「徳」では、「實」のウ冠の一画の点に続く細い横画の払いの不均衡に近いほどの強い筆圧、総じて横画の筆線が細く縦画の筆線が太く書かれていることなど全く共通している。但し「徳」の彳（行人偏）の縦画は逆に細くわん曲した柔らかい筆線で書かれ一、二画の短い左の払いと対照的なところ、また旁の四画の転折に強い筆圧をかけて少し撥ねているところなど、文字によって異なった筆法がみら

れるが、しかし同じ文字について双方の筆跡は全く同じ筆致である。

筆法は文字によって常に同じとは限らないが、道元の場合このように太い筆致と細い筆線の組み合わせが、かなり対照的に書かれていることや転折に強い筆圧をかけていることが多く、いわば柔と剛の対比が一つの特徴のようになっている場合がある。しかしこの転折の強い筆圧は文字によって異なっている。

図4の「堅固」の国構《がまえ》（口の部分）などは、むしろ筆圧をかけず柔らかく筆を回しているが双方とも全く同じ筆致である。また「堅」の（又）の右の払いが長く細くうねりをみせていることに注目したい。『示誡』や『遺経』にみられるこの払い（磔《たく》）は、すべて同様の筆致であり、図5の「破」「故」「使」なども同様である。従って、この長い払いのため右下がりの字形をなしているものが多いが、この磔の払いに限らず長い筆線が同じような字形をつくり出しているものも多い。図6の「滅」「蔵」「義」にその例がある。さらに、こうした文字の形態の特徴では図7の「見」「説」「既」などでも左の払いを弱く、右の最終画の大転湾《だいてんわん》を大きくして同様の特徴をみせている。それに、形態の特徴としては他に言偏の三画と四画についての例がある。普通、この二つの画は同じ長さ同じ強さで書かれるが、道元の『示誡』『遺経』では、すべて上の三画より下の四画が長く書かれている（図8）。

ところで「筆跡鑑識の要点」[2]では「複雑な形の文字の方が鑑定条件がよい」といわれ、また、簡単な文字では鑑識し難い場合もある。そこで次の図9に画数の多い文字を対比し、図10には画数のごく少ない文字を対比してみた。この双方の対比でも両書共に全く同様の結体で起筆、収筆、転折にみる筆法や筆圧の変化など点画の細部まで同一の特徴が認められる。画数の少ない文字の場合、「大」のやや左か

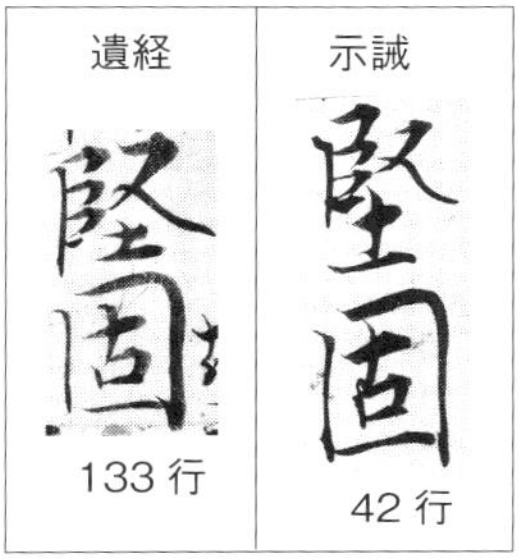

（図4）

（図5）

（図6）

（図7）

（図8）

画数が多い文字

（図9）

画数が少ない文字

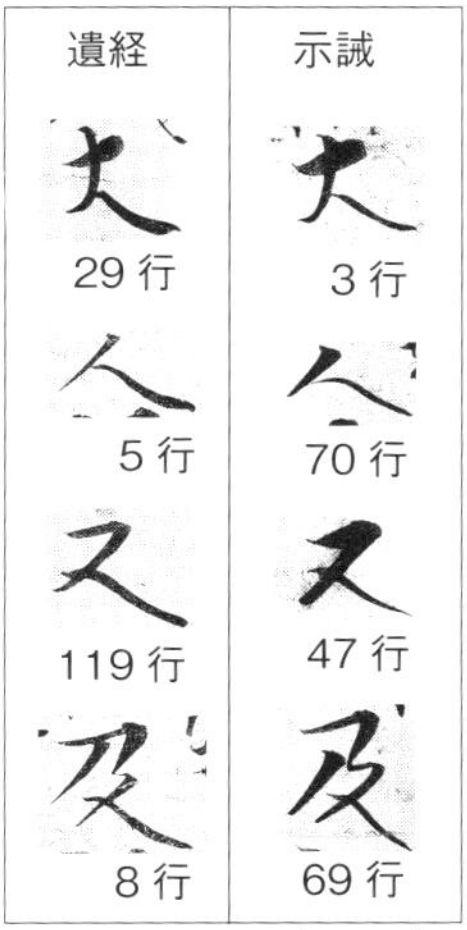

（図10）

がみの結体や「大」「人」「又」「及」の各文字すべての右の払いにみる柔らかなウネリと字体の構成など全く同様な筆法が十分に看取される。

なお最後に先の9章の図2に提示した『示誡』と「講式文」の筆跡対比に、改めてここで『遺経』の筆跡と新たに「迦」の一字も加えた各三書、六文字あての筆跡対比を図11に提示しておきたい。

以上の検証によりこの三書を同一人の筆跡と認める「十分な数の特徴点の存在」「特徴点の稀少性の高いこと」などの要件が満たされることとなろう。すなわち、これら三書を道元の真跡と認める結論に達したことになる。

（図11）

3 『正法眼蔵八大人覚』と『遺経』

これまでの論考で採り上げてきた道元の書について、その書写時期の順を辿るならば、まず宝治二年の『示誡』に始まり、『建撕記《けんぜいき》』などの記述から宝治三年（建長元年 三月十八日改元）頃の撰述草稿とみられる「講式文」、次いで建長元年の年記をもつ「賛」となる。さらに『遺経』については『建撕記』建長四年の条に

今夏ノ此ヨリ徴疾マシマス、最後ノ教誨ハ、正法眼蔵ノ八大人覚巻ナリ、コノ教誨ハ遺教経ヲ、モトトシテ、御遺言ト見ヘタリ

とある。

道元の示寂は建長五年八月二十八日、世寿五十四歳であり、『正法眼蔵八大人覚』が書き上げられたのは、その八ヵ月前の正月六日である。この巻は道元の死の予感のなかで撰述が始まり、先述した懐弉の付記にも記すように病中最後の遺誡である。けだし『遺経』の書については、この『八大人覚』撰述の典據となった最晩年の書とみることが可能であろう。

「晩年の書」は即、道元の「思想の変化」が認められた「入越後の書」である。道元が入越後、特に力を注いだのが出家至上主義を貫くための清規《しんぎ》の集成であり、修行体制の確立であったことに注目するならば、「入越後の書」がすべて伝統的な書風で書かれ、整斉としてゆるぎない筆致で一貫しているのも至当なこととなるが、それはまた、即、道元の思想「不染汚の修証」にもとづく「不染汚の書」を表

徴するものとなる。

『遺経』の書は特に一行一七字詰めの写経様式を厳格にまもり、同じく写経に類する『示誡』と比べてもさらに謹直に書写されていて、その厳正さは道元の書においても類をみないものとなっている。

ここで道元の最晩年に焦点を合わせてみるならば、このように厳正な書風はまた、道元最晩年の心境によく合致することに思い至る。病を得た道元が、修行体制の確立と共に、ひとしお心にかけたことは、正伝の仏法を誤りなく伝授することであり、正しくまもり伝えるための遺誡であったと考えられる。

稿初に述べた釈尊最後の教勅『遺経』の内容をふり返れば、出家の比丘に対し、戒律をまもり、五根を制し、放逸を戒めて「八大人覚」を修習せよという出家学道の原則を説示する遺誡であった。それは死を予感した道元最後の撰述『八大人覚』に引用されて道元の遺誡となった。『遺経』の極めて厳正な書風は、この『遺経』と道元自身の遺誡となる「八大人覚」の精神を表徴しているように思われる。

その書写の年次を明らかにすることはできないとしても、この『遺教』の書巻が示寂の遠からぬ『正法眼蔵八大人覚』の撰述において、その典據として座右に置かれたものとみることが自然ではなかろうか。

現存する道元最晩年の遺墨として、その書風に矛盾はないのである。

注

1　「大本山總持寺歴代」（『曹洞宗全書大系譜一』昭和五十一年）總持寺蔵『住山記』によれば永享九年二月二十九日入寺。法系断絶のため生没年不明。

2　猪刈秀一「筆跡鑑定の要点」（『古文書研究』二号　昭和四十四年）

十一　禅林墨跡と道元の書

1　道元本来の書の性格

道元の書は、いわゆる「禅林墨跡」とは性格を異にするものであり、その異なるところに道元の書の本質があるといえば不審に思われるかも知れない。

しかし、この問題は、すでにこれまでの検証によって解消している。すなわち道元の書は、道元の思想「不染汚の修証」にもとづくものであることが明らかであり、そこに、いわゆる「墨跡」とは性格を異にする道元の書の本質が見いだされることとなるわけである。

道元の墨跡を代表するとみられる『普勧坐禅儀』の文が、四六文の華麗な刻意の美文であることはよく知られている。またこの刻意の美文が、のちの『正法眼蔵』では簡潔な散文に変移していること、特に同じ「坐禅の儀則」を説くものながら、入越後の『正法眼蔵坐禅儀』になると、『普勧坐禅儀』にみられた華麗な美文が、一転して「ぎりぎりの素朴簡潔な散文」「一切の文学的形象を削っている文」へと変移し、「表現法の革命」とまでいわれる変化を示していることが指摘されている。

しかし、これまで、こうした文の変移が「不染汚の修証」にもとづくものであることが指摘されたことはない。

ところが、右のように、同じ「坐禅の儀則」を説きながら、『普勧坐禅儀』とは対照的に異なる「必要な実践事項」のみを記述しているのが『正法眼蔵坐禅儀』である。しかも、その全文をしめくくる終結には『普勧坐禅儀』にはない「不染汚の修証なり」の一文が改めて加えられている。すなわち、ここにこの「文の変移」の根源となる道元の思想が明示されている。つまり道元の「文の変移」については、すでに指摘されているにも拘らず、その根拠として「不染汚の修証」が説かれたことはない。

また一方、文と一体となる筆跡については筆跡が変移し「書の性格が変移した入越後の書」についても、同じく「不染汚の修証」にもとづく「筆跡の変移」が認識されないまま、これを別人の書とみることとなったわけである。

道元の文と書の本質は、一切の虚飾、殊更《ことさら》な名文や峻抜雄健な書技を表す劇跡などを払拭した、あるがままの文や書である。しかし、その本源として「不染汚の修証」が認識されることはなかったことになる。

けだし、これまで認識されることのなかった『普勧坐禅儀』から「入越後の書」への「書の性格の変移」こそ、道元の書についての「鑑識の核心」であり、そこに、はじめて道元の書の本質が認識されるわけである。

すなわち、入越後の『示誡』「講式文」「賛」から最晩年の『遺経』に至るまで、すべての書は、道元本来あるがままの無意識自動的な書「不染汚の書」であり、そこに道元の書の一貫した本質が歴然と示されている。

2 墨跡と書法

禅林墨跡といわれるものを書法上からみた場合、凡そ次のような二種の書に大別してみるのが一般的通念と考えられよう。

（一）一般にまず念頭に浮かぶものとしては「書法によらない破格法外の書」がある。

（二）いま一つは「正統な書法に基づく書」。すなわち「日本僧のうちでは、明庵栄西《みょうあんえいさい》・希元道元・宗《しゅう》峰妙超《ほうみょうちょう》・虎関師錬《こかんしれん》・雪村友梅《せっそんゆうばい》がそれである。これらの高僧が一様に求めた書法は黄庭堅のそれであった」（1）といわれるように、その遺墨の代表的なものについてみれば「宋代新書風」の大家、黄庭堅の書風を表すものとみられている。

道元三四歳の書『普勧坐禅儀』（以下『坐禅儀』）も（二）の宋代新書風に倣う書として知られている。しかし、ここにある二種類の書は、一つが「無書法」であり、一つは「宋代新書風」の「書法に基づく書」であるため、双方の性格は異なるもののようにみられよう。ところが、この二種の書には共通性がある。一つは、全く自由に自己の個性を打ち出す無書法の書によって、一つは、その筆法に自由で強い個性を表現する書法としての宋代新書風によって、共に伝統的な書法を拒否し捉われることなく、独自の個性を自由に発揮した書を示そうとしたものであり、そこに創造的意義を見いだしたものとしての共通性があるといえよう。

となれば、こうした共通する書の性格は「禅の書」のあるべき性格としてまことに相応しいもののように受けとられるかも知れない。

しかも、この二種の書は、単に書かれた文字の形や筆致だけからみた場合でも似たところがあるともいえる。

「無書法」の筆跡の場合、能筆の書と違って、文字の形が崩れていたり、斜に歪んだり、筆画が不均衡であったり、筆法が正統な書法とは異なっていたりすることがあろう。一方、「宋代新書風」の場合は、絶対的な権威であった「王羲之の典型に反撥して、それと対決する意味をもって新しく興ったもの」[2]であるため、意識的に羲之の典型と異なる書法をとり、殊更に形の均衡を崩したり筆法を著しく違えたりするところがある。

つまり、双方ともに、それまでの正統的な書法から離れたところが見いだされることになり、そこに共通した印象を生じることとともなろう。

そこで、こうした二種の書を、十分な書法上の認識を持たずにみた場合、双方の「書風」についても一見、類似するものがあるように誤って受けとられかねない場合がないか、しかも、双方ともに強い筆勢をもって奔放に書かれたようにみえる禅僧の書であった場合、そうした、これまでの正統な書法と異なる異様な書であるところに「禅の悟達の精神の発露」が示されたもの、というような誤解が生じないかどうかである。

その上、禅が渡来した鎌倉時代において、「正統な書法に反撥する宋代新書風」が多くは「禅僧」によって請来されたため、こうした特徴こそ「禅の書」の特質であるとみられかねないところがあろう。

こうした事態について木下政雄氏は次のような見解を説かれている。

「こういった個性の強い書風が禅僧によって請来されたために当時の日本人は、禅僧などが修禅の結果そういった個性のある奔放な、精神性を強く表に打ち出した書が書けるものとして思いあやまったらしく中国人の禅僧の書だけではなく、奔放な宋風を示すものならば、宋、元の俗人の書でも、何々墨跡と箱書して尊重するようになった。このようにみてくると、当時の日本人にとっては禅林墨跡というよりは、新しい宋、元の書道に感動した面が強く」「中世禅林墨跡は、書道史の観点からすると、唐様受容の一断面であったように思われてならない」[3]（傍点筆者）

すなわち殊更に逸脱不均斉を示すのが禅の書であるとみることはできないし、禅林墨跡が必ずしも、書法を無視するものや伝統的な書法に反撥する宋風の書でなければならないことはないわけである。

右の木下氏の提説には「禅の書」についての次のような観点の違いが指摘されている。

①「修禅の結果、個性の強い奔放な精神性を強く表徴した書が書けるもの」とみる思い込み。

②書道史の観点からすれば「唐様受容の一断面」を示すものとみることができる。

すなわち『坐禅儀』の書を一目《いちもく》して強く印象づけるのが木下氏の指摘された先の①の「禅の書」にみる「宋風の奔放な筆勢」であり、そこに「禅の精神の表徴」をみるとする「思い込み」から生じた錯誤である。こうした禅僧の書についての先入観による誤解は科学的な検証により解消されるが、その検証のなかで本稿の第二の命題となる道元の書の本質「不染汚の修証」にもとづく書の性格が見出されることとなった。つまり、いわゆる「禅の書」について、木下氏の指摘された②「書道史」からみた「当時の唐様受容の一断面」を示すものとみることにより、この「宋風の書」と「禅の精神」を関連づける錯誤の問題は解消されることとなる。

以上の検討により道元の書の「本質」は項初に挙げた「禅林墨跡」の二種の書のいずれにも該当しないものとなる。

（一）の破格法外の書でないことは勿論、（二）の「黄庭堅の書風」を基本とするものでもなく、その書の「本質」は王羲之の典型を表すものであることはこれまでの検証により明らかである。

しかし一方、道元の墨跡としては『坐禅儀』一書のみが特に採り上げられ、これを「宋風の書」、しかもそこにみる強い筆勢こそ鎌倉時代禅僧の「禅の書」の特質であると説かれてもいる。そこで次にこの問題について具体的にみるため、ここで王羲之の書と道元の書に加えて、いわゆる「禅林墨跡」として著名な筆跡につき筆跡の写真を採り上げて検証することとしたい。

3　羲之の典型と宋代新書風の書

第一に道元の書の基本が羲之の書を学ぶものであることについてみるべきは羲之の代表的名跡『蘭亭序』と『集王聖教序』であろう。そこでこの羲之の二書と道元の『坐禅儀』『示誡』の書から抽出できる同じ文字の筆跡を図１・図２に対比した。かつて「鏡の御影」の初見の折に最初に目に留ったのが図

（図1）

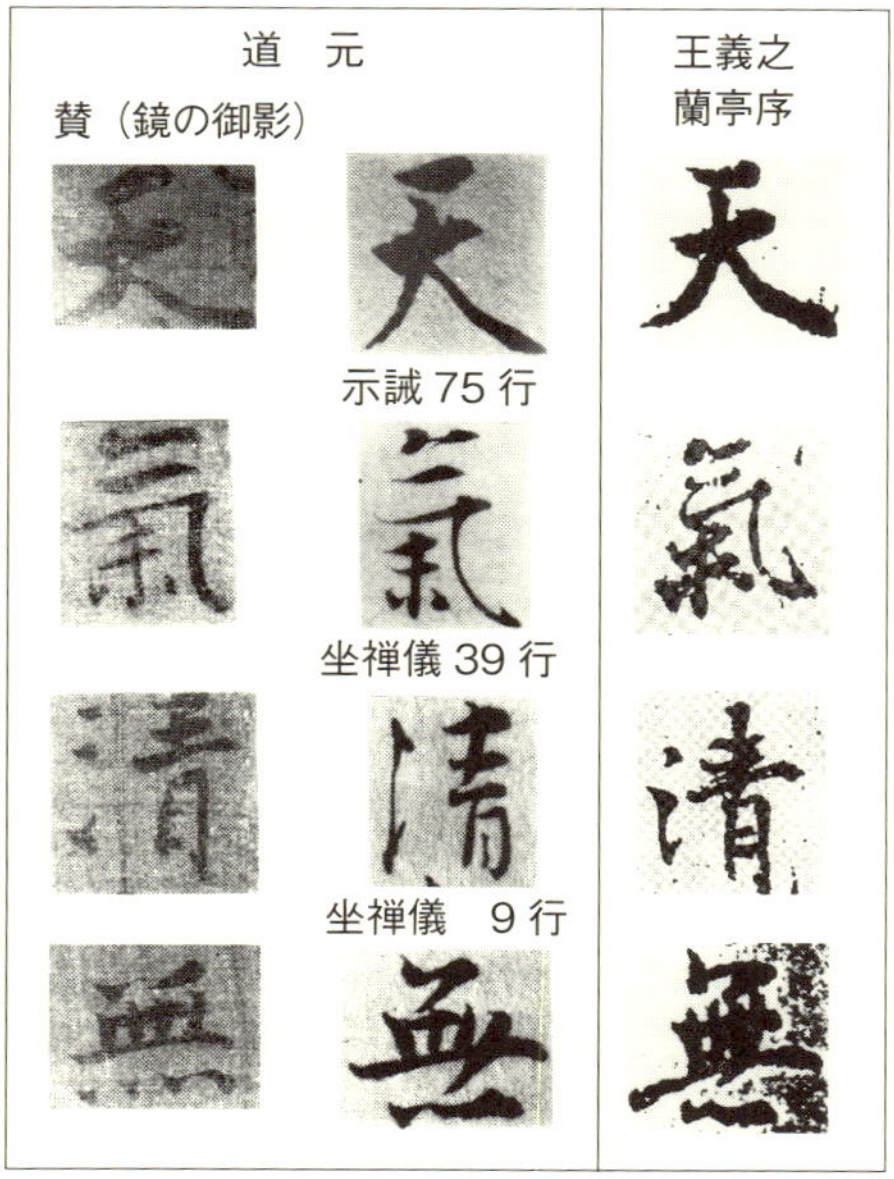

（図2）

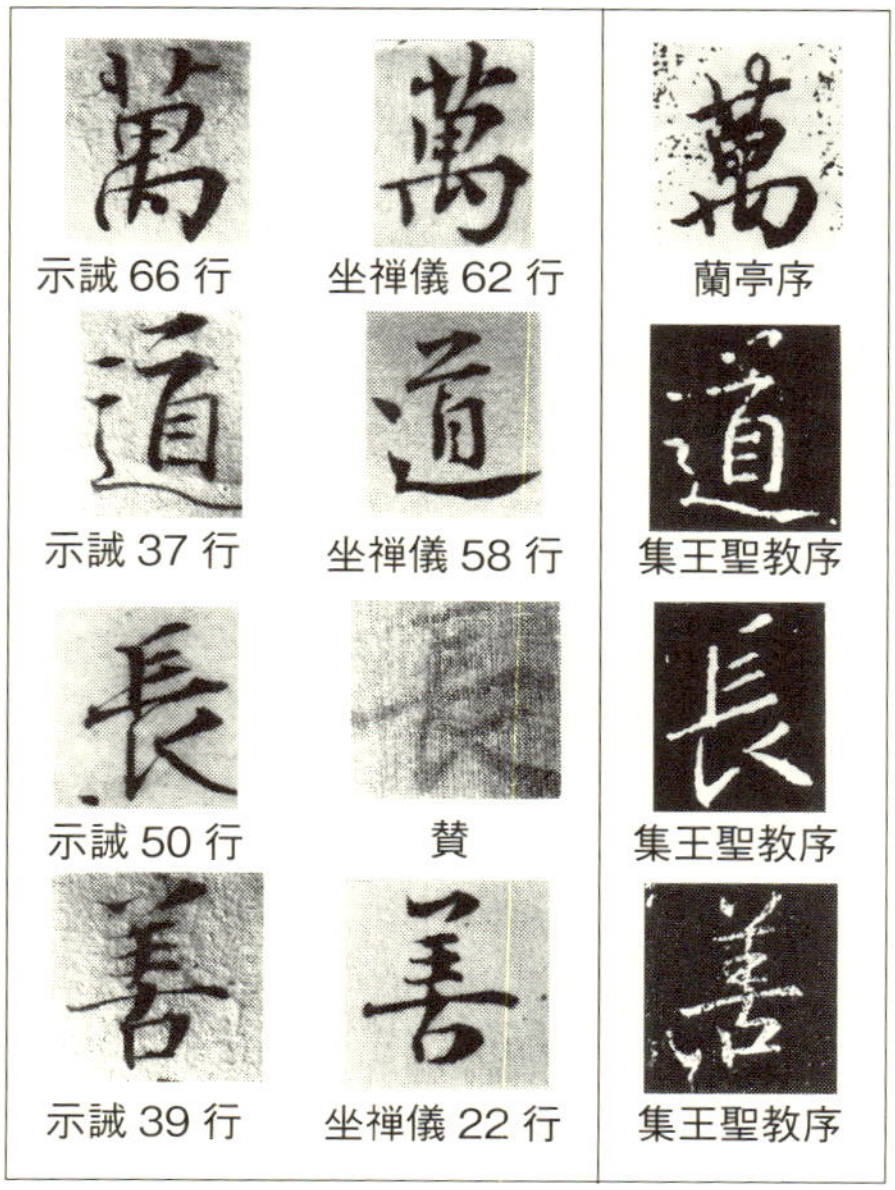

1の「天、気、清」であり、そこに東晋の王羲之（三二一～三七九）にみる端正で格調高い書風、すなわち『蘭亭序』の一節「天朗気清恵風和暢」の書を想定したからである。

　この対比でわかるように双方の筆跡の結体、筆法にはよく共通するところがあり即、道元の書が羲之を学ぶものであることがわかる。そこに一貫するのは穏かな筆致であり典雅な書風である。また注目すべきは『坐禅儀』と『示誡』「賛」との間には十五、六年という歳月の隔たりがあるにも拘らず全く書風書法に変化がないことである。すなわち若書と晩年の書を問わず、すべて幼時から習い覚えた羲之の書法をまもるものであることがわかる。

ところがこれまで『坐禅儀』を「禅の精神」を表徴した道元の真筆とみる一方、『示誡』「賛」など典雅な晩年の書は書風書法の異なる「伝統の書」を弟子の書とみる所見が一般となっている。その原因は、すでに先の「筆跡鑑識の要点」に採り上げている。すなわち『坐禅儀』の「宋風の筆勢」の印象にとらわれ、むしろ『坐禅儀』の書の基本、本質となる道元本来の「羲之の伝統をまもる筆跡」も混交していることを見落とすという認識の欠落によるものである。従ってここでは、この問題を改めて「禅の書」の問題にかかわるものとして採り上げるため、次に『坐禅儀』の書を部分的に写した図3について検討したい。

これでわかるように、二行目の「在」の横画や「何」のニンベンと三行目の「信」の同じニンベンの払い、それに四行目の「處」の右払いなどに宋風といわれる強い筆勢がみられる。しかし一行目の

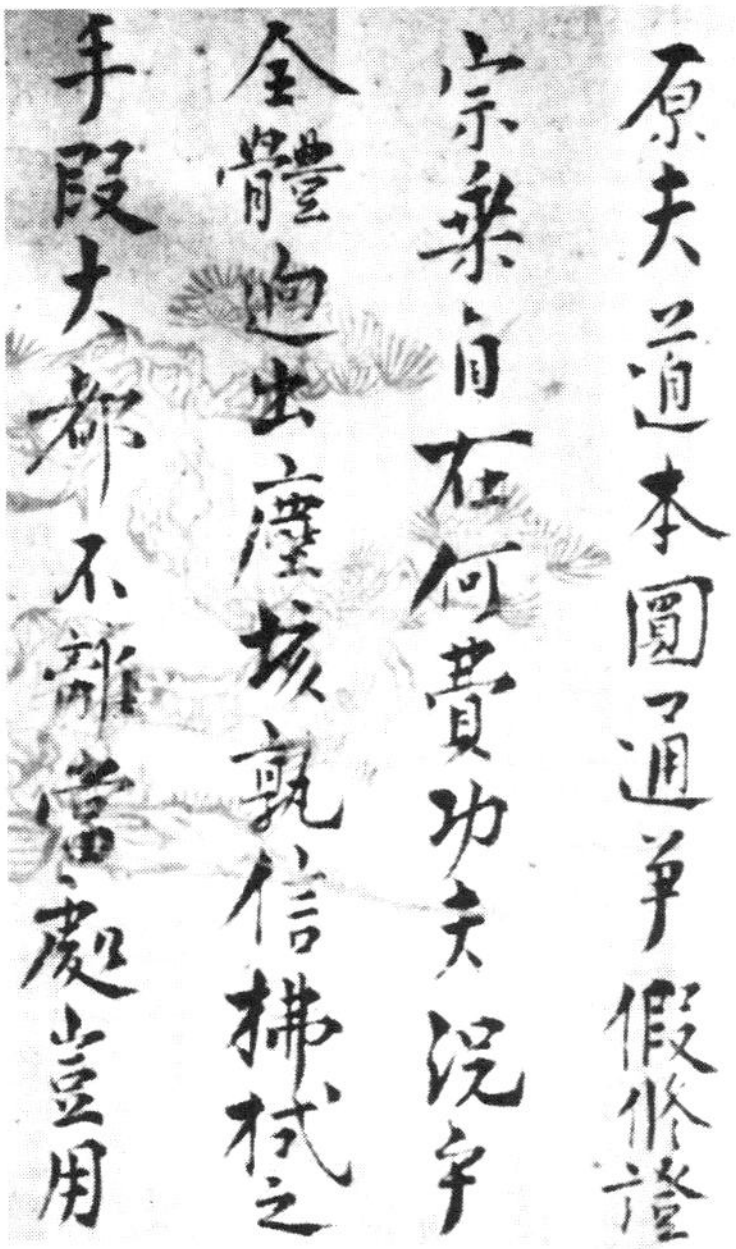

（図３）『坐禅儀』（巻頭部分）

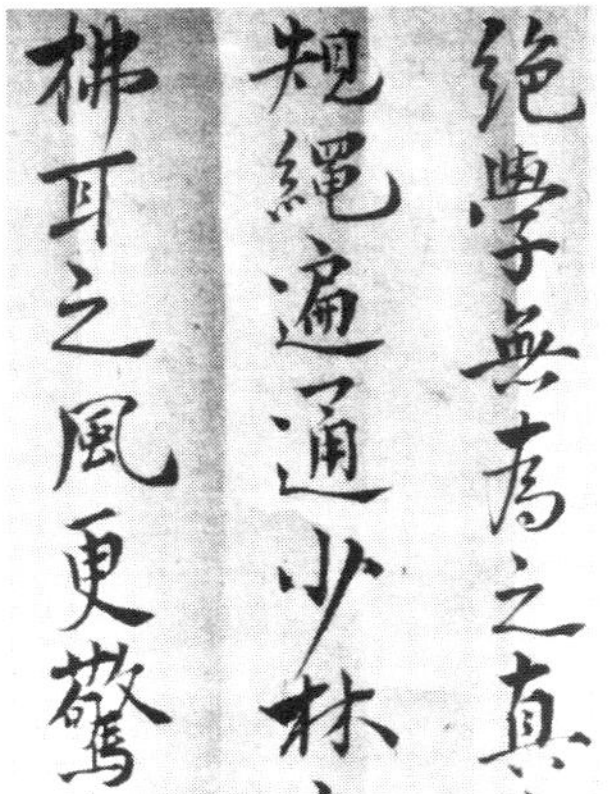
（図４）

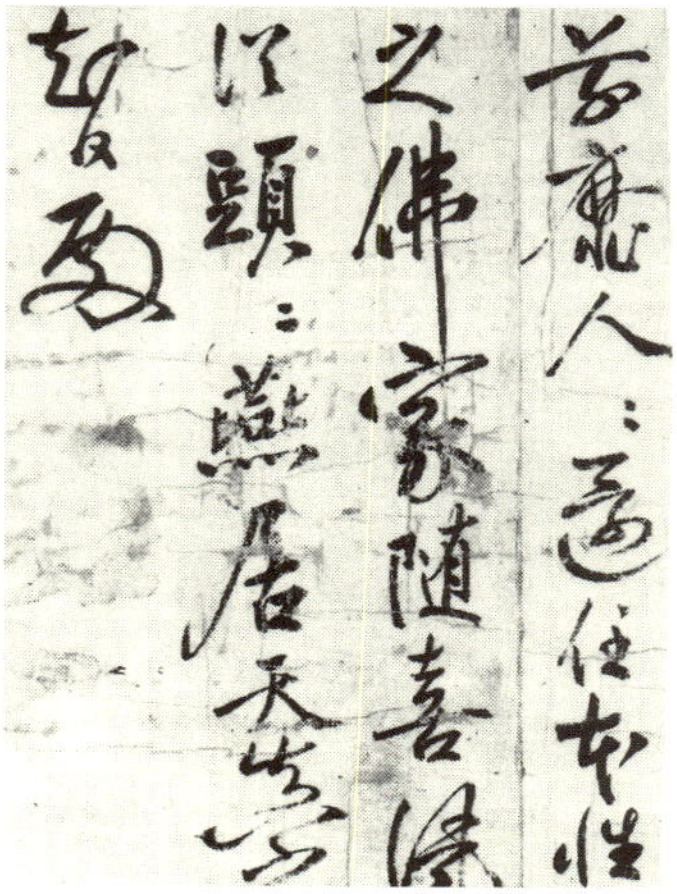

（図5）『勧縁疏』

（図6）

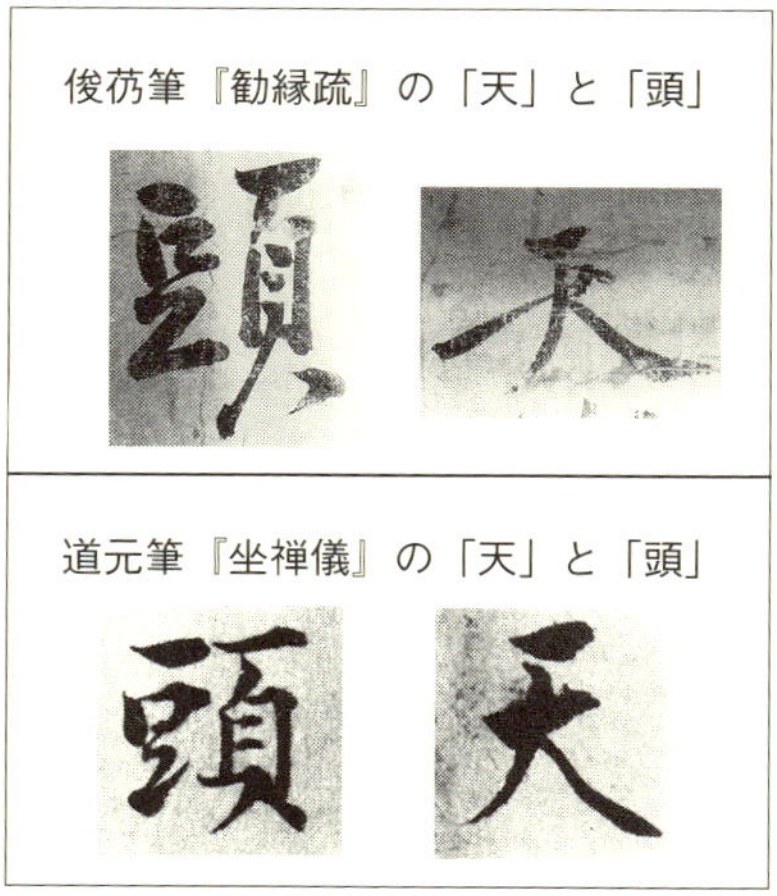

「假」「修」の場合では同じニンベンでも穏かな羲之の書法そのものである。それに書の総体として結体の均衡がよく整い典雅な趣を表している。また同じ『坐禅儀』の後半部分を写した図4では宋風の峻抜といわれるような筆勢はなく、羲之の骨法と書法をまもる節度が明らかである。

次に以上に述べた「羲之の書」に対比するものとして「宋風の書」を代表する名品として知られる筆跡、京都泉涌寺《せんにゅうじ》の開山俊芿《しゅんじょう》の『観縁疏《かんえんそ》』を採り上げてみよう。図5でわかるように『観縁疏』の自由奔放はそれまでの書にみることのできなかったもの、すなわち羲之の典型に反撥し拒否する宋代新書風そのものである。さらに具体的にみるため「天」と「頭」について『観縁疏』と『坐禅儀』双方から抽出した筆跡を拡大したのが図6である。『観縁疏』の「天」では二画の異常に長く強い筆勢の横画が全体の均斉を破り、それまでの書法からすれば著しく形を崩したものであるし「頭」の筆法の自由な変化は驚くべき逸脱というほかはない。道元の筆跡には、これほどの逸脱不均斉を認めることは全くない。

さらに「墨跡」としてよく採り上げられている虎関師錬《こかんしれん》（一二七八～一三四六）の『進学解《しんがくのげ》』と道元の『坐禅儀』から同じ文字の筆跡を抽出し対比してみたのが図7である。『進学解』には殊更に斜傾した横画の筆勢に奔放逸脱の筆致がみえる。その「無」についてみれば先に『坐禅儀』の四つの「無」や『示誡』の五〇字に及ぶ「無」のすべてが字体は勿論、筆法も全く同じ羲之の典型で書かれていることについて拡大写真を提示している。すなわち双方の性格の違いが歴然としている。

以上、具体的な検証により、道元の書に共通するその「本質」が幼時から学び身につけた羲之の典型であり、それは即、道元本来の「あるがまま」「無意識自動的」な書で一貫するものであることを示すものであることがわかる。

つまり「禅の書」といわれるものについて「破格法外」とか「宋風」とかいう奔放逸脱の書法によっ

（図7）

（図8）『蘭亭序（八柱第三本）』

て書かれるものとして書法上から類別すべきではない。特に道元の思想からすれば、むしろ「禅林墨跡」についての一般的な概念を積極的に否定するところにその意義が見いだされることとなる。「禅者の書跡としては道元程、所謂《いわゆる》墨跡といわれるものに近似性を持たないものはなかろう」[4]と説かれる所以である。

なお最後に道元の書の基本であり本質となった王羲之の筆跡を代表する『蘭亭序（八柱第三本　馮承《ふうしょう》素《そ》の搨摸本《とうもほん》）』の巻頭部分を掲示しておきたい（図8）。羲之第一の劇跡とされる『蘭亭序』であるが現存するのは欧陽詢《おうようじゅん》・虞世南《ぐせいなん》・褚遂良《ちょすいりょう》らによる臨写本や搨書人馮承素らによる搨摸本によるほかはない。しかしわが国においては『蘭亭序』や『集王聖教序』を羲之の書としてその書風を学び連綿と伝えてきたのである。

注

1 堀江知彦編『墨跡』（『日本の美術』五号　至文堂　昭和四一年）八六頁
2 神田喜一郎「日本書道史7鎌倉Ⅱ」（『書道全集』一九巻　平凡社　昭和三一年）四頁
3 木下政雄「請来墨跡の系譜」（『禅宗の美術　墨跡と禅宗絵画　日本美術禅宗14』学習研究社　昭和五四年）一四九頁
4 古田紹欽「正法眼蔵山水経に就いて」（『日本美術工芸』一二九号　昭和二四年）

十二　不染汚の修証と禅芸術論

1　和辻哲郎「芸術への非難」

これまでの道元の書について考察したところを簡便にまとめると次のようになる。

① 道元の書は、若書と晩年の書を問わず、幼時より習い覚えた王羲之の伝統的書風がその基本として一貫している。

② 若書の『坐禅儀』においては、帰朝直後の気負いと共に宋代新書風に倣う雄健な書法を加えたところが認められるが、基本となる王羲之の骨法を変改することはなく強い節度がまもられている。

③ 晩年の書では若書にみられた宋風の強い筆勢が消え、道元が本来、身につけた穏やかな伝統的書風ひとすじに変移している。

④「宋代新書風を加えた『坐禅儀』から伝統的書風ひとすじの入越後の書への変移」を除いては、長い年月を隔てる筆跡でも、その筆法・結体に全く変化がなく、書法、字体、書体などを書き分けたり混交するなどの変化は一切ない。

⑤ 以上のような特徴は、いわゆる禅林墨跡と近似しないものである。このような道元の書の本質は、道元の「文筆否定の信条」にも示されているように、彼の弁道至上主義が仏道、法門のための「用に即した書」を第一としたことによるものであり、即、道元の思想「不染汚の修証」を本源とするものとなる。

以上は道元の書についての「鑑識と検証」を採り上げるなかで、『正法眼蔵随聞記』に示された「文筆否定の信条」に始まり、その根源となる思想「不染汚の修証」に至る考察を簡略に述べたものであるが、右の「文筆否定の信条」が和辻哲郎『沙門道元』に特に採り上げられていることについては先に述べている。

またこの説示は、同著の第八章「芸術への非難」のなかで説かれたものであり、そこでは、道元の「文芸の意義の否定」と共に「仏像、堂塔など仏教の芸術的労作についての否認」さらには美の力の無視と「官能的なる一切のものに対する不信の表白」が説かれていることも先に述べている。

つまり「文筆否定の信条」は道元の「芸術への非難」のなかの一節として説かれたものである。従って、ここに、いわゆる「禅芸術」にかかわる論題が改めて浮かび上がってくることとなる。筆跡の鑑識とは別に、道元の頂相「鏡の御影」については先に採り上げているように、その画面構成が類のない質朴さを表すものであり、像容は一切の虚飾を排した道元日常の只管打坐の姿である。すなわち、坐禅は即、悟りであり、悟りが即、坐禅であるという、修証不二、「本証妙修」を示す「必然的な姿影」であり、「不染汚の修証」を表徴するものであることを述べている。

2　道元の思想と禅芸術論

道元の禅においては、あらゆるものごとがすべて「不染汚」であらねばならない。芸術は感情の表現であるといわれるが、その感情の表現に「染汚」があれば、それは「禅の芸術」などとはいえない。そもそも「不染汚の修証」に徹した場合には、芸術的表現の意欲はもちろん、芸術的な意識にとらわれることとすらもすでに「染汚」であり拒否すべきものとなるのかどうか。とはいえ「禅の芸術」または「禅と芸術」について語られる場合、道元が採り上げられることもしばしばある。それは道元の「書」であったり『正法眼蔵』の「文」であったりする。すなわち書は「禅の書」として、文は「禅の文学」としての観点によるものである。

しかし、その場合、和辻氏による「芸術への非難」の問題が採り上げられたことはないし、道元の「禅の思想」について考察されたこともない。そこで、道元の「思想」と「禅芸術についての論議」を対照して次に考察を試みたい。

この論議では「禅芸術としての必要条件」なかでも「独特の特徴的な表現様式」というものを認めるか否かで大きく見解の分かれるところがある。まずそこに注目して論議を参照してみたい。

①　芳賀幸四郎「禅芸術とは何か」[1]

「およそ作者が禅僧であること、作品の題材やモチーフが禅に関係深いものであること、またその表現様式がいわゆる禅的であること、この三つが一般に禅芸術であるか否かを判定する基準として漠然とながら考えられているところのものである」しかし「作者・題材・表現様式の三つは、その作品が禅芸術の名にあたいするか否かを判定する上に絶対的な基準ないし必要条件とはなし得ない」その理由として第一の作者については「禅僧の作品ながら禅芸術とよぶにためらいを感じざるを得ないものも事実しばしば眼にふれる」「作者が禅僧でないにも拘らず本格的な禅芸術だといっておそらく何人も異論のないと思われるものもある」。第二の題材については「禅的な題材やモチーフをあつかって、しかも本格的な禅芸術とよぶべきものは多い。しかし見ただけで胸くそのわるくなるような俗悪な達磨図や、俗臭ぷんぷんまことにいやらしい布袋図や肩ひじをいからしただけの一行物など、禅的な題材をあつかってしかも禅芸術とよぶにあたいしないものにも事実よくお目にかかる」。第三の表現様式については「美術史家の間には、禅芸術には一種独特の特徴的な表現様式があるとの前提のもとに、その特徴的な表現様式をそなえているかどうかで禅芸術か否かを判定する見解が広くかつ深く行われているようである」「しかし、この様式さえ具備しておれば禅芸術といえるかというと必ずしもそうとは限らない」「禅僧の書の場合も同様である。一般に一休や白隠の書のように、書法を超越し自由奔放で破格なものだけを禅の書だと通念しがちであるが、蘭溪道隆《らんけいどうりゅう》・永平道元らの墨跡は書法厳正なものでありながら、しかも本格的な禅芸術である。このようにして、いわゆる禅芸術的な表現様式として通念されている表現様式は、必ずしも禅芸術の禅芸術たる本質的条件ではない」

と説かれている。東洋では「書画一致」といわれるが、書を画と同等に、というより、書は、より純粋な人格表現の芸術として、むしろ上位のものとみるような伝統がある。その上「禅芸術」の場合は「禅の書」が「墨跡」として珍重されてきたこともあって、芳賀氏の論説でも、やはり「墨跡」についての問題が採り上げられている。しかも、これまでの本稿で検討したところと同じく表現様式の問題として道元の書が採り上げられ、本稿での検証により指摘した私見に通じるような見解、すなわち一般に「禅芸術らしい特徴」とみられがちな表現様式についての「先入主、思い込み」の問題がすでに指摘されていることがわかる。

次に、この芳賀氏の見解とは対照的な久松真一氏の提説を採り上げてみよう。久松氏は芳賀氏が「必ずしも禅芸術たる本質条件ではない」として否定される「いわゆる禅芸術的な表現様式として通念されている表現様式」について次のように説かれている。

② 久松真一『禅と美術』(2)

「書も絵画と同じように、オーソドックスの書とはモチーフを異にする一群の書が禅の盛んになった唐末から宋にかけて現われ」「これ等の多くは禅僧の書であって」「その書体、書き振り等は規矩準縄にかかわることなく自由奔放であって、形は崩れ、行は歪み、稚拙素朴であって」「これ等は書の逸格体というべきもの」しかし「正統の書の表現し得ないような、而もこのような書風にして初めて表現し得るような深い意味をその内容に含蓄しておる」「宋の蘇東坡、黄庭堅、張即之等の書も亦奔放不羈であって禅機が活き活きと発露しており、後世日本の禅家の書に大きな影響を与えた」

右には、本稿の検証において重要な視点として採り上げた「一般に禅の書の特徴と思い込まれがちな書法の特徴」について説かれている。

すなわち一般に墨跡の二種の書とみられている「無書法の書」と「宋風の書」を「禅の書」の特質を表したもの、いいかえれば「禅の書」としてのあるべき「表現様式」を備えたものとし、「このような書風にして初めて表現し得るような深い意味」を含蓄していると説かれている。

しかし、これまでの検証の結果明らかなように、こうした、ある特徴的な書法上の表現様式をもって「禅の書」の特徴などとみることは適正ではないし、禅的意味が「このような書風にして初めて表現し得る」などとはいえない。特に、道元の書には適合しない、というよりは、くり返しているように、道元の書は、むしろそのような、いわゆる墨跡についての概念を積極的に否定する性格、すなわち「不染汚の修証」にもとづく、あるがままの書である。

また久松氏は「形相以前の全く形なき真の仏を無相の自己」とし、「無相の自己というものが有相のものに表現していく場合に必然的にかの一群の芸術となってゆき、その芸術は七つの性格を内からもつ」と説かれ、その七つの性格として「不均斉」「簡素」「枯高」「自然」「幽玄」「脱俗」「静寂」などをあげられている。さらにこの七つの性格は「無相の自己」のどういう点にそれぞれ根源するかという、その根拠として「無法」「無雑」「無位」「無心」「無底」「無礙」「無動」という七つのものをあげられ、これらのものは「無相の自己」というただ一つのものが根底になっており、七つのものが一つとして、どれにも含まれていると説かれている。

ここに示された「七つの性格」「七つの根拠」は「禅芸術」の「特徴的な表現様式」としてあげられているものであるが、第一の「不均斉」という性格は「無相の自己」を根底とする「無法」から表現されてくるものであり、「簡素」は「無雑」、「枯高」は「無位」、「自然」は「無心」、「幽玄」は「無底」、「脱俗」は「無礙」、「静寂」は「無動」というように、それぞれの性格に対応して根拠となるものが「無相の自己」を根底として発現するというのである。

その上で最初の「無法」にもとづく「不均斉」について「不均斉ということは形を崩すということ」「形を崩すということは、一つには一定の形を否定するという面がある」「そこに完全なるものの否定ということがある」「形のある完全というものは本当の完全ではなく、無相ということが完全」「従って禅で完全とは形を崩した完全というものが本当の完全」「従って一切の形というものを崩すところに不均斉ということの根拠があることになる」とした上で、「禅僧の書」にみられる「ひっかたいだ（勢いよく傾いた）ような字、行の歪み」という「不均斉」について「それが形である限り否定して歪んだということによって、そこに無相なるものを表している」と説かれる。

しかし、こうした「不均斉」は芳賀氏のいわれるように「必ずしも禅芸術たる本質的条件ではない」ものであり、すでに本稿の検証で明らかなように、道元の整斉と書かれた書は、こうした通念を全く否定するものであって、その否定の根源には道元の思想「不染汚の修証」がある。

もちろん、生来「無書法の書」で一貫する禅僧もあろうし、「奔放な宋風の書」を得意としてその個性を発揮する禅者もあろう。しかし、禅の精神が無法で奔放な「このような書風にして初めて表現し得る」というのは誤解というほかはない。また「無相ということが完全」ではあっても、禅でいう完全が「形を崩した完全が本当の完全」であるなどとはいえない。つまり「形を崩す不均斉や無法」が「無相の自己」を表出する根拠にはなり得ないのではないか。「無相の自己」はそのような意識的に崩し歪ませたところに表現されるものであろうか。

すでに述べているように、黄庭堅などの「宋代新書風」は「それまでの絶対的な権威であった王羲之の典型に反撥して、それと対決する意味をもって新しく興ったものであるため、意識的に羲之の典型と異なる書法をとり、殊更に形の均衡を崩したり筆法を著しく違えた」ものであり、「無書法の書」と共に「伝統的な書法を拒否し独自の個性を発揮した書」である。そこに「無相の自己」が表出されているかどうかは別の問題となろう。このような宋代新書風の書が中国禅僧の「無書法の書」と共に請来されたために、そこに誤解が生じたことについても先に木下政雄氏の提説を述べている。

また、この七つの「性格」「根拠」の第一にあげられた「不均斉」「無法」をその他の六つの「性格」「根拠」と対照した場合、それぞれに矛盾が生じてくると考えられる。

そのなかから一つ、第四にあげられた「自然」という性格とその根拠とされる「無心」についてみてみよう。久松氏は「第四の自然ということは、故意《わざ》とらしくないということ」「無心とか或いは無念とかいうことを申すのであり」「本来ありのままということであろうか」「一番本来のあるがままというのは……無相の自己というようなもの、それが真実の本来の在り方であります」といわれる。

となると、先の「不均斉」「無法」と矛盾するものとなる。何故なら「一定の形を否定する」という意識をもって「形を崩す」という「不均斉」の書は、殊更に「法を否定する意識」をもった「無書法の書」やそれまでの伝統を否定するところに意欲を示した「宋風の書」がその内容となるものであり、およそ「無心、無念」とか「本来あるがまま」とは対極的なものとなるからである。

以上のような矛盾がある故かどうか、同書には日本の禅僧の書のすぐれたものの一つとして道元があげられ、図版鑑賞のなかには道元の『普勧坐禅儀』の奥書の部分が掲示されているが、その書についてはー切ふれられていない。従って久松氏の道元の書に対する見解は不明なものとなっている。

なお、ここで「不均斉」「無法」と「自然」「無心」との矛盾を採り上げたのは、特にその矛盾がわかり易いということと共に、久松氏がこの「自然」「無心」について説かれたその意味、「本来あるがまま」こそ、道元の「不染汚の修証」にもとづく「禅の書」の精神としてすでに提示したものだからである。久松氏の提説にある「禅芸術」がもつといわれる七つの性格とその根拠については、先のような誤解や矛盾が認められるものの、この「自然」「無心」という性格、根拠に限ってみれば、道元の禅の思想に一致するところが認められることとなる。

以上のように「禅芸術的な表現様式」と考えられているもののなかには、実は「禅芸術」に相応しくないもの、むしろ禅の精神とは対極的な性格のものも認められることになるが、次にこうした「禅芸術」についての一般的な通念にみられる誤解について具体的に採り上げてみたい。

3　柳宗悦「禅と美」

「禅芸術」についての一般的な通念にみられる誤解については先にも述べているが、次にこうした「禅芸術」についての誤解を具体的に採り上げた上で「真の美」「禅の真理と美」について説かれた柳宗悦《むねよし》氏の「禅と美」(3)から参照してみたい。

「画家達はなぜもっと寒山拾得を当り前に描き得ないのであろうか。どうして奇抜な仙人のように取扱ふのであろうか。どうしてもっと無事の域に達した人として表現しないのであろうか」「線を引くのにも、こだわりのない所を見せるためか、態《わざ》と荒々しく描く、だがそれほど無造作にこだわった線はないと思はれる」「禅は日常の行ひ、樹を切り田を耕し、食を取り、書を読むそれ等の凡々たることとの中にも潜んでゐると説かれているが」「もっと平々淡々たるものにも、その美を見出して然るべきだと思ふ。禅に囚はれて禅を見失っては面白くない」「禅は普遍的な真理ではなかったろうか。禅といふ一分野の禅ではない筈である」「それが真に美しい場合は禅風だから美しいのではない。それ自身美しいから美しいのである。さうしてかかる美しさにこそ禅の現れがある。禅と美との問題は一般に考へられるよりも、もう一段深く又広い所にあろう」

右の説には「禅風」にこだわり、殊更に特異な表現を求めるという「禅芸術」についての誤解について述べ、むしろ日常の平凡な生活のなかに禅機は見いだされるべきものであり、いわゆる禅にとらわれ、普遍的真理としての禅を見失ってはならないことが説かれている。すなわち、ここには道元の「生活禅」に通じる主張がある。

柳氏はさらに「禅真理を美一般の問題に当て嵌めるべきと思ふ。禅風なものだけに禅美があるのではない」とし、「美しさ」とは美や醜という相対や分別、作為を入れる余地のない、そのような概念以前の「謂《い》はば醜さが成立たない世界のもの」であり「どんなものもあるがままに美しくなって了《しま》ふのである」と説かれる。つまり「あるがままの本然のもの」に真の美があり、そこに「如何に禅の真理がまざ〱と姿を現してくるかが分かる」ということになろう。

となれば、これはすでに道元の「書」の場合において、道元の思想をとおして考察した結論と一致することとなろう。柳氏は同書のなかで「古来、美については一つの経文も書かれたことがない」「道元禅師九十五巻の『正法眼蔵』もこの問題とは直接の交渉を持たぬ、誠に不思議なことだと私には思はれる」といわれるが、すでに明らかなように、『随聞記』にある「文筆否定」の説示から、さらに道元の思想を説く『正法眼蔵』に遡れば、そこに示された道元の禅の核心は禅芸術のあるべき姿を示唆したものとなろう。すなわち、思いはかりを一切捨て切った「禅芸術」の必然の姿、「あるがまま」の「不染汚の修証」である。

さらに柳氏は、この「あるがまま」について、氏が得意とする「工芸」を例証として次のように説かれる。

「多くの無名な工人達は意識に立つ自力の作者達ではない。美が何であるかをどうして弁《わきま》へることが出来よう。だから美しいものが作れるのは、自らの力量によるのではない。何か自分を超えた力に導かれて仕事をする」「この時不思議な力が働く」「千遍万遍の繰り返しは、丁度起つも坐るも名号を口ずさんで念仏三昧に日を送る信徒達の行ひと同じなのである」「彼等の繰返しは仕事を救ふ。彼等が仕事をしてゐるのではなく、自らを忘れた彼等が仕事をする」「それが美しくなるか醜くなるか、どうしてそんなことを存知しよう。だから凡てが美しさに受取られてゆくのだと説いて筋が通るではないか」

右の文中にある、工人の無意識的な千遍万遍の繰り返しの作業が到達する美の創造を、書におきかえていうならば、幼時より学び身につけた伝統的な書法により、無意識的、自動的に行われる書写の作業に通じるところがあろう。そこに美が見出されるとすれば、それは長い伝統に培われた法の力によって表出された、本来あるがままの美といえるものではなかろうか。

次に、右に採り上げられている「工人の千遍万遍の繰り返し」の修業が到達する美の創造について、鈴木大拙氏の説を参照してみよう。(2)

『支那神秘思想と近代絵画』の著者ジョルジ・デュテイが説く中国絵画の竹の描き方「十年間、竹を描け、而して自身に一本の竹となれ」「而してかく描く時、竹に関する一切を忘却せよ」を引いて次のように説かれる。

「自分が竹となること、竹を描くとき竹と同一化したことさへ忘れること、これは竹の禅ではなかろうか。是は画家自身の中にもあれば竹の中にもある所の、『精神の律動的な動き』と共に動くことである。彼に必要とする所は、此精神を確り把握して、而も此事実を意識しないことである。是こそ長い精神的鍛錬を経て始めて得られる甚だ困難な仕事である。東洋人は其文明の初期より以来、芸術と宗教の世界で何か成就せんと欲する場合には、先づ此種の修業に専心するように教へられてきた」

ここに説かれているのも「長い精神的鍛錬によって到達する無意識的、自動的に創られた美」であり、すなわち、思いはかりによって汚されることのない「不染汚」の「禅の美」に通じるといえるものではなかろうか。

ここで再び先の芳賀氏の論説にもどり「禅芸術」の「具現しておるべき美」がどのように説かれているかをみると、

「作為や規範の意識を高く超越した無作無心。初生の孩子の境涯のあらわれとしての無礙自然・天真爛漫の美」とある。ここに示された、無作為、無作無心、無礙自然などは、以上に参照してきた論説にみる「禅芸術の美」についての理念と全く共通するものとなっている。

ここで、これまでに参照し対照してきた論議を総括してみるならば、もはや先の「表現様式論」について考量する余地がないことは明らかである。

また、本章のはじめに述べた、芸術的意志、意欲の問題については、「禅芸術」がそのような意志、意欲以前の世界のものであることも歴然としている。すなわち、そこに、これまでの検証によって明らかとなった道元の「禅の書」の精神の根源となる「不染汚の修証」が見出されることとなる。

以上、道元の書の「本質」の考察にはじまり、いわゆる「禅芸術」についての先入主による混乱と錯誤の見解に至るまでを道元の思想「不染汚の修証」と対照して検討を重ねてきた。

しかし、これまでの考察ではこの道元の修証観については、ごく簡略にふれるにとどめている。そこで改めて、道元の仏法の本義を示す『正法眼蔵』の第一巻に編輯された「辨道話」巻を採り上げその本義についてみることとしたい。

『正法眼蔵』は道元が寛喜三年（一二三一）から示寂八ヵ月前の建長五年（一二五三）正月に至る二三年間に行った説法を九五巻に集録した日本曹洞宗の根本宗典である。ほぼ全文が和文であるが難解の書として知られている。破格の日本文といわれる文体にもよるが、そこに説かれた道元の禅的思惟は学べば理解できるものではなく、道元の体験の書であることが理解を困難にしているとみられる。

この「辨道話」巻は道元が立教開宗の抱負をもって、仏祖正伝の仏法の本義とその修行法を示した総論的役割をもつものである。従って、そこに道元の「修証観の核心」となるところが説かれている。

注

1　「禅芸術とは何か」（倉澤行洋編『禅と日本文化2　禅と芸術Ⅱ』ぺりかん社　平成九年　四八～五一頁）

2　『禅と美術』（思文閣　昭和五一年　一五～一六頁　五九～六〇頁　六四頁）

3　『柳宗悦全集二二巻上』（七六～八〇頁　八六～八七頁　九〇～九一頁　筑摩書房　平成四年）

4　『禅と日本文化』（二五頁　岩波新書　昭和一五年）

十三　『正法眼蔵辨道話』

1　正伝の仏法――坐禅

まず「辨道話」の冒頭は坐禅が、正伝の正門であることを次のように示している。

（原文）「諸仏如来、ともに妙法を単伝して、阿耨菩提《あのくぼだい》を証するに、最上無為の妙術あり。これただ、ほとけ仏にさづけてよこしまなることなきは、すなわち自受用三昧《じじゅゆうざんまい》、その標準なり。

この三昧に遊化《ゆけ》するに端坐参禅を正門《しょうもん》とせり。この法は、人々の分上《ぶんじょう》にゆたかにそなはれりといへども、いまだ修《しゅ》せざるにはあらわれず、証せざるにはうることなし」

「いまをしふる功夫辨道は、証上に万法をあらしめ、出路に一如を行ずるなり」

（訳文）「もろもろの仏には、みな絶対の真理が正しく伝えられていて、無上の悟りを開くには、自然、あるがままの最も優れた妙法がある。この妙術が仏から仏に授け伝えられ誤るところがないのは、仏が自ら悟ったところを自ら受用する境界に至るという妙術だからである。

この境地に入るには端坐参禅が正門となるのである。この法は人々に本来、豊かに具っているのであるが、坐禅修行によって初めて現れるものであり、この修行によらずしてこの境地を悟ることはない」

「私がいま、教えようとする修行は、悟りの上に万法（あらゆるものごと）をあらしめる、すなわち一般常識では自己と他者はそれぞれ別個のものとして区別されるが、そうした、とらわれから出路（離脱）し自己と他のものとの区別が自ずからなくなり、すべてが一如（一つ）の同じ仏であるという本来の悟りのなかに生きる修行である」

右のように開巻冒頭から一貫して説かれているのは、唯一仏道の正門となる「正伝の仏法」の本義、「坐禅辨道」である。

その上で示されているのが次に採り上げる「修証一等」「証上の修」であり、すべて本証のおのずから発動になる「本証妙修の坐禅」すなわち、仏行としての坐禅「不染汚の修証」である。

2　修証観の本源「不染汚の修証」

（原文）「それ修証はひとつにあらずとおもへる、すなわち外道の見なり。仏法には修証これ一等なり。いまも証上の修なるゆゑに、初心の辨道すなはち本証の全体なり。かるがゆゑに修行の用心をさづくるにも、修のほかに証をまつおもひなかれとをしふ、直指《じきし》の本証なるがゆゑなるべし。すでに修の証なれば、証にきはなく、証の修なれば、修にはじめなし。ここをもて、釈迦如来・迦葉尊者、ともに証上の修に受用せられ、達磨大師・大鑑高祖、おなじく証上の修に引転せらる。仏法住持のあと、みなかくのごとし。

すでに証をはなれぬ修あり、われらさいはいに一分《いちぶん》の妙修を単伝せる、初心の辨道すなはち一分の本証を無為の地にうるなり。しるべし、修をはなれぬ証を染汚せざらしめんがために、仏祖しきりに修行のゆるくすべからざるとおしふ。妙修を放下《ほうげ》すれば、本証手《て》の中《うち》にみてり。本証を出身すれば、妙修通身におこなはる」

（訳文）「一般には修（修行）と証（悟り）は別々のものであり、悟りは修行の結果、得られるもの、修行は悟りを目的とした手段であると考えられている。しかしこれは外道の考え方であり、仏法では全く同一のもの、修証は一等である。修行することが即、悟りそのものなのである。いま行っている坐禅修行も、悟りの上に生きる仏の行としての修行なのだから、初心者の坐禅の修行であっても、それがそのまま本来、悟っているという『本証』の全体であり、全く同じ仏の修行である。それだから修行の指導をする場合も、修行する結果としての悟りを期待するようなことがあってはいけないと教えるのである。坐禅の修行が即、本来の悟り『本証』というものを直観体得するものだからである。もともと修行することが悟りそのものとなる証上の修は、個を超えた自他一如の本証の上の修だから、初めもなければ終わりもない。時間、空間を超えた修証である。このようなわけで、釈尊や迦葉尊者も、同じくこの証上の修を受け用いたのであり、達磨大師や大鑑高祖（禅宗六代目の祖師、慧能《えのう》禅師）もこの証上の修によって仏法を体現したのである。仏法が仏祖の方々に住持（護持）されてきたのは、みなこのようにしてである。

すでに悟りを離れては成立しない修行、悟りと一体になった（証上の修）に生きているわれわれは、本来、一切の存在と一如、自他一如でありながら幸いにも、一人一人の一分（自分）の本証を仏の行（妙修）として受けついでいる。だから初心の修行において、この一分の本証（本来の悟り）を思いはからうことなく自然に体現しているのである。

知るべきである。修行と悟りは一つのものであるのに、悟りを得るための修行とみるのは、悟りを目的とした功利打算の煩悩で染汚することになる。修行と一体である証上の修を汚さないために、仏祖はしきりに修行を怠らぬよう教えられている。この本来、悟っている仏としての妙修（本証妙修）を行っているという意識にとらわれないようになれば、本来、仏であるという本証は明らかに現前するものとなるし、その悟り、本証にもとらわれないようになれば、すべてが本証妙修、すなわち仏の行となり、本来の仏が仏を実現していくことになる」

以上の教説の要点を採り上げてみると、道元の説く修証は、

① 修が即、証となる「修証一等」である。

② 「衆生本来仏」という本来の悟りの上の修行「証上の修」である。
③ 本証（本来仏）を実証する「不染汚」の仏の行「本証妙修」である。

このように本来の悟りが主体となって働く「証上の修」であり、本来の仏が仏を実現していく「本証妙修」であるからには、坐禅の修行にとどまらず、日常生活のすべてがそのまま仏法を体現するものであらねばならない。

すなわち、行・住・坐・臥の四威儀《しいぎ》（僧としての規律正しい生活）や挙措進退の作法のすべてに仏の行を体現するものとなる。これが「威儀即仏法、作法是れ宗旨」といわれる道元の生活禅である。

これは即、「衆生本来仏」としての修であり、煩悩で「染汚」されることがない「本証妙修」である。すなわち有用、無用の思いはかりによって汚されることのない、意志意欲以前の「不染汚の修証」である。

以上に示された教説の核心となる「不染汚の修証」はこの「辨道話」に続いて、その後に説かれた『正法眼蔵』の各巻にくり返し説かれているほか、『永平広録』にも数多くの説示が収録されている。

十四　道元の思想と「坐禅儀」の変移

1　思想と相即不離の書

道元の正伝の仏法は「坐禅辨道」である。この修行は本来の悟り、仏の行としての「本証妙修」であり、煩悩で染汚されない「不染汚の修証」である。

先に採り上げたように道元の仏法の真髄を説く『正法眼蔵』の第一巻「辨道話」が開巻冒頭から、その名のとおり「坐禅辨道」（辨道は仏道に精進すること）の説示ではじまるのもこの「端坐参禅」が正伝の仏法の正門であるからに外ならない。

道元はわが国で初めて正式の坐禅の規矩（規準）を定め、この絶対一行を仏道の全体として説いている。道元の坐禅「只管打坐」の威儀作法を示したのが「坐禅儀」と「坐禅箴《しん》」（坐禅の戒め）であるが、これについてはその説時、説処により次のような撰述と示衆（説法）が行われている。そこで、その年代による内容性格の違いに注目するならば、道元の思想の進展変移の経緯をたどることが可能となろう。

まず帰国当初の嘉禄三年（一二二七）に『普勧坐禅儀』が撰述されていることは「辨道話」巻や「普

勧坐禅儀撰述由来」の記述からわかるが、この「嘉禄本」は現存せず内容は不明である。しかし一般には次の①に掲げる天福元年の自筆本『普勧坐禅儀』がこの嘉禄本を浄書したものとみられている。

① 自筆本　普勧坐禅儀
　天福元年（一二三三）三四歳
　初開の道場　洛外深草　観音導利院（浄書）

② 正法眼蔵　坐禅箴
　○仁治三年（一二四二）四三歳
　宇治興聖寺（撰述）
　○寛元元年（一二四三）四四歳
　越前　吉峰寺（示衆）

③ 正法眼蔵　坐禅儀
　寛元元年（一二四三）四四歳
　越前　吉峰寺（示衆）

④ 流布本　普勧坐禅儀
　永平元禅師語録　永平廣録（収録）

まず①の自筆本『普勧坐禅儀』はすでにくり返しているように、その文も筆跡も共に道元としては特異な性格を表すものである。しかしその特異性は、この真筆本に対して「入越後」の文と筆跡を対比すること、特に「筆跡」については「筆跡鑑識」の検証を行うことにより、次のように変移していることがわかる。

○文—帰朝直後の「弘法救生」を具現した「普く勧める坐禅儀」としての華麗な刻意の美文から「入越後」の一切の文学的表現を払拭した簡潔で用に即する文への変移。

○筆跡—自筆本『普勧坐禅儀』では伝統的な書の上に殊更に目をひく宋風の筆勢や書法の書き分けを顕示する劇跡を加えている。しかし入越後には、こうした書技書芸の意欲は払拭され、あるがままの無為自然の書へ変移。

また自筆本では右のような特異性に加えてその書巻の体裁まで、その性格に適応するかのように道元としては類のない華麗なものになっている。つまり、この自筆本『普勧坐禅儀』はいわゆる「禅の書」に相応しい性格を表徴している上、格別に注目され易い様相、すなわち深草時代の「弘法救生」に適応した文と書の性格を具現するものと認められることになる。であればこそ、この自筆本『普勧坐禅儀』一書は今日も道元の代表的な「禅林墨跡」として尊重伝来し、格別に注目されるものとなったわけである。

しかし、ここで道元の「思想と書」についてのこれまでの検討をふり返るならば、次のような年代にかかわる注目すべき視点が見出されることとなる。

○深草時代の「弘法救生」の志に即した「文」と「筆跡」が入越後に一変した、その根源となる思想が、③に挙げた「入越後」の『正法眼蔵坐禅儀』の終結に新たに加えられた一文「不染汚の修証なり」に表徴されている。すでに述べているように、自筆本『普勧坐禅儀』にはなかったこの文言が

『正法眼蔵坐禅儀』には新たに加えられ、そこに一切の虚飾は勿論、芸術的表現への志向も払拭するという道元の仏法の本義が示されている。

○先の②に挙げた『正法眼蔵坐禅箴』と③の『正法眼蔵坐禅儀』は共に、入越後の寛元元年冬十一月に、同じ説所、越前吉峰寺において示衆されている。加えて、④の流布本『普勧坐禅儀』も実は同じく、この寛元元年の頃に①の自筆本『普勧坐禅儀』が改修され、それが改めて流布本『普勧坐禅儀』となって生まれ変わったものとみられている。従って、入越後の同時期に同じ説所で示衆された「坐禅箴」「坐禅儀」、それにこの二書と同時期に改修された流布本「坐禅儀」を合わせた三書については、そこに共通する思想「不染汚の修証」が示されているものとみられよう。このことについてはあとで「坐禅箴」を採り上げてみることとなるが、以上のような一連の流れをみると、そこに説かれた修道の基本となる「坐禅の威儀作法と心得」に示された「性格の変移」は「不染汚の修証」を具現する変移であり、そこに道元の「思想と書の相即不離」が改めて認められることとなろう。

2 自筆本『普勧坐禅儀』と『禅苑清規』所載『坐禅儀』との対比

先に自筆本『普勧坐禅儀』から『正法眼蔵坐禅儀』への性格の変移、すなわち自筆本の「文と書」の特異な性格が入越後の『正法眼蔵坐禅儀』では「不染汚の修証」にもとづく道元本来の無為自然あるがままの書へと変移したことについて述べている。しかしそこでは、「思想にもとづく書の性格」を中心に採り上げているため、自筆本『普勧坐禅儀』が撰述された本来の意義については述べるところがなかった。また道元が入越に際して、新たに『正法眼蔵坐禅箴』を撰述した上、さらに先の自筆本『普勧坐禅儀』と異なる性格を表す『正法眼蔵坐禅儀』を改めて示衆したことの意義など、右三書についてみるべきところがあろう。そこで、こうした道元の「坐禅」の意義について、その内容性格の推移を次に採り上げてみることとしたい。

自筆本『普勧坐禅儀』

本書撰述の意義は付属する「普勧坐禅儀撰述由来」に次のように示されている（原漢文の要旨）。

○わが国にはかつて真の禅の伝来はなく「坐禅儀」もなかった。

○唐代に百丈《ひゃくじょう》(1)禅師は達磨大師の真儀を伝え「百丈古清規《しんぎ》」を撰した。しかし、これは早くに失われてしまった。

○宋代の崇寧二年になり長蘆宗賾《ちょうろそうさく》が『禅苑《ぜんねん》清規』(2)を撰し、そこに「坐禅儀」が収載されているが、その「坐禅儀」には百丈師の古意に宗賾師の私見が加えられそこに多くの錯誤があるため、仏祖正伝の坐禅の本義は没却されている。

○以上により、ここに百丈清規に則った仏祖正伝の坐禅の真義を説き知らしめるのである。

右の「撰述由来」によれば、道元の自筆本『普勧坐禅儀』は、まず『禅苑清規』に対する批判が、その積極的な撰述の動機になっているとみられる。

すなわち道元は天童山古仏天童如浄の会下において、釈尊以来の正伝の坐禅を面受嗣法したのである。そこにおいて、当時、中国本土の南宋禅林に盛行した「坐禅儀」が否定され、天童如浄の正伝の仏法が、道元の帰国直後に『普勧坐禅儀』の撰述となって宣揚されたのである。

そこで次に、道元の自筆本『普勧坐禅儀』と、道元が批判した『禅苑清規』所載の宗賾の『坐禅儀』とを対比してみることとしたい。この両書の対比については、すでに先学による詳細な検討が提示されているが、ここではわかり易く、両書の「共通点」と「相違点」に分けて要約してみたい。

しかし自筆本『普勧坐禅儀』は宗賾の『禅苑清規』所載の「坐禅儀」に対する批判がもととなって撰述されたのにも拘らず、その批判を説いた自筆本『普勧坐禅儀』において批判の対象となった「宗賾の『坐禅儀』」と共通するところがあるとなれば不審に思われるかもしれない。しかし、次のような共通点が認められることについては、すでに先学により指摘されている。

共通点

坐禅の儀則については、両書ともに「百丈古清規」からの伝統を受けつぐものとみられ両書には全く同様の記述が認められ、そのまとめとして「此坐禅の要術也」と説くところなど全く一致している。また「坐禅《ハ》則《チ》大安楽《ノ》法門也」と述べ「一切時において、この定力《じょうりき》[3]（禅定力）を護持」するのであり「誠に禅定の一門こそ、最も高勝たり」とあるところなど、語句に少しく違いはあるものの説く内容に違いはない。つまり両書ともに「定力の護持」が強調され、坐禅に「定力獲得、護持」の手段としての意義が示されていることになる。

しかし、こうした「手段としての修行」は否定されるべきものであり、こののち「入越」に際して、こうした説示は削除されることとなるが、このことについては後述することとしたい。

相違点

道元自筆本『普勧坐禅儀』において、宗賾の『坐禅儀』と異なるところ、すなわち宗賾の『坐禅儀』に対する批判を示すものとしては次のような相違点が認められる。

①まず冒頭に正伝の坐禅の意義が説かれる。すなわち悟るための手段としての坐禅ではなく、「証上の修」であり、分別、知識による修行をやめ、心を外から内に翻して自己本来の面目を明らかにすることにより、身心は自然に脱落し、本来、具えている真実のすがたが現前すると説く。

②宗賾の『坐禅儀』には坐禅の儀則について述べたあと、「楞厳経《りょうごんきょう》。天台止観《しかん》。圭峯《けいほう》修証義。」を挙げて、禅病（自己流の坐禅で生じる身心の病）の魔事《まじ》（修行を邪魔して一方に偏らせる）を解消することが説かれている。

しかしこの言説は、道元の『普勧坐禅儀』においては全く削除されている。その理由としては次のことが考えられる。

○楞厳経―宋代に本経による「教禅一致」（禅以外の一般仏教の教説と禅の説を同じく一致するものとみる）が弘められたが、道元は「教禅一致」を否定し、本経を禅に依用することを強く批難した。

○天台止観[4]―天台宗では最高の悟りに至るまでの六段階を悟るために学習する修行の階梯としてい

る。これは禅定を「止」と「観」に分け「止」は精神を統一する定に通じるが、「観」は智慧によって法を思惟することをいう。これは即「悟るための学習」となり、道元が批難する「習禅」となる。

○圭峯修証義─中国唐代の華厳宗五祖圭峯が「教禅一致」の思想を弘布したもので先の楞厳経と同じく道元の非難するところである。

右のように削除されている教説は「教禅一致」や「習禅」など、道元が批難し排除した教説である。従って、この自筆本『普勧坐禅儀』においては右のすべてが排除された上、その終結の文言には「速やかに絶学無為の真人」（殊更な知識学問を離れ、本来あるがまま無為自然の人となって）、「百丈の規繩」（百丈禅師の古清規）に順って修行すべきと説かれている。

3　正法眼蔵「坐禅箴」と「古鏡」

現存する道元最初の『坐禅儀』となる自筆本『普勧坐禅儀』は、当時、諸清規の基準となっていた『禅苑清規』（崇寧《すうねい》清規ともいう）所載の『坐禅儀』に対する批判をもとに撰述されたものであることは先に述べている。しかし、この道元深草時代の『普勧坐禅儀』は道元が越前に移錫した「入越」に際して新たな展開を示すこととなる。

自筆本『普勧坐禅儀』の「文と書の性格」が「入越後」には一変し、そこに「思想と相即不離」の「文と書の性格」が認められること、また、この変移は在京時の「弘法救生」から「入越後」の「不染汚の修証」への変移を表徴するものであることなどは重要な論点を提示するものとなっている。

すなわち、道元の深草時代の教説と入越後の教説については、相反し矛盾するところが認められることから、入越後の教説については道元の「思想の変革」とまでいわれるような論議も提示されている。従ってこの問題については改めて道元の「入越後の教化の問題」として採り上げ後述することとしたい。

そこで次に、そうした教化の「性格の変化」の契機を示唆するものとして、まず、入越に際して特に改めて撰述されたとみられる『正法眼蔵　坐禅箴』に注目してみることとしたい。

この『坐禅箴』は師家に対して修行者（学人）が質問する「問答」で始まり、問答を重ねるなかで、道元の詳細な解説が加えられ「正伝の坐禅」の基本となるところが明らかにされていくという構成になっている。

そこには、つとに有名な問答が採り上げられ、仏法の道理についての問題が問答の応酬のなかで明らかにされていく。要点をとり出しわかり易く「読み下し文」に訳を付してみることとしたい。

薬山《やくさん》弘道大師、[5]坐のあと有る僧問う
「兀々地《ごつごつち》に什麼《なに》をか思量せん」
師云《いわく》、「箇の不思量底に思量す」
僧曰《いわ》く「不思量底、如何《いか》んが思量せん」
師云く、「非思量」

（訳）薬山弘道大師が坐禅のあとに一人の僧が問うた。
僧「一心に坐禅されて何を思量しておられますか」
師「思量分別しないところを思っている」
僧「思量分別しない思量とは、どのような思量ですか」
師「思うのではない、非思量である」

右のなかで薬山が説く「不思量」は兀々地（不動の坐禅）における自己のはからいをしない「無我の絶対の思量」であり、「非思量」は思量に伴う「煩悩のとらわれを脱した思量」である。
道元はさらに、薬山が示した「兀々地の非思量」について次のように説く。

兀々地は仏量にあらず、法量にあらず、悟量にあらず、会量にあらざるなり。薬山かくのごとく単伝すること、すでに釈迦牟尼仏より直下三十六代なり。……かくのごとく正伝せる、すでに思量箇不思量底あり。

（訳）端坐においては仏が思量するのではなく、法による思量でもなく、悟りの量でもない。すべての思量分別を超えたものである。

このように薬山が伝えた仏法は、すでに薬山を遡る三十六代前の釈迦牟尼仏から伝えられている。

すなわち「思量箇不思量底」こそ仏祖正伝の禅である。

以上のように釈迦から薬山へと伝えられた正伝の仏法の真義を説いたあと、道元は当時の大宋国では、おろかな輩が、坐禅は胸中に無事平穏の境地を獲得するものであると説いたり、仏法修行の基本が疎かになっていることなどについて批難し慨嘆している。

次いで採り上げられているのが南岳大慧《なんがくだいえ》禅師[6]と江西大寂《こうぜいだいじゃく》禅師という師資（師匠と弟子）の証契の問答であり、「南岳磨塼《ません》」（瓦を磨く）として知られている問答である。

道元はこの問答において実に精細な論説を加えている。また、この問答を採り上げるについて道元は、江西大寂禅師は南岳大慧禅師に参学し、その修行が認められ正法伝授の証明となる印可を与えられているのであり、大寂が修行の初心者ではないことを特に示している。すなわち、ここに説かれているのは即、練達の禅者に対する「箴」（いましめ）である。

ここでは問答の要点の部分を採り上げることとしたい。

（問答と道元の解説の意訳）江西大寂禅師が南岳大慧禅師のもとで学んでいたとき、すでに親しく印可を受けたあとも常に坐禅をしていた。南岳があるとき、大寂のところへ行って問うた。

「貴僧は坐禅をして何を図っているのか」

大寂いはく

「図作仏《づさぶつ》」（作仏を図る）

この言葉の意味を明らかにしなければならない。作仏というのはどのようであるべきなのか。仏によって仏にされるのをいうのか、仏を作仏することをいうのか、仏が一人に現出し、二人に現われること、すなわち各個人一人に作仏があるのか、また図作仏は仏と人との隔壁が脱落することなのかどうか。

知るべきである。大寂は「坐禅は必ず図作仏」であり、坐禅は必ず作仏を図る（行ずる）べきものであるというのである。

そのとき南岳は一つの瓦を手にとって石の上で磨いた。そこで大寂は問うた。

「師は何をされているのか」

この南岳の行為は誰が見ても瓦を磨いている動作である。しかしこれを単に瓦を磨く動作とみるだけで納得できるものではなかろう。

瓦を磨くというような不合理な努力はいつでも、このように「何をしているのか」と問われてきたのである。いかなる世界においても、こうした瓦を磨き続けて止まないという無目的の努力があることの意味がここに示されている。……この眼前の瓦を磨くという動作のなかに仏への通路などあるわけがないと軽率に判断するのは仏道を学ぶものではない。

南岳いはく

「磨作鏡《まそきん》」（磨いて鏡に作るのだ）

この言葉の意味を明らかにすべきである。

ここには何事も必ず切磋琢磨であるという普遍的な道理があり架空の話などではない。たとえ瓦であり鏡であろうとも琢磨するという努力によって磨塼から鏡が生まれるのである。こうした榜様（目印）を知らなければ仏祖の説く真理の表白もあり得ない。

大寂いはく

「磨《ま》塼《せん》豈《き》得《て》成《しん》鏡《きん》耶《や》」（瓦を磨いたところで鏡が得られるのか、そうではないでしょう）

まことに大寂は意志の強い瓦磨きの修行者である。ただ一心に瓦を磨くのみで「鏡に成る」とはいえない。しかし実は、聻《にい》なりとも（それはそのままがすみやかに）鏡に成っているのである。すなわち「磨即成、成即磨」である。

南岳いはく

「坐禅豈《き》得《て》作《さ》仏《ぶつ》耶《や》」（坐禅をしていれば仏に作《な》りうるのか）

ここで明らかにわかるのは、坐禅は「仏に作る」ことを期待するものではないという道理である。すなわち、ここに「坐即仏、仏即坐」という主旨が明らかにされている。

大寂いはく

「如是即是《そくし》」（ではどう考えるべきですか）

この言葉は大寂についての質問のようであるが、南岳にとっても同時に共通する意味をもつ問題の提起である。つまり「坐禅」と「作仏」との関係である。そこで南岳いはく

「如人《にょにん》駕車《がしゃ》、車若不行《しゃにゃくふあん》打車即是《だしゃそくし》、打牛即是《だにゅうそくし》」（人が牛車に乗っていて車が行かない場合、車を打つ方がよいか、牛を打つ方がよいか）

世間では打車の法などというものはない。しかし仏道にはこれがある。これが学道の眼目である。また仏道における打牛の法にも種々のものがあるから、これを進んで学ぶべきである。

「大寂無対《ぶつい》」（大寂は何の応答もしなかった）

この大寂の無語には即是の表明がある。これは答えられなかったのではない。ここに全心身の転換が象徴されている。

以上の問答に続いて、このあと南岳の独白による説示とそれに加えられた詳細な解説が記述されている。次にその要点を簡約に採り上げておきたい。

南岳、又しめしていはく

「汝学坐禅《にょがくざぜん》、為学坐仏《いがくざぶつ》」（お前は坐禅を学んでいるが、それは坐仏—坐った仏、を学んでいることなのだ）

「初心の坐禅は最初の坐禅であり、最初の坐禅は最初の坐仏である」

「坐禅は坐臥《が》ではない。坐禅とは坐るとか臥《ふ》せるとかいう日常の生活とは別のものである」

「もし坐仏を学ぶならば、仏には定相《じょうそう》—定まった姿というものはない。だからこそ坐禅は即、坐仏なのである」

「お前がもし坐仏となれば、そこには即、殺仏《さつぶつ》—仏を超越—する力が生まれてくる」
「坐相—坐禅の姿—に捉われない功夫《くふう》（修行に精進すること）により、脱落身心の修行となる」

右に採り上げた「南岳磨塼」の問答は「不図作仏《ふずさぶつ》」（仏に作《な》ることをはからない）という坐禅の根本義を示した公案《こうあん》（修行者が開悟するための研究課題とされる問題）である。

この提示者、南岳は中国禅宗の六祖、慧能《えのう》（大鑑禅師《だいかん》）の門弟である。従って慧能が体得した『金剛経』の「無所得の坐禅」を南岳も継承している。禅宗においてこの『金剛経』は初祖達磨以来の最重要経典とされている。

この南岳の坐禅も、この一切、何ものも得ようとする心のない「無所得の坐禅」であり、坐禅が仏となることを求める「有所得《うしょとく》」を否定し、「無所得、無所悟」の「作仏《さぶつ》を図《はか》らない『不図作仏』」をここに説いている。この問答の眼目は坐禅の根本義「不図作仏」であり、「修と証が一如」であることから、坐禅そのものが即、「坐仏」であると説くのである。

ところが、以上の問答と説示のあと、道元はさらに、この南岳と江西（大寂）の問答について改めて自らの見解を次のように提示している。

この問答により、師南岳も弟子江西も共にすぐれていることがわかる。
江西は坐仏による作仏を証明した。南岳は瓦を磨いて作仏の目印を示した。薬山にも先の非思量の表白があった。

このように仏祖たちが示した悟りの肝要は坐仏のはたらきである。仏法の伝来には必ずこの坐禅がその要機となったのである。

そこでまたふり返ってみるべきことがある。道元は、すでに先の問答のなかで、江西（大寂）が「坐禅は必ず『図作仏』なり」と説くところについて次のように示している。


　知るべきである、江西大寂は、坐禅は必ず「図作仏」（仏に作《な》ることを目指す）である。坐禅は必ず作仏の図であるというのである。


右の「図作仏」について道元は、この言葉をよく究明しなければならない。この「作仏」はどのようにあるべきものなのか。作仏にも種々の様相があろうという。

ここで疑問が生じる。先に「不動の坐禅」において「非思量」の「煩悩のとらわれ」を脱した境地が説かれ、「無所得、無所悟」の坐禅が説かれているにも拘らず、ここでは「作仏」を図ることについて説かれていることの矛盾である。

そこで次に、この「磨塼」の問答が、同じく道元によって『正法眼蔵古鏡《こきょう》』の巻のなかに全く同様に採り上げられているところに注目してみたい。問答は同じく南岳と大寂（古鏡では大寂を別名、馬祖道一《ばそどういつ》としている）であり、馬祖を訪ねた南岳が馬祖に質問し、馬祖が「坐禅は作仏を図す」と答え、これに対して南岳が「磨塼」を行なう。そこで馬祖が「磨塼用《よう》作《そ》什《し》麼《も》」（瓦を磨いて何にするのか）と尋ね、南岳が「磨《ま》作《そ》鏡《きん》」（磨いて鏡にする）と答えた。そこで馬祖は「磨塼豈《き》得《て》成《しん》鏡《きん》耶《や》」（瓦を磨いてどうして鏡になるのか）といったところ、南岳は「坐禅豈《き》得《て》作《さ》仏《ぶつ》耶《や》」（坐禅をしてどうして仏と作《な》るのか）といった。

右のように問答自体は全く同様である。しかし、ここで道元は次のような注目すべき文言を示している。

（訳文）この大事な問答については数百年の昔から多くは「南岳はただ馬祖の修行を励ましたのだ」と。だが必ずしもそうではない。大聖の行いは凡人の境地からかけ離れている。大聖にもし「磨塼」の法がなければ、どうして人を教化する方便があろうか。この教化の力は仏祖の生命である。この話にある南岳のわざとらしい行為が修証を伝える端的な直指《じきし》（直ちに指し示す）である。磨塼により鏡となる、この話が古来、古仏の生命として伝えつづけられたのである。

右にある「教化の方便」を特に採り上げたのは、道元が仏道修行の「心得」について説いた『学道用心集』[3]第九「道に向って修行す可《べ》き事」のなかにもこれが次のように採り上げられているからである。

仏道を修行する者は、先ず須らく仏道を信ずべし。仏道を信ずる者は……迷惑せず、妄想せず、顚倒せず、増減無く、誤謬無しということを信ずべし。是の如くの信を生じ……意根を坐断して、知解の道に向わざら令《し》むるなり。是れ乃《すなわ》ち初心を誘引する方便なり。其の後、身心を脱落し、迷悟を放下す、第二の様子なり。……人試みに意根を坐断せよ、十が八九は忽然として見道することを得ん。

右についてごく簡略に意訳すれば、先ず信ずることが肝要である。仏道修行中の自身を確信し、迷妄の本源となる意識の働きの根元を断ち思慮分別を離れよ。これが修行の基本であるが、これは即、「初心者を導くための方便」である。こうした不思量の功夫精進により、身心を脱落し大悟に至るということになる。

すなわち、ここに、南岳、馬祖の問答「磨塼」にみる「教化の方便」と共通するものがあろう。また、双方共に、意図、意識を坐断した「不染汚の坐禅」がここに示されていることになる。

ここに示された道元の教化における「善巧方便」については先に採り上げ、道元の深草時代と入越後の「教化の変化」に対応した「機の教化」の意義に注目している。また『随聞記』二十一にある「只身心ヲ仏法ニナゲステ、、更ニ悟道得法マデモノゾム事ナク修行シユク是ヲ不染汚の行人ト云也」をひき、煩悩で「染汚」されることのない意志意欲以前の「不染汚の修証」を採り上げている。また「辧道話」にある道元の説く修証が、衆生本来仏の本証の上の修行を実証する不染汚の仏の行（本証妙修）であることなど、これまでにくり返し述べている。

ここに採り上げた教説には坐禅の心得となる仏道の最も大切な機要が説かれている。

すなわち、諸覚者の悟りの最重要点は「不思量」のなかに実現すること。その実現達成は自ずから真理の証となるのであり「曾《か》って染汚なし」（初めから一切、染汚されることはない）のであって、脱落無為であると説き、修と証を二分しない「証上の修」が「不染汚の修証」として、仏道の最も大切な機要となる「只管打坐」の本義が示されている。

4 普勧坐禅儀から正法眼蔵坐禅儀へ

道元が入越の前年、仁治三年三月十八日に宇治の興聖寺において撰述した『正法眼蔵坐禅箴』の巻末には、道元自らの「坐禅箴」（箴《しん》—いましめ）が次のように記されている。

（原漢文の読み下し文）　仏々の要機、祖々の機要。不思量にして現じ、不回互《ふういご》にして成《じょう》ず。不思量にして現じ、其の現は自づから親《しん》なり。不回互にして成じ、其の成は自づから証なり。其の現は自づから親なり、曾《かつ》て染汚なし。其の成は自づから証なり、曾て正偏《しょうへん》なし。曾て染汚なき親、其の親は無委《むい》にして脱落なり。曾て正偏なき証、其の証は無図《むと》にして功夫《くふう》なり。水清く地に徹《とお》り、魚行いて魚に似たり。空闊《ひろ》く天に透り、鳥の飛んで鳥の如し。

（意訳）覚った方々の最も肝要な機《はた》らきとなるところは「不思量」（思量分別しない無我の絶対の思量のなかにあるがまま現前成就する。従って「不回互にして成ず」（何の錯雑するところもなく実現達成される）。自ずから真理の把握に至るのであり、「曾て染汚なし」（初めから一切、けがれとは無縁）で、正とか不正とかを超える証であって何ものにも依拠するところなく一切の捉われを脱落している。真理そのものの達成であり、水中の魚、空中の鳥のごとくである。

深草時代の自筆本『普勧坐禅儀』が入越後の『正法眼蔵坐禅儀』において、その性格が一変している。すなわち深草時代の自筆本にみる骨折って推敲彫琢した四六文が、入越後の『正法眼蔵坐禅儀』においては素朴簡潔な散文となり、必要な実践的事項以外、一切の文学的形象を削っているという「変移」であり、これは『正法眼蔵』各巻にみられる「語言文章」の変移と共通するところである。

つまり、自筆本『普勧坐禅儀』と『正法眼蔵坐禅儀』は共に「坐禅の儀則」を説くものでありながら、その性格は一変しているものとなる。

そこで、こうした「変改」を生じた因由となるものは何か、その要因として考量されるのが、深草時代の自筆本『普勧坐禅儀』と入越後の『正法眼蔵坐禅儀』の撰述の意義の別であり、そこに、道元の教化における課題としての、「教化の環境と教化の対象」に適応した「機の教化」すなわち「善巧方便」が見いだされる。

ここでは、先に採り上げた『正法眼蔵坐禅箴』が、「入越」に際して、特に「坐禅箴」を命題に掲げ撰述されたことの意義に注目するべきではなかろうか。

先に自筆本『普勧坐禅儀』と『正法眼蔵坐禅儀』を対比し、その異同として後者の全文をしめくくる終結に、特に新たにつけ加えられた「不染汚の修証なり」の文言に、この新たな「坐禅儀」撰述の意義が表徴されていることについて述べている。

そこで次に『正法眼蔵坐禅儀』の全文を掲げ、『正法眼蔵坐禅箴』に説示されている「坐禅についての箴言」と対比してみたい。必要な坐禅の実践的事項について述べた部分を除いて、坐禅についての箴言となる要点をみるならば両者は次のように共通するものであることがわかる。

但し、先の「文と筆跡」を中心とする考察では、この文と書にかかわるものとして、特に、終結の「不染汚の修証」の一文のみを採り上げたが、ここでは、「只管打坐」の本義にかかわるところについて述べておきたい。

先にみた『坐禅箴』巻に示されている先覚、諸祖の問答と、これに加えられた道元の教説を要約すると

○「思量箇不思量底」「非思量」
○「不図作仏」「坐即仏、仏即坐」
○「無所得、無所悟」
○「煩悩の捉われからの脱落」

などとなるが、右を通じて説かれる「正伝の坐禅」の基本を総括するものとして最後に示されているのが、道元自らの「坐禅箴」であり、そこに傍線を付したように

○「不思量」（無我の絶対の思量）
○「不染汚」（分別や意志、意欲をもって汚されない無為）

この二語がくり返し記述されている。

そこで以上の『坐禅箴』の説示と『正法眼蔵坐禅儀』を対比し、次のように『坐禅儀』のなかに共通

する語を枠でかこんでみた。

坐禅儀《ざぜんぎ》（水野弥穂子『正法眼蔵』（岩波書店）の訓読に依る）

参禅は坐禅なり。

坐禅は静処《じやうしよ》よろし。坐蓐《ざにく》あつくしくべし。風烟《ふうえん》をいらしむる事《こと》なかれ、雨露《うろ》をもらしむることなかれ、容身《ようしん》の地《ち》を護持《ごじ》すべし。かつて金剛《こんがう》のうへに坐し、磐石《ばんじやく》のうへに坐する蹤跡《しようせき》あり、かれらみな草をあつくしきて坐せしなり。坐処あきらかなるべし、昼夜くらからざれ。冬暖夏涼《とうだんかりやう》をその術とせり。

諸縁を放捨し、万事を休息すべし。善也不思量なり、悪也不思量なり。心意識にあらず、念想観にあらず。作仏《さぶつ》を図《づ》する事なかれ、坐臥《ざぐわ》を脱落《とつらく》すべし。

飲食《おんじき》を節量すべし。光陰《くわういん》を護惜《ごしやく》すべし。頭燃《づねん》をはらふがごとく坐禅をこのむべし。黄梅山《わうばいさん》の五祖、ことなるいとなみなし、唯務坐禅《ゆいむざぜん》のみなり。

坐禅のとき、袈裟《けさ》をかくべし、蒲団《ふとん》をしくべし。蒲団は全跏《ぜんか》にしくにはあらず、跏趺《かふ》の半《なかば》よりうしろにしくなり。しかあれば、累足《るいそく》のしたは坐蓐《ざにく》にあたれり、脊骨《せきこつ》のしたは蒲団にてあるなり。これ仏々祖々の坐禅のとき坐する法なり。

あるいは半跏趺坐《はんかふざ》し、あるいは結跏趺坐《けつかふざ》す。結跏趺坐は、みぎのあしをひだりのもゝの上におく。ひだりの足をみぎのもゝのうへにおく。あしのさき、おのおのもゝとひとしくすべし。参差《しんし》なることえざれ。半跏趺坐は、たゞ左の足を右のもゝうへにおくのみなり。

衣衫《えさん》を寛繋《くわんけ》して斉整《せいせい》ならしむべし。右手を左足のうへにおく。左手を右手のうへにおく。ふたつのおほゆび、さきあひさゝふ。両手かくのごとくして身にちかづけておくなり。ふたつのおほゆびのさしあはせたるさきを、ほぞに対しておくべし。

正身端坐《しやうしんたんざ》すべし。ひだりへそばたち、みぎへかたぶき、まへにくゞまり、うしろへあふのくことなかれ。かならず耳と肩と対し、鼻と臍《ほぞ》と対すべし。舌は、かみの腭《あぎ》にかくべし。息は鼻より通ずべし。くちびる・歯《は》あひつくべし。目は開《かい》すべし、不張不微《ふちやうふび》なるべし。かくのごとく身心《しんじん》をとゝのへて、欠気一息《かんきいつそく》あるべし。兀々《ごつごつ》と坐定《ざぢやう》して思量箇不思量底《しりやうこふしりやうち》なり。不思《ふし》量底如何《りやうちしゅお》思量。これ非思量なり。これすなはち坐禅の法術なり。

坐禅は習禅にはあらず、大安楽《だいあんらく》の法門なり。不染汚《ふぜんわ》の修証《しゆしよう》なり。

正法眼蔵坐禅儀第十一

爾時《そのとき》寛元元年癸卯冬十一在越州吉田県吉峰精舎示衆

（「坐禅箴」と正法眼蔵「坐禅儀」に共通する語句）※右が『坐禅箴』、左が『坐禅儀』

「不思量」
「思量箇不思量底」
「非思量」
「これ非思量なり」

「不図作仏」
「作仏を図する事なかれ」
「不染汚」
「不染汚の修証なり」

先に述べているように『坐禅儀』に一貫して説かれているものは、当時の大宋国にひろく行われていた宋朝禅のあり方に対する批判、すなわち、悟ることを目的として禅を修習することを否定する教説であり、その最後に示された道元の「坐禅箴」にみる「正伝の坐禅」の本義は、『正法眼蔵坐禅儀』の終結（枠組みの部分）に「坐禅は習禅にあらず」の一言に総括され、続く「不染汚の修習なり」こそ、諸仏祖の悟りの最機要、「不思量」の「修証一等」に、「脱落無為」の「只管打坐」の真義を表徴する箴言となっている。

『正法眼蔵坐禅儀』には、坐禅を始めようとする初心者にも、およそわかるような坐禅の儀則についての解説とは別に、新たに「坐禅箴」に縷説《るせつ》された「坐禅の機要」を示す文言が加えられ、そこに示されているのは、いずれも道元の「正伝の坐禅」の真髄であり「修証一等」と一体となる「不染汚の修証」である。

けだし、ただ自筆本『普勧坐禅儀』を部分的に抜き出し、和文に直しただけのものでは新たな撰述の意義はない。新たに加えられた「正伝の坐禅」の機要を示す文言が新たな撰述の核心を示し、全文の性格が改められ、そこに、これ以上はない簡潔さをもって新たな撰述の意義が示されている。
また次の特に枠を付した文言は、自筆本にはなく、『正法眼蔵坐禅儀』において初めて提示されたものであり、特に『正法眼蔵坐禅箴』から「坐禅儀」へと一貫する、道元の「正伝の坐禅」すなわち「只管打坐」の本義を示すものとなっている。

○「作仏を図する事なかれ」
○「思量箇不思量底なり」「非思量なり」
○「坐禅は習禅にはあらず」
○「不染汚の修証なり」

ところで道元は、自らの「坐禅箴」の撰述に際して、大宋国慶元府太白山天童景徳寺の宏智正覚《わんししょうがく》禅師撰になる「坐禅箴」のみを唯一、真に古今の仏祖に相応しいものとして讃嘆し、「かの坐禅箴をみて」自らの「坐禅箴」を撰すと示している。そこで、その宏智撰になる坐禅箴を意訳して簡約に内容の要点となるところをみると次のようである。

仏祖正伝の仏法の最も重要なところは、事に触れずして知り、縁に対せずして知るという、人為のない諸法自然にあり、初めから分別の思いがないのであって、あたかも透徹せる水中に魚影の悠々、無涯の碧空に飛鳥の杳々《ようよう》たるが如きである。(原漢文)

ここで、道元、宏智、双方の「坐禅箴」を対比してみると、まず冒頭の文言は共に全く同一の「仏仏要機、祖祖機要」ではじまり、文末に、坐禅の世界を透徹した水中の魚影や無涯広闊な空中の飛鳥に例えて説くところなど、幾分の違いはあっても、その表現する内容は同じである。しかし、当然ながら、中間の箴言となる部分に共通する文言はなく、そこには異なる表現が認められる。

次に宏智、道元の両「坐禅箴」から、箴言の要旨を示すものとなる文言、語句を採り上げてみると

（宏智）

○「事に触れず、縁に対せずして知る、人為のない諸法自然」

○「曽て分別の思い無し」

（道元）

○「不思量」

○「曽て染汚なし」

右のように用いられた語句には違いがある。しかし、宏智の説く「事に触れず、縁に対せずして知る」は諸々の事象に対する認識から生じる思量がない、すなわち「曽て分別の思いなし」の意につながるものとなり、道元の「不思量」に通じるものとなる。

ただし、宏智には、道元の示す「曽て染汚なし」の箴言はない。とはいえ、宏智の説く「事に触れ

ず、縁に対せず」の文言に、諸々の事象に「捉われない」の意を見いだすならば、そこに「不染汚」の意味をみることもできる。

しかし宏智には、道元の示す「不思量」「不染汚」といった画然たる語句はない。道元の示した箴言は、先の『正法眼蔵坐禅箴』に採り上げている先覚諸祖の問答から、宏智の坐禅箴への検討をへて浮かび上ってきたものであり、そこに、道元の正法眼蔵「坐禅箴」から同「坐禅儀」へと一貫する展開が示されている。

この展開のなかで、「不思量」「非思量」にはじまり「無所得、無所悟」「不図作仏」から「煩悩の捉われからの脱落」に至る道元の「正伝の坐禅」の基本となるところが具体的に示され、その本質が明らかにされている。つまり、すべて、煩悩から生じる「染汚」に対する戒めを明示するものとみられ、そこに宏智の坐禅箴をさらに昇華させ、道元の正伝の坐禅としての「只管打坐」の真義を具体的に提示するものとなっている。

『正法眼蔵坐禅儀』の終結の一文「不染汚の修証なり」こそ、これ以上はない明快さをもって、種々に表現された箴言を総括し表徴するものとみることができる。

注

1　百丈懐海《えかい》（七四九～八一二）　百丈山大智寿聖禅寺の開祖。中国禅林清規の開創者。『百丈叢林清規』を初めて制定した。

2　禅苑清規―宋の長蘆宗賾《ちょうろそうさく》撰、崇寧二年（一一〇三）刊。唐代に制定された「百丈清規」が散佚したあと、当時の禅苑（禅寺・禅林）に広く、行法格式の古規をたずね禅門の規矩を定めたもの。現存する清規としては最古で「百丈古規」を偲ばせるもの。

3　定力、禅定力―「禅定」は坐禅と同じ意味に用いられるが、その禅定の力。禅はインドでは仏教以前の古くから精神統一と解脱のために行われた。

4　天台の智顗《ちぎ》（五三八～五九七）が実践法として教義づけ組織づけたもの。

5　薬山惟儼《いげん》（勅諡名、弘道大師）薬山の坐禅は思量分別を越えた絶対真理を表すとして「惟儼不為」の宗風という。

6　南岳懐譲《えじょう》　中国禅宗六祖　慧能《えのう》の弟子でその法門は中国禅宗の主流となった、「磨塼」問答の相手、大寂（馬祖道一）が嗣法している。

7　板橋興宗「学道用心集のなかの信と悟について」（『悟と信の問題』『宗学研究』二二巻　曹洞宗総合研究センター）参照。

十五　道元の入越と白山越前修験道

1　入越と教化の新天地

道元四四歳の寛元元年（一二四三）七月十六日、住みなれた洛南深草の興聖寺を出立し随衆と共に北越前の山里に入った。すなわち、帰朝後の十年間、弘法救生、正法宣布の拠点であった興聖寺を捨て去り、教化の道場もない北越へと移錫した「入越」である。この入越については種々の見解が提示されているが要約してみれば次のようになる。

① 入越の動機と誘因

○比叡山天台宗徒による圧迫、迫害が動機となった。
○道元の帰依者、波多野雲州太守藤原義重が地頭であった所領、越前志比庄への勧誘に応じた。
○仁治二年（一二四一）越前波著寺《なみつきでら》の懐監《えかん》が門弟の義介《ぎかい》、義尹《ぎいん》、義準《ぎじゅん》、義演《ぎえん》など一門を挙げて道元会下《えか》に帰依した。この波著寺一門の招請により、この入越の地が選定された。

ところで以上の提説では、道元がこの入越の地にどのような「教化の環境と対象」を求めたのか判然としない。そこで、この北越の地に根本道場を移した真の理由を明らかにするものとして注目すべき今枝愛眞氏の論説が提示された。

○今枝愛眞氏は「入越の地」が全国的に巨大な教線をもっていた「白山天台」の本拠のなかにあり、先の波著寺もこの白山天台に属するものであることから、「波多野氏のほかに、これら波著寺出身の人びとのつよい勧誘があずかって力があったのではなかろうか」と説かれる。(1)

すなわち、ここに「教化の対象」として「白山天台」が指摘されている。この「白山修験道」に初めて焦点を定められた提説の意義は大きいが、ここで、問題となる「教化の環境と対象」については改めて、次の問題点に注目することとしたい。

② 教化の環境と対象

○鈴木大拙氏が「道元の正法眼蔵に於ける対告衆《たいごうしゅ》は専門家揃ひであった(2)」と指摘されるとおり、この入越地には六千坊に、軍記物にも登場する僧兵を擁し、白山修験道最大の本拠となる「白山平泉寺」を中心とする「宗教都市」的環境が成立していたこと、またそこに「研学の学僧集団」が存在していたことに注目すべきである。

○入越のときは『正法眼蔵』の示衆が最多の時期と重なっている。寛元元年七月一日の「三界唯心」に始まり翌二年三月まで約一ヵ年の間に志比庄に隣接する大野郡の禅師峯《ぜんじがみね》(3)と吉田郡（志比庄）の吉峰寺《よしみねでら》においては、三十一巻の『正法眼蔵』の示衆が行われている。

しかも、その教説に変化があり、最晩年に至っては、これまでの教説の性格を変改するかのような教説の提示があるため、道元の「思想の変化」「精神的変貌」を認めるか否かの論議も生じている。『正法眼蔵』の示衆の対象は一般民衆などではない。しかも何故、入越直後の定住の地も定まらず禅師峯と吉峰寺を転々とするなかで示衆が集中したのか。さらに最晩年に至っては「深草時代の在家中心主義」「入越後の出家至上主義」といわれるような教説の変化を生じ、そこに矛盾も生じているのは何故か、である。

以上のように、「教化の環境と対象」についてみるなかで浮かび上がってきたのが道元の教説にかかわる最大の問題、道元は入越後に「思想を変改したのか否か」である。

そこで次に、この教化の中心的な環境となり、そこに教化の対象が見出されることとなった白山修験道最大の本拠「白山平泉寺《へいせんじ》」について採り上げてみたい。

2　白山越前修験道の本拠―白山平泉寺

①『泰澄和尚伝記』

白山の開創者・泰澄の越前における最古の基本史料として『泰澄和尚伝記《たいちょうかしょう》』(4)（図1）がある。そこに説かれた泰澄の事蹟については多くの提説があり多様な論議が提示されている。

本書は昭和二八年、平泉澄氏の解読解説により刊行され、初めて一般に知られることとなったが、そこには次のような「古修験」の山林修行者としての泰澄の性格がうかがわれる。

奈良時代に「道教」や「古密教」の禅定により呪験力を得た禅行僧「禅師」がその除災招福の験力の

なかで最も強く要請された治病効験の実践活動を行う「看病禅師」としての性格が認められる。

泰澄を山林修行で験力を得た実践修行者「看病禅師」とみることにより、これまで無視されるか、単なる潤色として片づけられてきた『伝記』の記述、すなわち、泰澄と行基、道昭、玄昉など有名な奈良時代の高僧とのかかわりについて新たな視点が見出される。

白山の開闢は養老元年、越の大徳、泰澄が大野の筥川《はこがわ》（九頭竜川）の東、伊野原の林泉で神告を受け、白山天嶺に登頂し、白山三峯の神々とその本地の仏身を感得したことにはじまる。

しかし、泰澄については正史に記載がなく信頼できる史料も殆どない。従って泰澄の伝承の多くは潤色によるものとみられるのが一般である。修験道の開祖に仮託される役小角《えんのおづぬ》の実在については疑う余地がないとみられているのに対して、同時代の共通する性格の存在でありながら、泰澄については否定的な見解が多い。

とはいえ、泰澄による白山の事蹟は平安中期頃から越前、加賀、美濃の登拝道の基点となる三馬場を中心にひろく伝えられ、この『伝記』をもとに白山信仰は体系化されることになったといえる。

『伝記』に示された泰澄と、のちの平安後期における白山修験道以降の白山越前馬場平泉寺との余りの性格の違いから「泰澄を単純に後世発展した白山修験道の源流に位置づけることは慎むべきであろう」とする見解があるが、ここでむしろ、泰澄の白山開闢から、

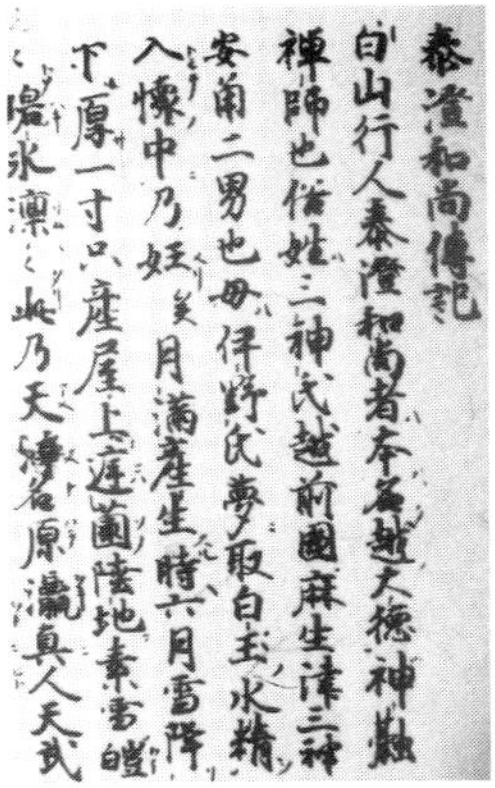
泰澄和尚傳記
白山行人泰澄和尚者本名越大徳神融
禅師也俗姓三神氏越前國麻生津三神
安角二男也母伊野氏夢取白玉水精
入懐中乃妊矣月満産生時六月雷降
下厚一寸、産屋上庭園陰地素雪皚
皚氷凛々此乃天浄名原瀛真人天武

（図1）『泰澄和尚伝記』巻頭

（図２）白山平泉寺本社参道

（図３）白山社境内の「平清水」（御手洗池）

のちの白山修験道への発展について、改めて検討すべきであろう。そのため、古跡や建造物、景観、さらにこれまで採り上げられることのなかった「地理的条件」からの考察も注目すべきものとなる。

修験道は理論、教理ではなく、実践的な宗教であって行跡と行場を離れての考察は難しい。そこで「平清水《ひらしみず》の白山社」が、どうして大きな武装勢力の僧兵を擁し、いわゆる比叡山延暦寺の三千坊に対し、六千坊と誇称するように発展したのか、また先に「宗教都市的な平泉寺」と述べているが、この平泉寺が如何にして越前国における政治、経済、文化などの中心的な位置をもつに至ったのか、である。

② 平泉寺境内古図と遺跡

この平泉寺境内古図（図4）を一見して甚だ不審に思われるのは、およそ社寺の境内には相応しからぬ南北両谷の密集した家並みの景観である。これまでこの南谷三千六百坊、北谷二千四百坊、合せて六千坊という夥しい坊舎の構成規模については無視されるか、否定的な見解が殆どである。

とはいえ、永享六年（一四二四）成立とされる『平泉寺大縁起』には、平泉寺南谷の「妻帯者」と北谷の「清僧」の別（図5）が示されている。

また室町時代の『鹿苑院蔭涼軒日録《ろくおんいんいんりょうけんにちろく》』(5)の明応二年（一四九二）三月二五

日の条には、平泉寺法印の大半が妻帯するなかで、大峰《おおみね》入峰《にゅうぶ》八度という「無雙之《むそうの》験者《げんざ》」である平泉寺の「杉本栄佑法印」が「清僧行者」であることについて殊更に特記されている。

しかし、北谷の坊院跡はすべて耕地整理された水田となり、南谷の坊院跡は現、勝山市平泉寺町として宅地化された現状から昔日の面影をみることは不可能となっている。こうして、この境内古図に示さ

（図４）白山平泉寺境内古図（平泉寺白山神社蔵）

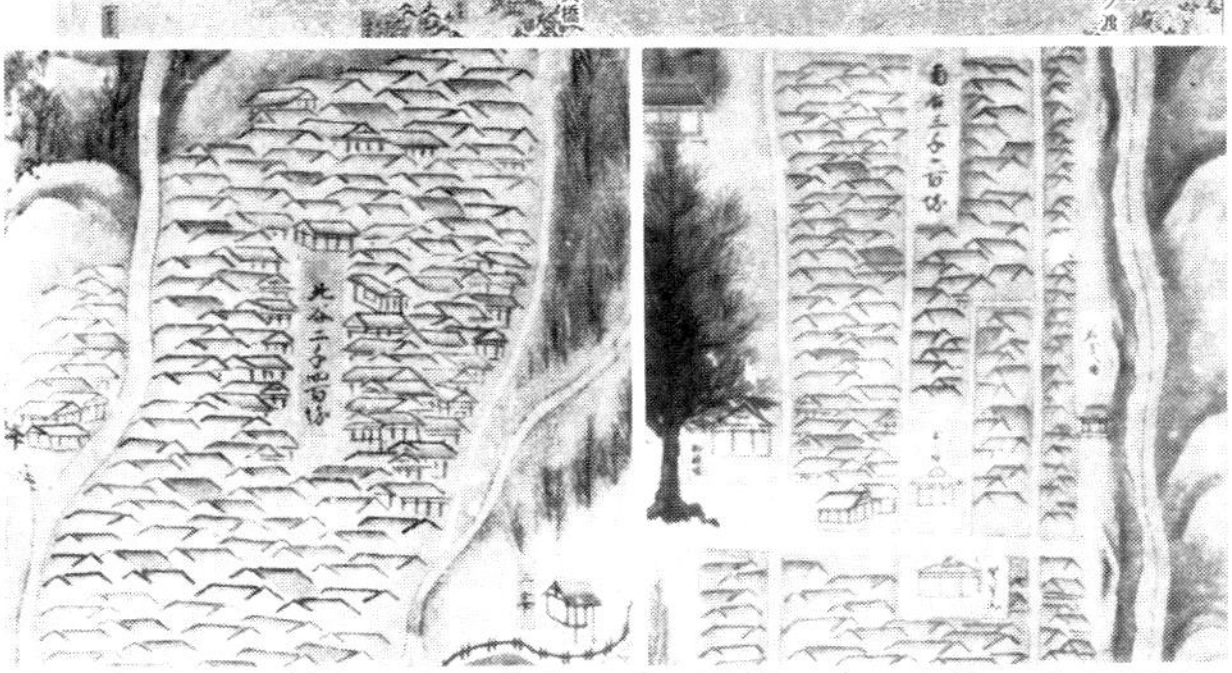

（図５）古図の拡大。左＝北谷二千四百坊、右＝南谷三千六百坊

れた景観については、これまで、いわゆる「平泉寺六千坊」という甚だしい誇張を表現するものに過ぎないとみるのが一般となり、現状の閑寂な山間の地にこのように密集した家並みが生じていたのか否か検討されることなく、うち過ぎて来た。

ところが、平成元年から開始された勝山市による発掘調査の結果、古図にある密集した家並みも、あながち不当な表現とはいえない遺跡の実状が明らかとなった。(6)

（図６）南谷坊院跡に発掘された石畳の街路

（図７）出土した甲冑の破片

（図８）本殿社壇と三十三間長床

すなわち、整然とした石畳に側溝を配した街路で区画された坊院群の屋敷跡も広範囲に出土し、平成九年には「国史跡白山平泉寺旧境内地」として約二〇〇ヘクタールが指定されている（図6）。また発掘地からは瀬戸・美濃・信楽などの陶磁器と共に、より多くの中国・朝鮮から舶載された陶磁器、茶道具、生花具や甲冑の破片も採取されている（図7）。

③ 大拝殿など社殿の規模

境内古図で南北両谷の景観と共に目をひくのは壮大な三十三間大拝殿である。切妻造で壁面上部を吹放しにしていることから修験道の修行場である「長床《ながとこ》」とよばれる礼殿《らいでん》であることがわかる。古図を一見して壮大な規模とわかるが、現存する礎石の実測により、間口四五間、奥行き七間余という、恐らく、わが国最大の長床であったかとみられる規模がわかる[7]（図8）。修験道寺院の規模は「長床衆」の数によって決まるといわれることからも、往昔の平泉寺の勢力がうかがわれよう。

また古図には巨大な講堂が描かれているが、その礎石も遺存している。神仏習合の山岳修験が修する講経法会、すなわち白山では荘厳勧学講が行われた場所であり、その礎石の現状にも巨大な白山平泉寺修験道の性格が顕示されている。

④ 奥州藤原秀衡との交流

『大縁起』には、これまで全く徴証をみることもなく、ただ誇大な潤色とみられてきた伝承が記述されている。平泉寺と陸奥《むつ》の豪族、藤原秀衡《ふじわらのひでひら》との交流である。

白山大権現を深く信仰した秀衡は、寿永二年（一一八三）、白山天嶺大御前に十一面観音、六道地蔵

（図９）石徹白金銅虚空蔵菩薩坐像

尊の銅像を、平泉寺には数々の宝物を奉納した上、黄金千斤を交えた大梵鐘を鋳造して三の宮へ寄進した。秀衡はまた、奥州の居城を「平泉寺」に倣って「平泉館《ひらいずみのやかた》」と名づけた上、慈覚大師が中尊寺を開創するや、白山大権現に伊弉冉尊《いざなみのみこと》を祀り、中尊寺には十一面観世音を安置した。境内に平泉《ひらいずみ》と名づける霊泉があり、境内の社堂の神仏を悉く平泉寺と同一にした上、愛孫の一人を平泉寺に遺し金台坊と号したとある。しかし、平泉寺と奥州藤原氏にかかわるところについての論考が採り上げられることは殆どないのが一般であった。

ところが昭和六一年、井上正氏の論説「美濃・石徹白虚空蔵菩薩坐像と秀衡伝説」（『佛教藝術』一六五号　佛教藝術学会　毎日新聞社刊）において初めて、平泉寺と奥州藤原氏との交流について採り上げられた。白山登頂の中居《ちゅうきょ》（中宮）となる石徹白《いとしろ》白山中居神社（白山上の神殿）と平泉寺旧坊院顕海寺（下の神殿）に祀られた金銅仏、虚空蔵菩薩坐像（上）（図９）、阿弥陀如来坐像（下）の二軀と中尊寺に伝わる秀衡の念持仏一字金輪坐像を併せた三軀の作風を精緻に検討され、その上で石徹白にのこる「上杉系図」とよばれる史料と当時の政治的状況から、この上・下神殿の両像は、秀衡が三男忠衡を代表とする上村十二衆を遣わして白山権現の両神殿に奉献したものであることについて論証されたのである。

以上のように、道元入越当時の平泉寺盛期の実状をみることにより、初めて、道元が教化の地として、この白山修験本拠の地を選んだことの因由が理解されよう。

すなわち、道元の入越は単に洛南深草における迫害からの逃避行ではなく、この修験の宗教都市を中心とする境域に新たな「教化の環境と対象」を求めたからに外ならない。

しかし、未だ疑問は残る。当初は「三社の社壇のみであった平清水の白山社[8]」がどうして、六千坊といわれた集団を擁し、わが国中世最大の宗教都市ではなかったかとみられるような社会経済的基盤を成立するに至ったのか、特に都市的な人口の集中とその講成の基盤は何であったのかについての問題が残る。

注

1 今枝愛眞『道元 坐禅ひとすじの沙門』(NHKブックス 日本放送協会 昭和五一年)

2 鈴木大拙「禅思想・坐禅箴」(『鈴木大拙選集』第二巻 春秋社 一九五二年)

3 白山平泉寺本社の方一里を隔てるという境内四至《しいし》の社の一つで禅師王子の神(本地、地蔵菩薩)を祀る。

4 白山の修行僧浄蔵が口述し、越知山大谷寺を興隆した神興の筆記になる「天徳の古伝」といわれる「泰澄伝」の最古の写本「金沢文庫本」を底本とし、平泉寺伝来の「平泉本」などを対比校合して公刊された。

5 竹内理三編『続史料大成』(二五巻5 臨川書店 一九七八年)

6 発掘調査報告書は23集まで発刊しているが、概要は次の一冊にまとめられている。『よみがえる平泉寺――中世宗教都市の発掘』(勝山市 平成六年)

7 上田三平『越前及若狭地方の史蹟』(歴史図書社 昭和四九年)

8 豊原春雄家文書『白山豊原寺縁起』(『福井県史』史料篇4 昭和五九年)

十六　道元の教化と宗教都市平泉寺

1　宗教都市成立の「経済地理的要因」

道元の入越直後の教化の環境において『正法眼蔵』の示衆が最多の時期を迎えていたこと、しかもその教説には深草時代の教説の変改、逆転があり、矛盾を生じていることなどについてはすでに述べている。

これまでこの「思想の変化」の問題を「白山越前修験道」との関係から採り上げて具体的に考察されることはなかった。しかし、この入越による「教化の環境と対象」の変化は、道元入越後において、道元の「思想に変化を生じたのか否か」についての問題の重要なキーポイントとなるものである。

そこで次に、これまで採り上げられることのなかった「経済地理的視点」からの考察を提示したい。

①平泉寺金山「金龍鏟」

平泉寺を中心とする領域は白山火山列の西側に位置している。日本の浅熱水《せんねつすい》金鉱床（地下浅くで熱水の作用によってできた）は火山列の西側に存在するとの説[1]どおり、現在、世界一の高品位金鉱床といわれる菱刈金鉱床も霧島火山列の西にある。

（図1）霊山（現三頭山）に遺る金山跡の坑口

（図2）忘却されていた平泉寺金山跡に近年まで多く散乱していた金鉱石。灰黒色の縞（銀黒）のなかに金の細粒が散在している

九州大学名誉教授（鉱床学）の井澤英二氏によれば、平泉寺金山（図1）の金品位は「平均の金品位がトン当たり一〇グラム前後ではあっても、赤褐色の粘土脈（金龍鏈《きんりゅうひ》）には一〇〇グラム以上の高品位もあったとされる」(2)（図2）。

また大阪通商産業局の調査報告によれば、金龍鏈枝脈でトン当たり二二九グラム、金龍鏈西引立で一八七グラムの金品位などとあり、「金鉱として優秀な鉱石を産することは明らかである」と示され、准重要鉱山に指定されていた。

戦国大名の重要な経済基盤として鉱山、なかでも最も直接的な金銀鉱山の開発が知られている。特にこの時代には砂金の採取から金銀鉱石を掘り出す山金《やまきん》の生産へと移行し産出量が増大している。「平泉寺と奥州藤原秀衡との交流」も「陸奥の砂金」と「平泉寺金山」という共通する経済地理的条件に注目することにより意味が通じることとなろう。そこに京の金の仲買人、金売吉次（本来的な性格は熊野の聖、修験者であった）(3)が登場するが、『義経記《ぎけいき》』にある義経が平泉寺を経て奥州への逃避行の道もいわば修験の道であったとみられよう。

また秀衡による平泉寺への巨大な黄金鐘の寄進にまつわる伝承(4)なども浮

かび上ってくる。

②「平泉寺境内古図」の「霊山」と三千六百坊

「平泉寺境内古図」にみる特異な様相も「平泉寺金山」に注目することにより、初めてその境内構成の意味が理解されることとなろう。

平泉寺金山は「境内古図」(図3)には、南谷の上方に「霊山」(現名称は三頭山《みつがしらやま》)として示されている。「金山」を「霊山」として標示するのは中国道教による。今も道教の地名が残る中国では山東省棲《せい》霞《か》県の金の産地に「霊山」の名称がある。

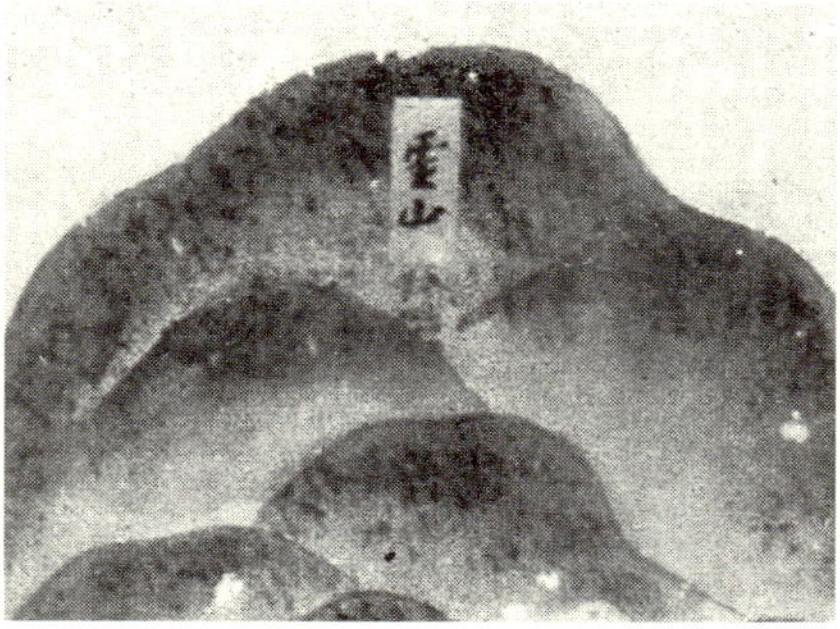

(図3)境内古図に「霊山」として示されている平泉寺金山

南谷には妻帯者が住んだというが、そこに山金の鉱石の採掘、選鉱、金の採取に至る各職種の金山《かなやま》衆《しゅう》が含まれていたのではないか。「霊山」から南谷を女神川《おながみがわ》沿いに西に下ると「金坂」から「構口門《かまえぐちもん》」に至る。唯一この道だけが南谷を直進して縦貫し、その出入口として大きな石垣の「構口門」が目につく。構口門は、かつていずこの鉱山にもあった鉱山への不用、不審の者を禁ずる関門とみるほかはない。北谷に番所がないのは採金にはかかわりのない清僧の僧坊だからであろう。南谷の街路に「金坂」の地名があるのも金の搬送にかかわるものかも知れない。

③三千六百坊と鉱山町

修験道と鉱山の結びつきに道教の神仙術がある。山林修行者としての山伏が、その先行者である山人の探鉱と採鉱の技術を伝承していた。

白山の西に連なる越前大野郡の山並みが、わが国有数の鉱山地帯であり、しかもその総数約五〇を記録する鉱山群が多少の違いはあるにせよ、すべて金、銀、銅を含んでいた。なかでも白山三峰の西麓となる平泉寺背後の登拝道に接した「平泉寺金山」とその南の現大野市阪谷地区の「坂谷金山」は修験道と金山の結びつきを象徴しているかのようにみえる。

そこで思い合せるのは、こうした山間の地に異常に密集した家並みが生じる要因として知られる鉱山、なかでも、金山の開発である。因みに甲斐金山の「黒川千軒」、佐渡の金銀山の「上相川千軒」で知られるように、平泉寺と女神川を隔てて隣接する「坂谷金山」の採掘時には「一千三百十六戸の戸数を有せし金山町として繁昌し、今尚、街路整然、長篠町、四番町、一番町、長存坊屋敷、親方屋敷、近善町、歌舞伎野、取立、牢屋敷、成敗田等、其地名そぞろに当年の盛時を偲ばしむ」また平泉寺との関係については「一文書には全村其の所領たりしを載す」[5]とし、全村に平泉寺三千坊の遺跡、寺跡があるとの記述がある。

さらに平泉寺の北に続く現勝山市北郷地区の細野口《ほそのぐち》と檜曽谷《ひそだに》の両銀山にもその盛時にはそれぞれ「新《しん》町《まち》」「新町《あらまち》」という街並みが生じていた。すなわち平泉寺南谷三千六百坊に金山衆が含まれていたとみるならば、その夥しい人口集中についての疑問は初めて解消されよう。

しかし、『朝倉始末記』に「玉樓銀閣数千坊、終宵酒宴亦歌会」「寺内院々坊々、朱欄金台玉殿甍《いらか》を並べて造立」とあり、一乗谷朝倉氏と結ぶ最盛期を迎えた平泉寺も、天正二年(一五七四)、一向宗徒との戦いで全山焼亡壊滅するに至った。近年の発掘調査の結果、中国陶磁器を含む貴重な文房具、茶道具などの出土があり、朝倉氏遺跡と共通する時代と文化の性格が認められている。

2　道元の教化と白山平泉寺修験

平成元年に開始された「白山平泉寺発掘調査報告」によれば、平泉寺は大規模な堀と土塁をめぐらし、砦や帯曲輪などを備えた城塞として構築されていたことが明らかにされている。また南谷坊院跡には、半地下式の貯蔵庫と考えられる場所などから甲冑の部分となる胸板、脇板、小札《ざね》、鉄鏃《てつぞく》（やじり）も発見され、南谷から出土した陶器のなかには、内面に鉄漿《しょう》が付着した「お歯黒壺」もあった。それに昭和四十九年の平泉寺墓地の墓碑銘調査によれば、法印、法眼、法橋など、僧位を記した碑銘と共に、禅定門、禅尼、居士、大姉、童男など、俗人の法名も認められている。すなわち『霊応山平泉寺大縁起』などの説く、荘園領主としての平泉寺が僧兵の戦闘集団を擁し、当時の破戒無慙な現世主義を象徴する様相を示すものであったことは明らかとなる。

この南谷が金山の開発にかかわり、平泉寺の勢力拡大の基盤となっていたとみるならば、このあとで採り上げることとなる「中古天台本覚思想」と結びついた修験道の教義による「絶対的一元論」が徹底した現世主義を生み出すこととなるのは至当なことであろう。従ってのちにその絶対的一元論による破戒無慙な南谷の性格は、やがて南谷の宝光院と玉泉坊という兄弟僧の私闘に端を発する内部抗争を生じ、そこに一向宗徒の攻撃をよび込むこととなり天正二年（一五七四）、一山焼亡壊滅することとなる。

とはいえ、その一方で南谷の「妻帯」に対し、北谷の「清僧」の別があったということは、多分に南谷の現世主義に批判的な僧衆が存在したとみるべきではなかろうか。その状況のなかで「持戒持律の清僧は年々に減じ无慚《むざん》放逸の妻帯は月々に繁茂す。天台別院の瑕瑾《かきん》可《シ》レ恥可《シ》レ悲《シム》」(『朝倉始末記』)の状況を現出しつつあったのである。

そこで想起するのは、当時の叡山に弥漫《びまん》浸透していた「中古天台本覚思想」に対し、叡山内部からも糾弾されていたことである。

となると、南谷の徹底した現世主義に対する北谷の清僧の別があったということは、その現世主義に批判的な僧衆が一部にせよ存在したこと、それ故、修験道の平泉寺においても、「清僧」として特に別格の境域北谷が弁別されていたことの意義が見出されることとなろう。

道元の入越において、会下の僧衆の根幹となった僧衆は、もともと平泉寺白山修験と密接な関係にあった「波著寺」を拠点とした大日房能忍の僧団から転じた人々であった。

となれば道元が白山修験に対するとき、後述するように絶対的一元論による徹底した現世主義の「中古天台本覚思想」に通じるところのある「修験道独特の教義」に如何に対処し教化すべきか、という緊急にして不可避の重要な課題に直面することとなる。

従って、この入越を機として、その直後から翌年にかけて『正法眼蔵』の示衆が最多の時期、すなわち教化活動の最盛期を迎えることとなったのであろう。

また、このような状況下での教化において対応すべき「対機の教化」が生じるのは必然となろう。特に、平泉寺の清僧と妻帯者の別にかかわるところが教化における不可避の課題として浮上することとなる。しかもすでに大きな社会経済的基盤を有していたとみられる平泉寺の勢力を支えていたのが南谷の妻帯僧を中心とする古修験以来の金山開発であったとみるならばどうか。そこで深草時代と同じく「在家・出家」「男女の別」を問わず世間の務め、経済活動も仏道修行を妨げるものではないとする教説を真の仏法と説いたならばどうなるかである。

つまりここに「入越後の思想の変化」の問題があり多くの論議を生じたゆえんがある。

日本独特の修験道は道教と古修験の影響をうけ秘密を重んじ「得体の知れない修験道と化し、史料と伝承のみならず実地調査により初めて開明する部分が大きい」といわれるが、筆者が「白山火山列西麓の金山」を知ったのは平成元年のことであった。当時の勝山市平泉寺郵便局長大六《だいろく》繁二氏から、すでに地元でも忘却されていた三頭山山腹の金山跡についてご教示を頂き、現地を知る山本周次郎氏のご案内により初めて現地の実状を知ることができた。その後、勝山市により現地に「平泉寺金山跡」と記す石柱も立てられ一般に知られることとなった。

通常、社寺の歴史において特に地理的な考察、それも鉱山町の成立とかかわるところが注目されることは殆どないであろう。しかし、これまでの検討により平泉寺妻帯僧の僧坊南谷の特異な構成、境内古図に「霊山」と標示された金山から金坂、構口門へと直進する街路が即「鉱山町」の性格を示すものと認めるに至ったわけである。まさに吉田松陰の説く「人事をきわめんとすれば先ず地理を見よ」に即するものといえよう。

〈白山越前修験道と金山の参考資料〉

岩井孝樹「泰澄と白山越前修験道」（『佛教芸術』二九四号　毎日新聞社　平成一九年）

同右「越前国平泉寺　金龍の鉱脈」（『歴史読本』五六巻七号　新人物往来社　平成二三年）

特別展「白山越前の修験道」（図録大野市歴史博物館　平成一九年）

注

1　井澤英二『岩波科学ライブラリー5　よみがえる黄金のジパング』（岩波書店　一九九三年）

2　井澤英二「火山と金山」（特別展「白山の金山」図録　大野市歴史博物館　平成一八年）

3　佐野賢治『虚空蔵菩薩信仰の研究』（吉川弘文館　平成八年）

4　岩井孝樹「越前の平泉寺　藤原秀衡の黄金鐘」（『別冊　歴史読本』18巻19号　新人物往来社　平成五年）

5　『福井縣大野郡坂谷五箇村誌』（坂谷五箇両村組合役場　昭和四年）

〈参照〉

『よみがえる平泉寺　中世宗教都市の発掘』（勝山市　平成六年）

萩原三雄「選鉱技術について」「黄金の国々」（展観図録　甲斐の金山と越後・佐渡の金山「黄金の国々」展実行委員会　山梨県立博物館　新潟県立博物館　平成二四年）

十七　平泉寺修験に対する教化

1　教化開始の「平泉寺禅師峰」

寛元元年（一二四三　道元四四歳）七月、入越した最初の教化となる『正法眼蔵三界唯心』の示衆は越前大野郡南袋《みなみぶくろ》の九頭竜《くずりゅう》川沿いにある「禅師峰」で行われた。

（図１）禅師峰寺

『正法眼蔵』の奥書に「禅師峯頭」「禅師峰下」「禅師峰下茅庵」などとあるこの地には現在、補陀落山禅師峰寺（図1）（曹洞宗）がある。当寺に遺された伝承には、もと平泉寺の寺坊であり、本尊として白山の本地仏十一面観音を祀っているとの由緒があるが、この禅師峰はもともと注目すべき特別な地であり特異な性格をもっていたのである。

すなわち、この地は宗教都市平泉寺の一里四方を占めていたという境内地西南の境界となる四至《しいし》の一つであり、白山修験道の神「禅師王子」（本地地蔵菩薩）を祀る社があり、附属する坊院（図2）が存在したところとみられる

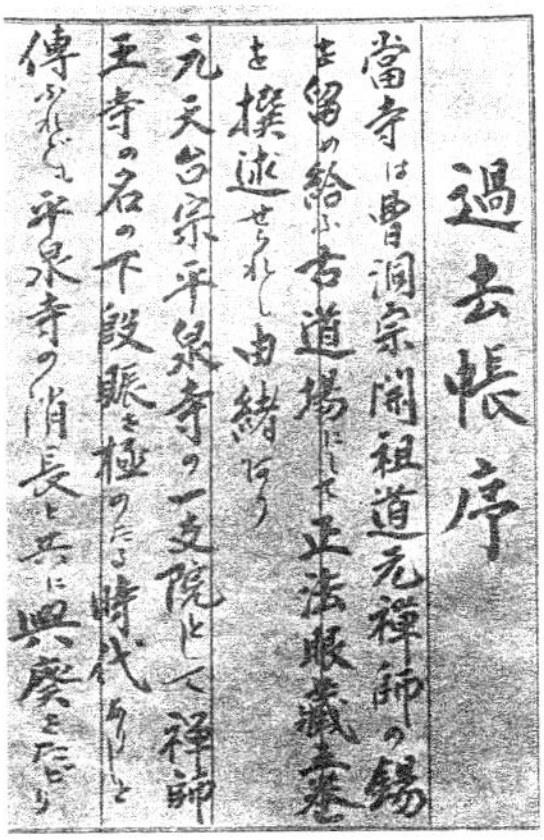

過去帳序

當寺は曹洞宗開祖道元禅師の錫
を留め給ふ古道場にして正法眼藏七十五巻
を撰述せられし由緒なり
元天台宗平泉寺の一支院として禅師
王寺の名の下に殷賑を極めたる時代ありしと
傳ふれども平泉寺の消長と共に興廃をたどり

（図２）

（図３）吉峰寺

のである。

また、入越当初のもう一方の留錫地であり、安閑の古寺として知られる吉峰寺《よしみね》（図３）は大野郡に隣接する越前吉田郡上志比《かみしひ》にあり、共に平泉寺白山修験の領域にある。つまり道元は平泉寺本社を護る白山修験の中心圏に入ったのであり、竹内道雄氏が「北越入山に当たっての白山天台の勧誘と厚意に応え」「最初の説法の場所として禅師峯頭を選んだのであろう」(1)と説かれることに通じるものとなる。

さらにこの禅師峰が、入越の教化最初の地となったことには次のような要因が考えられる。

一般に入越した道元が道場を開いた地は深山幽谷であったようにいわれているが、この「禅師峰下の茅庵《ぼうあん》」は異なっている。禅師峰と共に入越当初の示衆の地となった吉峰《よしみね》古寺のように山あい深い地とは違って禅師峰山麓の坊院は山裾とはいえ、大野盆地の平野に面し、大野郡南袋（現大野市）から同北袋（現勝山市）への街道にも近い。

また禅師峰の山並みは南袋と北袋の境界となっていて大野盆地の北面を囲むような形で九頭竜川の流れに突出して、そこに「大野の隈《くま》」をつくり出している。その為、大野盆地の中を並行して流れ下る、真名川《まながわ》、清瀧川《きよたき》、赤根川《あかね》などの河川はすべて、この禅師峰下の山麓で九頭竜川に合流し一本化して北袋へと流れ下っている。つまり諸河川が一本化したことにより対岸へ渡る川幅が小さくなり、対岸への最も近い渡し「筥《はこ》の渡し」が成立している。事実、昔の「筥の渡し」と並行した形で現在、ここに大野と勝山を結ぶ鉄橋があり、奥越では交通量が最多の架橋となっている。

すなわち泰澄が白山登頂を目指し、この「筥の渡し」によって対岸の大渡りから伊野原《いのはら》東の林泉「平《ひら》清水《しみず》」（平泉寺境内の湧水地）の地に至ったのであり、ここに今は忘却された交通の要地の姿が浮かび上ってくる。

2　道元の教化と白山修験の遺跡

道元の伝記として古く信憑性も高いといわれる『建撕記《けんぜいき》』の面山による注記には

祖師モト叡山ノ僧ナレバ、コノ禅師峰ニ天台ノ僧侶多キユヘ、聞法ノ為ニ請ゼシナルベシ

とある。ここにいう天台の僧、実は白山修験に対する道元の教化活動があったであろうとするこの記述については、入越の原因が比叡山天台宗徒の圧迫をさけるためであったことから理解し難いとする見解が多い。

しかし道元入越当初における教化が天台僧すなわち平泉寺の白山修験を対象とするものであったことは疑い得ないのではないか。また先述のように、その最初の教化の地となった「平泉寺禅師峰」の大野

郡南袋と北袋を結ぶ交通の要地に近接する地理的条件を考えれば、この地が教化の新天地に到着した最初の示衆の地となったことについての疑問は解消されよう。

そこで問題は、面山のいうとおり、道元の入越した頃、この禅師峰のあたりに天台の僧である白山修験が多く居住、もしくは参集したのか、その証跡が遺されてはいないか、である。

平成元年五月、当時の大野市史編纂室長小倉長良氏と同主任藤本康夫氏、それに私を加えた三人で禅師峰寺の背後の連山に登り、七〇〇メートル近い峰々の実地調査を行った。目的は史料に記された白山修験の遺跡らしきものが存在するか否かの確認である。

史料としては先ず「越前国大野郡大矢戸《おやと》村明細帳」[2]（宝永七年＝一七一〇）に

> 導元（道元）御経之岩屋　当村あまご（雨乞）山に御座候

という項目で一連の記述がある。その内容は道元禅師が永平寺開創以前に弟子二人と共に雨乞山の岩屋に籠った。その時、経の文字を岩に彫りつけたものが遺っているというものである。また、この岩に彫りつけられた経の文字なるものについては、『越前地理指南』[3]（貞享二年＝一六八五）に

> 安永の初年登遊せし人の筆記に、右石面の文字連続して読得たるハ、慈聖坊・台眼坊・最妙坊・慈仁房・康治元歳、是等の外一字宛は分明に見ゆるあれと、連続して読得へきハ無之由なり、云々

とある。ここに記されているのは白山修験の坊名ではなかろうか。

先の文書にいう「あまご山」は禅師峰寺の裏山の峰つづきであり、この山中にかなりの遺跡があることは以前からよくいわれてきた。「行人窟」といわれる岩屋があり多くの文字が彫られた岩があること

も知られていた。しかし、これを白山修験の修行場として調査されたことはない。ところが、これらの文書にみる遺跡の様相は白山修験の遺跡としての性格を十分に窺わせるものであろう。

実地調査の結果、数多く彫りつけられた文字は経文ではなく、修行者の坊名と年記であることが判明した。つまり『越前地理指南』の記述と合致する。また藤本氏が拓本をとられたことによって始めて判読可能となったが「乗楽坊」「最妙坊」「禅十坊」「台眼坊」などがあり、江戸時代の記録と一致するものもあるが風化が甚だしくこの他は読みとることは不可能であった。

しかし目をひくものとして、多くの坊名のなかで唯一の寺名「並月寺」があった。白山信仰の寺に並《なみ》月《つき》寺はない。ただ読みを同じくするものとして「波著《なみつき》寺」があるのみである。そこで、自然石の素面への刻字として複雑な「波著」を避けて、より簡明な「並月」の当て字をもって刻したものとみることができるのではないか。ここに改めて、平泉寺修験に加えてこの禅師峰に波著寺と道元会下の僧衆という一連の僧団の結集の地としての証跡が認められることとなろう（図4）。

さらに年号では「康治元歳」（一一四二）のほか新たに「建保五年正月」の注目すべき年記を見つけることができた。「建保五年」（一二一七）は道元が入越した寛元元年（一二四二）を二六年遡る年代である。また続けての「正月」は、重要な事実を示唆するものとして後述することとしたい。

この行人窟は巾が二〇数メートルを越し、高さも一〇メートル以上はあろうという巨岩の下にある（図5）。峰から下ったこの周辺には巨岩が多く積み重なって壮観である。なお修験道の「入山の符呪」といわれる「九字」を刻した岩塊（図6）が禅師峰山中や平泉寺四至内の所々に見出された。中国古代

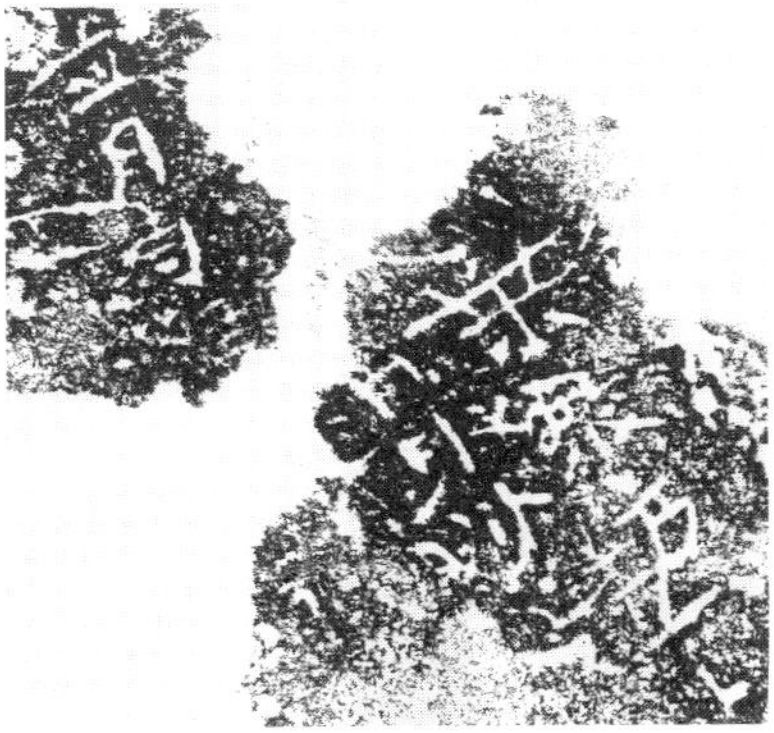

右写真の拓本

（図４）行人窟の刻字写真
「並月寺」（波著寺）

（図５）行人窟

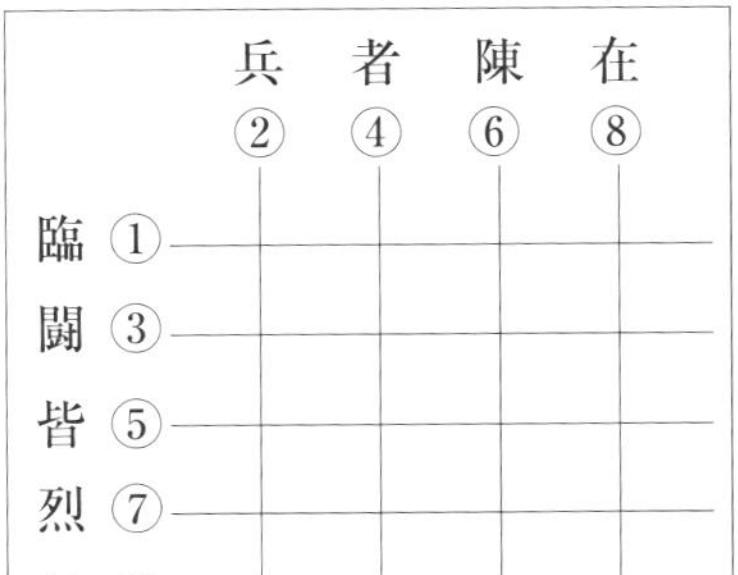

九字法（四縦五横）

（図６）岩盤上に刻された九字

の道教からとり入れられたといわれるもので「九字の大事」として『抱朴子《ほうぼくし》』巻十七登渉《とうしょう》に道士が入山の際、魔障をさける護身呪として唱えるものとあるが、当地では「天狗の碁盤」などと呼ばれ、これが道教または修験の遺跡として採り上げられたことはない。

さて以上のように、当初その信憑性に疑問もあった江戸時代の記録とほぼ合致する遺跡が明らかとなった。すなわち禅師峰の周辺や山麓には白山修験の居住、参集のあったことが考えられ、先の面山の『建撕記』注記の説も理解されよう。さらに続いての記述「聞法ノ為ニ請セシナルベシ」にも頷けることとなろう。ところで先述した『建撕記』には、道元が酷寒の冬十一月から二月にかけて吉峰寺と禅師峰を往復したとあるが、これは何を意味するのであろうか。

3　道元の教化と修験冬の行場

道元が吉峰寺と禅師峰の間を往復したのは寛元元年十一月から翌二年二月頃までの厳寒期である。『三祖行業記』(4)に

弟子の義介が典座《てんぞ》(食事などの雑事を司どる役僧)となり、喜んで奉仕に当ったが、寛元元年の冬は殊に雪が深く、八町の曲り坂を料桶を担って食事を運んだ(原漢文)

とある。

現在の吉峰寺への道は一〇〇メートル余の曲折する急坂が連なり、この記述と一致する。こうした不便を避けて冬の厳寒期だけ禅師峰へ移行したとも考えられる。確かに渓谷を深く遡る吉峰寺と違い「禅師峰下茅庵」という禅師峰の坊院は平野に面し交通の便もよい。しかし、それでは『建撕記』に

寛元元年霜月一日ノ時分ヨリ、二年二月ノ此マデ、禅師峰ト吉峰トノ間ヲ往来ト覚ナリ

という両所間の往復をどう理解すべきか。禅師峰では『正法眼蔵』「見仏《けんぶつ》」「遍参《へんざん》」「眼睛《がんぜい》」「家常《かじょう》」「龍《りょう》吟《ぎん》」の五巻が示衆されている。しかも厳寒の越年期に集中しているため深い雪の中、長時間かけて出向いている。両所間の距離は二〇キロ近く好天でも一日はかかる。こうした特別の教化にはわけがあろう。つまり、この時期でなければならなかった教化であり、それ故、面山も特記したのであろう。

そこで思量されるのは修験の「冬の行場」である。道元が禅師峰に出向いた十一月から翌二月は修験の冬籠りの時期である。それに行人窟に刻された「建保五年正月」と多くの坊名はこの「冬の行場」を意味するものとみるほかはない。特に「正月」と刻み込んだことに注目するならば、これは「晦日山《みそかやま》伏《ぶし》」を意味するものとなろう。岩窟に籠り大晦日を過ごす修験者は「晦日山伏」といわれ、山中で正月を迎える山伏は特に呪験力が優れているとされた。

道元が禅師峰に出向いたこの時期には、禅師峰下の坊院やその背後の「行人窟」などの山中に山籠りの修験者や関係する人々が多く参集していたのではなかろうか。こうした状況を想定するならば、この厳寒期にわざわざ禅師峰にまで出向いた特別の教化活動についての疑問も解消されよう。さらに同じ『建撕記』に「今年正月ニハ、平泉寺の麓、禅師峯ト云処ニ居住ト見ヘタリ」（傍点の記述には錯誤がある。注で説明）[5]と殊更に記していることについても理解されることとなろう。

以上のことは、いずれも道元の修験者に対する熱心な教化活動を窺わせるものである。当時の修験者は一般民衆の生活にひろく関与し人々の心を深くつかんでいたであろうことはよくいわれている。

この入越の地での道元の教化活動においては、この修験者に如何に対処し教化するかが、むしろ最も先決すべき問題ではなかったであろうか。かくて『建撕記』の記述のとおり、道元の熱心な教化活動が白山修験にも及んだことは、もはや否定し難いこととなろう。

この北越の冬厳寒期に、深雪を踏み分けて吉峰寺から禅師峰へと往還した道元は、この新天地に、果てしなく広がる教化の希望をかけたのであろう。道元が寛元元年一一月、吉峰寺で示衆した『正法眼蔵』「梅華」の奥書には「深雪三尺大地漫漫タリ」とある。

注

1 竹内道雄『永平二祖孤雲《こうん》懐奘《えじょう》禅師伝』（春秋社　一九八二年）

2 土蔵市右衛門文書『大野市史』（諸家文書編Ⅰ所収　大野市）

3 杉原丈夫・松原信之共編『越前若狭地誌叢書』（上巻所収　松見文庫）

4 永平寺三代の住持、道元・懐奘・義介の伝記を集録したものとしては最古の史料。応永年間には存在していたといわれるが作者不明。（『禅学大辞典』大修館書店刊による）

5 『建撕記』の面山の記述には「平泉寺の麓、禅師峰」とあるが、この文脈では、「平泉寺の山麓にある禅師峰」という誤ったイメージとなる。しかし『霊応山平泉寺大縁起』に

当山の四方に行程一里を隔てて四社あり、艮《うしとら》の峯には虚空蔵、巽《たつみ》の峯には荒神、乾《いぬい》の峯には比島《ひしま》の観音、坤《ひつじさる》の峯には禅師王子、これを平泉寺の四天王となづく（原、漢文）

とあるように、これらの四至は、すべて高い峰上の山頂にあり、大規模な城塞として構築された平泉寺を警護するものとなっている。事実、禅師峰山頂からは南袋の大野盆地全域を見渡し、北へ流れ下る九頭竜川の両岸にひろがる北袋を展望することができる。当然ながら平泉寺の域内も眼下に見下ろすこととなる。

十八　道元と本覚思想

1　道元の思想と入越

入越後、道元の「教説が変化」したことについては、先に入越後の「教化の環境と対象」が変移したことによると考えられることについて述べているが、この教説の変化を、道元の「思想の変化」とみることについての論議も生じている。

そこで道元の入越について、これまでどのような視点で捉えられているかをみるため、次に家永三郎氏の論説を採り上げてみたい。

まず家永氏は「道元の宗教の歴史的性格」(1)について

○道元には「平安末期に於ける社会的顚落《てんらく》を通じての人間の本質的危機の洞察という時代的国民的体験が全く与《あづか》り知らぬ別世界の出来事であった」

○『正法眼蔵随聞記』の記述から、道元が「末法思想を頭から拒否していることは」「重要な宗教的結果を生み出したこの歴史的体験と全く無縁であったことを示している」

○右のように道元が「日本及び自己の現実に対し風馬牛《ふうばぎゅう》の態度をとった」のは「道元の仰ぐ処の仏教が日本仏教と何のかかわりもなく唐突として大陸より輸入せられた舶来の思想であったことに主なる因縁をもつ」と説かれる。

また道元の「入越」と「教説の変化」についてては

○道元には時に「在家成仏を認めるかの如き言葉も見える」が他方、「痛烈に在家成仏説を攻撃し、あく迄出家にあらざれば成仏することなきを力説してやまないのである」「この矛盾した二《ふたつ》の言の何れが彼の真意であるかという疑問に対しては、いうまでもなく彼の身を以って実践せる処が何よりも明快な解答であって」「北越の山深き禅堂の内に身を投じて終生俗塵に交ることをなさず厳格なる出家の威儀を護持し門弟にもこれを強いた彼の行業は在家成仏の拒否がその真意であり、これを容認するかの如き言辞が一時の舌のすべり過ぎであったことを立証して余あるといわねばならぬ」

○「入越」が「在家成仏の拒否」の思想と一体のものであったとし、出家生活の厳守は「山林の禅堂への消極的逃避に奔《はし》るという結果に終ったのである」「現実世界では在家不成仏を主張せざるを得なかった」という「道元の宗教に包蔵される救い難き矛盾がここに遺憾なく暴露されたものと見るべきであろう」と説かれている。

さらに家永氏は右の論説において道元と親鸞とを対比し、この二人によって代表される禅宗と念仏宗とが如何に対蹠的な立場にあったかについて次のように論じられている。

親鸞の宗教には「平安朝以来我が宗教界内部に培われてきた永き伝統と時代及び個人の深刻切実な体験とを母胎として成立した事実」があり、「道元の思想などとは顕著な対照をなすものがあった」とし、以上の論により「鎌倉仏教といわれる中でも親鸞の宗教と道元のそれとの歴史的性格が如何に異なるものであるか」を明らかにし得た、と説かれる。

しかし、この家永氏の論説では、道元の仏法の基本思想が如何なるものであるかについての見解がない。従って当然ながら道元の正伝の仏法の思想が如何にして形成されたのか、また、道元の思想を「唐突に輸入された舶来の思想」というが、道元が何故、「入宋求法」に赴いたのかなど、道元の思想の成立に至る重要な視点が示されていない。

その結果、家永氏が道元の思想として提示されたのが「末法思想の否定」と「在家成仏の拒否」である。そこで、この二つの道元の思想について、先の家永氏の論説に示されている、その成因と内容を要約してみると次のようになる。

○末法思想否定の成因

道元は平安末期における社会的顛落にみる人間の本質的危機の体験や宗教的に重要な体験と全く無縁であった。

その原因は道元の仏教が日本仏教と何のかかわりもなく大陸から輸入された舶来の思想であったことが主因である。

○在家成仏否定の成因

舶来の思想による「出家生活の厳守」は「宗教の国民的階層への普及、現実生活への浸透を全く問題外」としたことが「在家成仏否定」の成因であり、結果として「入越」という「消極的逃避」という結果に終った。

すなわち「在家成仏の否定」と一体となった「入越」において、道元の宗教がもつ「救い難き矛盾」が露呈されたものであろう。

と説かれる。

右の提説では道元の思想を「日本仏教と何のかかわりもなく大陸から輸入された舶来の思想」とするところに論説の基盤があることとなる。

しかし、こうした論説が成立する前提として、道元が何故、「入宋求法」に赴いたのか、という、道元の思想の成立する因縁について思量すべきであろう。つまり、その求法に至る「深刻切実な体験」と道元が常に説く「無常観」について、ここで考察すべきこととなる。

2　無常観と終末期の様相

道元の無常観

道元は三歳で父を失い、八歳で母を失った。『三祖行業記』は薄幸であった生母の死に際した道元について「慈母の喪に遇い、香火の煙を観て、潜《ひそか》に世間の無常を悟り、深く求法の大願を立つ」と記し、この母の死に際しての無常観が道元の発心求法の契機になったと説く。その他の諸伝も同様である。

また道元自身「我《われ》初メテマサニ無常ニヨリテ聊《いささ》カ道心ヲ発《おこ》シ」（『正法眼蔵随聞記』）と述べているように、母の死の翌、承元二年（一二〇八）九歳にして世親の『倶舎論』を読み、仏門への求道が始まることとなる（『建撕記』）。

しかもこの無常観はその後、学道精進の糧として強調されることとなる。すなわち

「志ノ到《いたら》ザルコトハ、無常ヲ思ハザルニ依《よる》ナリ念々ニ死去ス、畢竟《ひっきょう》暫《しばら》クモ止《とどま》ラズ。暫クモ存《ぞん》ゼル間《あひ》ダ、時光ヲ虚《むなしく》スゴスコト無《なか》レ」（『随聞記』一）

「無常迅速ナルヲ忘レテ、徒《いたず》ラニ世事ニ煩《わずらう》コト莫《なか》レ。露命ノ暫ク存ゼル間、只仏道ヲ思《おもう》テ餘事ヲ事トスルコト莫レ」（同二）

「明日死《しに》、今夜可レ死《しぬ》ト思ヒ、アサマシキコトニ逢《おう》タル思ヲナシテ、切ニハゲミ、志ヲス、ムルニ、悟《さとり》ヲエズト云コト無キ也」（同三）

と示されているが、この無常観こそ道元の仏教の出発点であると共に、生涯を通じての克服すべき課題であった。

一方、「こうした深刻な無常観は、人間存在の本質的危機をさとらせ、やがて現実を否定してより高次の世界に生きようと願う宗教的意欲となる。平安末期・鎌倉初期においては、このような宗教意識を生みだす諸条件が時代相として醸しだされていた」[2]といわれる如く歴史的社会的には平安末期から鎌倉時代にかけての社会的動乱のなかで、この無常観が時代的国民的体験として深刻に痛感されることとなり、そこに無常観と共に終末期の様相さえ感じさせるものとなった。

社会的動乱と終末期の様相

保元平治の乱以後、政治の実権は貴族から武士に移り、源平の争覇戦をへて全盛を誇った平氏が僅か三十年余で滅亡。ようやく全国を平定した源頼朝の鎌倉幕府も二代頼家、三代実朝と連続する暗殺により幕府の実権は執権北条氏に掌握されることとなる。

道元が生きたのは、こうした政治の変革と動乱のなかで世相の転変がうち続く時代であった。なかでも実朝暗殺の二年後、承久三年（一二二一）におきた承久の乱は幕府が現天皇を廃し三上皇を流すという未曽有の大事件であったが、道元が京都建仁寺で修行中のことであり、道元の俗縁につながる三上皇をはじめ関係する縁者の悲運に際しての無常観は痛切なものがあったであろう。

こうした王法秩序の破滅的な様相に加えて人々により悲観的な感情を助長させたのが永承七年（一〇五二）以後を「末法の世」とする「末法思想」の盛行であった。それは無常観と重なり、さらに絶望的な感情を生じることとなったが、特に精神生活の基盤となる仏教教団のなかに決定的ともいえる末法の世相が表徴されていた。すなわち旧仏教を代表し伝統的仏教の中心となっていた比叡山などにみられた破滅的な世俗化である。律令制のもとで経営を維持されていた官寺が律令体制の崩壊後、自らの財政基盤として荘園の経営に注力することとなり、有力な寺社は広大な荘園の領主として寺僧の武装化をすすめ、世俗化と権力化の進行と共に破戒無慙な僧徒の強力な武装勢力、僧兵を擁することとなった。

道元は建暦二年（一二一二）比叡山に登り横川の千光房に入ったが翌、建保元年、十四歳で天台座主公円について出家した。しかし道元が天台における顕密の教義の学習と修行に励むはずであったその地は、すでに名利を求め酒色に溺れた僧徒が焼打、合戦をくり返すという仏法滅亡の様相を現出していた。折しも、道元が出家した翌年（一二一四）には延暦寺の衆徒による園城寺の焼打があったのである。

すなわち、以上のような道元をとりまく当時の状況をみれば、家永氏のいわれる「道元は平安末期に於ける人間の本質的危機の洞察という時代的国民的体験と無関係であった」などということはあり得ない。また、道元が末法思想を拒否したからといって「道元には末法についての体験がなかった」などとはいえないことになろう。

従って、家永氏のいわれるように、親鸞の宗教は「時代的及び個人の深刻切実なる体験とを母胎として成立した」ものであり、「道元の思想などとは顕著な対照をなすもの」とはいえなくなる。すなわち、道元も親鸞と同じく、時代及び個人の深刻切実な体験を母胎として、その宗教を生み出したのであり、この点において、親鸞も道元も同じ鎌倉時代新仏教としての性格をもつものとみるほかはない。

3 「本来本法性」の疑団

道元は叡山での修学の結果、

「顕密二教共《ニ》談《ズ》本来本法性、天然自性身《ト》若《シ》如《ナラバ》レ此《ノ》則《チ》三世諸仏依《テカ》レ甚《なにニ》更《ニ》発心《シテ》求《メンヤ》二菩提《ヲ》一耶」（『道元禅師行状建撕記』）

との疑題、「これまでの顕密二教においては、ともに本来、人間には法性（仏性）がそなわっているというが、もしそうならば諸仏はそも何のために更に発心修行するのか」という疑問をもって叡山を下り、三井寺の公胤《こういん》など諸々の先学に参問した結果、建仁寺に参学することとなり更に貞応二年（一二二三）二十四歳のとき建仁寺の明全《みょうぜん》と共に入宋求法の途についたのである。

ところがこの「本来本法性　天然自性身」の疑団については「極めて初歩的な設問であり、若き道元の単純率直な疑団」として、道元はこの疑団のもとに叡山を下り、「中古天台の本覚法門思想」といわれるものと決別することとなったと説かれることがある。

しかし、この「本覚法門」なるものが如何なるものか、道元の「本来本法性」の疑団との関係はどうか。叡山にみる仏法滅亡の様相をもたらしたのがこの「本覚法門」の教義とみて見切りをつけたのかどうか。

事実、そこにはこうした疑念を生じさせる教義が公然と説かれるところがあった。その実状を窺わせるものとして次に『源平盛衰記』にある延暦寺僧徒の清水寺焼打ちについての記述を採り上げてみよう。そこに次のような山僧の主張があり、その悪行を正当化するような哲理めいた大言に後押しされ理性と良心を麻痺させた僧徒の様相が窺わされる。

「東塔南谷教光坊、大阿闍梨《あじゃり》仙性トテ、学匠ノ而モ大悪僧（武芸にすぐれた荒法師）也ケルガ、進出テ詮議《せんぎ》シテ云『罪業本ヨリ所有ナシ。妄想顛倒ヨリ起ル。心性源深ケレバ衆生即仏ナリ。罪トシテ更に不レ恐。本堂ニ火ヲ差《さし》ヤ〱』ト申ケレバ衆徒『尤《もっとも》々』ト一同シテ、手々ニ火ヲトモシ堂ノ四方ニ付タレバ、黒煙ハルカニ立上リ、赤日ノヒカリ見エザリケリ」

右の焼打煽動の言は伝法灌頂《かんじょう》を受け秘法伝授された阿闍梨の学匠仙性が発している。それは罪業を認めず悪行を恐れず焼打をけしかけるもので、まさに九条兼実をして「ひとえにこれ天魔の所為《せい》か、一宗滅亡の時すでに至る」と嘆かせた山法師の悪行(『玉葉《ぎょくよう》』治承元年五月二十二日条)がここでは正当化され衆徒は「もっとも」と同調し火をかけている。

何故、伝統的仏教の代表的大寺にこうした仏法の破滅を象徴するような事態が続いたのか、この大変な矛盾を克服しようとする者を自らのなかに生み出すことはなかったのか。

ここで悪行を煽動している仙性は確信的な理法のようなものを説いているが、その根源にあるのが「本覚法門」の思想である。この「中古天台本覚思想」は平安後期の叡山天台教学において高潮発展盛行したといわれる。現実そのもののすべてを本覚の現れ、究極のものとし現実世界の絶対的肯定を説く徹底した現世主義であり、一切衆生のあるがままの姿を即、仏の悟りの姿とする。その結果、仏道修行は無用のものとなり、世俗化した破戒無慙な僧徒の悪行も正当化されることとなる。

さてここで振り返ってみるべきは先述した道元入越後の教化の環境と対象である。すなわち白山平泉寺は延暦寺の「天台別院」であり、その山法師と共通する「中古天台本覚思想」をまもる「修験道の僧兵」を有する武力集団である。

これまで僧兵について特に「修験道の教義」と併せて考察されたことはないかと思われるが、修験道には現世での、この身このままの成仏を目指す「即身成仏」「即身即仏」「即身即身」の三種成仏がある。「即身即身」では生仏すべてがこの身このまま無作三身無相三密の存在であり、修験者は「その体、相、用がそのまま仏と同一不二の境地に入る」[5]とされ「中古天台本覚思想」の絶対的一元論に通じるものとなる。

4　叡山の天台本覚思想

「天台本覚思想」の文献として著名な『真如観《しんにょかん》』（伝源信述）には、「悟レバ十方法界ノ諸仏、一切ノ菩薩モ皆我ガ身ノ中ニマシマス」「我心コソ真如ナリシトシリ、悪業煩悩モ障《さわり》ナラズ、名聞利養《みょうもんりよう》、返《かえっ》テ仏果菩提ノ資粮《しりょう》トナリツレバ、只破戒無慙《むざん》ナリ、懈怠嬾惰《げたいらんだ》ナリ共、常ニ真如ヲ観ジテ、ワスル、事無バ、悪業煩悩、往生極楽ノ障ト思事ナカレ」「煩悩モ即《そく》菩提也、生死モ則法身也、悪業モ則解脱ナリ」「一切ハ唯我心也」「我等則チ真如ノ体……行往坐臥ニワスレズ、心ニ懸《かけ》タレバ、則身即仏ナル事、疑フベカラズ」とある。

撰述者に仮託される源信は平安初期（九八五年）に『往生要集』を著わし浄土教興隆の先がけをなした天台の碩学である。

ところが、先にも採り上げた『源平盛衰記』にある延暦寺僧徒の清水寺焼打の悪行を正当化する大阿闍梨仙性の煽動の言はまさにこの『真如観』の説くところを要約したような一体感を示している。すなわち、ここに家永氏の説かれる「平安朝以来、我が宗教界の内部に培われて来た永き伝統と時代及び個人の深刻切実な体験」が生じるのであり、則、道元の「本来本法性」の疑団も生じる。つまり、家永氏の説かれる、道元の宗教が、こうした問題と無縁であり「時代的国民的生活の上に何等の歴史的基礎をおかず」「同じく鎌倉仏教と言われる中でも親鸞の宗教と道元のそれとの歴史的性格が如何に異なるものであるか」との主張とは逆に、そうした深刻切実な体験のなかから生まれたものこそ「本来本法性」の切実真摯な設問であった。この切実な疑団こそ、道元が入宋求法の志を立てる根源であり、その生涯をかけて正法の修道を標榜することとなる最初の契機を示すものとみるならば、これを幼稚な質問などとみるべきではなく、これを生み出した「本覚思想」について検討し、この疑団から出発し、道元が到達した根本思想となる「本証妙修」について改めて考察すべきではなかろうか。

鎌倉新仏教の他の祖師、法然、親鸞、日蓮も同じく叡山に学び、道元と同じく、そこに蔓延した「本覚思想」に対する疑問から出発し、これを克服するところに鎌倉新宗開創の意義を見出したのである。

家永氏は「本覚思想」についての考察を除外したまま「道元の仏法が日本の現実と何の関係もなく唯『正法』なるが故に尊重せられ」「道元の宗教は右の如く唯宋朝よりの機械的伝法の上に成立」「実際の上では極めて偏倚《へんい》したものとなり、従って思想内容の論理的徹底に対しても致命的な限界が画せられるのを免れなかった」と説かれる。

従って「入越」についても「出家生活の厳守は資産産業の裡に仏性を証するの方向に発展する能《あた》わずして山林の禅堂への消極的逃避に奔《はし》るという結果に終った」といわれるが、何故《なにゆえ》の「出家生活の厳守」なのかという基盤となる道元の思想についての考察がなく、「入越」の外面的状況にのみ注目されているところに問題が生じている。

5　道元の本覚思想批判

道元の開教宣言の書といわれる『正法眼蔵辨道話』には、本覚思想に対する強い批判として先尼外道《せんにげどう》の説く「心常相滅説《しんじょうそうめつせつ》」が採り上げられている。まず「とうていはく、あるがいはく」として質問者が「心常相滅説」の内容について延べ、それが真の仏法であるか否かを問うのに対し、その「心常相滅説」が「仏法にあらず先尼外道の見なり」として厳しく否定されている。次にこれをわかり易く訳解して述べる。まず「外道の見」から始まる。

「生死についてなげくことはない。この問題から自由になるよい方法がある。それは、この身体は滅びようとも心の本体は永遠不滅であると知ることである。生滅することのない心の本体がわが身の中にあるとわかれば身体は仮の姿であり心こそ、もともと本来の性であって過去、現在、未来にわたり変化することがない。このように悟ることを生死の迷いから解脱したというのである。これを悟れば生き死に変わる輪廻《りんね》の因縁が断絶し死後は本性の帰すべき仏性の世界に入り、そこで諸仏如来のような徳が具わる。しかし生きている現在にあっては、これを知ったとしても前世の悪業によって悟りを開いた人のようにはならない。こうした道理をわからない人は永遠に生死の輪廻をめぐる。だから急いで心性が常住不滅であることを悟るべきで、ただ坐禅などして無駄に一生を過しても何が期待できようか」このような教説はまことに諸仏諸祖の道にかなっているのか否か。

以上の問に対して道元は右の教説について「全く仏法ではない、先尼外道の見である」として、これが邪見であることについて、このあと、つぶさに説き明かしていく。

次にその後半、道元が正伝の仏法と外道の邪見とを対比し、その誤った見解から救おうとして説くところについてみてみよう。

まず「しるべし」として仏法の「身心一如」について説き、次いで『大乗起信論』(6)にある「心真如者《は》、即是《これ》一法界大総相法門体」により「一切諸法、万象森羅ともにたゞこれ一心」を説くのである。

知るべきである。仏法ではもとより身心は一如で本体と現象が別のものとはいわない。これは印度でも中国でも同じ明らかなことで疑いはない。勿論、常住不変を説くのであれば万法（あらゆる存在）がすべて常住不変であると説くのであり、身と心を分けることはない。寂滅（生滅）すると説く場合はすべての存在が寂滅するのであり、本体と現象を分けることはない。であるのにどうして身体は消滅するが心は常住不変というのか、仏法の理に合わぬではないか。それに生死はそのまま涅槃であると覚るべきである。仏法では生死のほかに涅槃があると説かれたことはない。まして心は身体を離れて常住であるなどと信じることが生死を解脱する仏の智慧であると考えてみても、そのように考える心そのものが生滅し変転するのであって実にはかないことである。よく考えるべきである。身心一如は仏法が常に説くところであるのに、どうしてこの身が生滅するとき心だけが身を抜け出て生滅しないということがあろうか。もし身心が一如の時もあり、一如でない時もあるとするならば仏説は虚妄の説となろう。また生死という現実を厭うべきものと思うことは生死即涅槃という仏法そのものを厭う罪となり慎むべきである。

知るべきである。仏法には『大乗起信論』に心性大総相の法門という教があり、全宇宙のすべては本体と現象を分けることなく生滅を分けて説くこともない。生きているありのままの一切から悟りや絶対寂静の境地まで含めてすべて、心性（根源的な心の本性）でないものはなく、この一心に包含されないものはない。すべての教の説くところはみな等しくこの一心であり、決して違うところはないと説く。これが仏教者の知る心性の真相である。にも拘《かかわ》らず身と心を分け、生死（現実の生活）と涅槃（絶対寂静の境地）とを別のものと考えられようか。すでに仏の子である我々はそのような外道の説を語る狂人の言に耳を傾けてはならない。

右の「辨道話」の文を、道元が「天台本覚思想」を弾劾したものであるとして初めて採り上げたのは天台宗の碩学、硲《はざま》慈弘氏である。硲氏はこの「辨道話」の他にも同じく『正法眼蔵即心是仏《そくしんぜぶつ》』に述べられている西天竺国の先尼外道が主張する心常相滅説に対する道元の批判を併せて採り上げたあと、次のように説かれている。(7)

道元の批難の対象となっている心常相滅説は「決して印度や支那のそれには非ず、むしろ我が国現在のそれにあるべしといって、いまだ必ずしも穿鑿《せんさく》に過ぐとは考えられぬ」

そのわけは、この心常相滅説が、道元の上山当時、天台学者の間に広く盛んに伝承流布されていたところの思想信仰であって「あるいは本無生死といい、また或いは生死涅槃と名づけ、或はまた生死覚用とも称する切紙伝授《きりがみでんじゅ》のそれではないかと考えられる」すなわち、この「本無生死」の論というのは「六根五陰の身体は或は現じ或は亡じて去来し生滅する。けれども心性はあくまでも常住にして生のときも来ることなければ死のときも亦去ることなし。それゆえ早く一心常住の体を悟って二見の苦をはなれよ、もし然らば忽ち生死をはなれ、生死に自在を得べし」というのであり、即、先の外道が説くところと合致する。つまり「わが道元禅師に弾劾せられた心常相滅の論とその大綱殆ど軌を一にするところあるではないか」と帰結するに至る。

さらに「本来本法性」の疑団と天台本覚思想について「元来道元禅師に於ては、かつて親しく叡山観《かん》心《じん》主義者の主張に接し、彼等が骨張するところを直接見聞せられ、しかもやがてはこれに疑いを生じたのみならず、寧ろこれに慊《あきた》らぬ心を抱いて山を下ったというではないか、すなわち十三歳にして比叡山に登り四教三観の学にいそしんだ道元禅師がやがて本来本法性、天然自性身の一語不明なるに至って山を下り云々」「けだし本来本法性ともいい、また天然自性身ともいうものは勿論、これ本覚思想の教語なること言をまたぬと同時に、またいわゆる本覚思想そのものこそは、特に平安末期以来の叡山仏教に澎湃《ほうはい》として起った一大潮流であった。すなわち当代の巨匠宝地房証真が、その周囲にいわゆる本覚仏を説き、また本来自覚仏を云々し、本門思想を強張するもの多きをつたえ、而して彼等が三四の所説をあげきたり、これを一々対破するに力《つと》めた」「また後に至って宋にわたり、如浄禅師に参問せられた道元禅師が、あるいは『一切衆生無《む》始《し》本有《ほんう》之如来』なり、という説をあげて、親しくその裁断を乞うところあったものは恐らくこれ叡山以来の宿題であり、少くともそれが主たるものであったと考えられると同時に、今またかくの如きは全く仏法にあらず寧ろこれ先尼外道の所説に類するといって、その誤れるを弾劾し且つ、これを是正せんとせられた心常相滅の一説も、またこれ叡山由来のそれであったと解してよいのでないか」と説くのである。

硲氏は右の文において『正法眼蔵』にみられる「先尼外道」の「心常相滅説」に対する批難の言を、道元が叡山における「本覚思想」を弾劾したものであるとしている。

すなわち道元の「本来本法性、天然自性身」の語は「本覚法門」の「教語」を用いたものであり、道元が入宋して如浄に問うたのも同じくこの叡山以来の宿題となっていた疑団であること、さらに、道元が上山中に叡山の総学頭に補せられていた天台の伝統的教学の重責を担う宝地房証真が当時の叡山に盛行していた「本覚思想」を「一々打破することに力《つと》めた」こと、すなわち叡山天台内部でさえ、破戒無慚な本覚法門の現状に対する糾弾が生じていたことなどについて述べ、これらを総括してみるとき、『正法眼蔵』に採り上げられている「心常相滅説」が印度や支那のそれをいうものではなく、道元が直面していた当時の叡山における「本覚思想」に対する弾劾に外ならないことを明らかにされている。

すなわち道元の切実真摯な疑団「本来本法性ならば、諸仏はそも何のために、更に発心修行するや」を生ぜしめたのは当時の天台本覚思想の生み出した破戒無慚な現実だったとみるほかはない。

『正法眼蔵即心是仏』にとりあげられている外道の説には「たとひ身相はやぶれぬれども霊知はやぶ

れずしていづるなり」「これを覚者智者の性といふ。これをほとけともいひ、さとりとも称ず」「いま現在せる諸境も霊知の所在によらば、真実といひぬべし、本性より縁起せるゆゑには実法なり」とある。

ここにいう「霊知」は先の「辨道話」にある先尼外道の説く「心性」すなわち永遠不滅の心の本体というものである。これを「ほとけ」としてすべての現実はその「ほとけ」である本性、即、根源的な主体としての心である本覚（本来の覚性）の現出したものと説くのである。

これはつまり、先に述べたように、やがて現実そのものすべてを本覚の現れ、すなわち究極のものとして現実世界の絶対的肯定を説く徹底した現世主義を生み出すこととなる。

その結果、仏道修行は無用のものとなり、破戒無慚な僧徒の悪行も正当化されるに至る。道元の叡山修学は、このような本覚思想の高潮発展する時期に直面していたのである。

6　『正法眼蔵』と天台本覚思想の変移

まず、先の硲《はざま》慈弘氏の本覚思想批判に続くものとして、田村芳朗氏の「鎌倉新仏教の背景としての天台本覚思想」[8]と「道元と天台本覚思想」[9]さらに「天台本覚思想概説」[10]や「日本思想史における本覚思想」[11]などがある。

田村氏は「天台本覚思想概説」のなかで、天台本覚思想の最初の研究者として島地大等氏を採り上げられているが、島地氏は「日本古天台研究の必要を論ず」[12]のなかで、日本天台を時代的に中古天台（略して古天台）と近古天台とに二分し、この中古天台の教義上の特色を表すのに適した語として「本覚思想」を指称されている。その上で、禅・念仏・日蓮の鎌倉仏教の母胎として「先ず推すべきは日本の古天台であろう」とし、その思想は所謂、「具体的絶対論であり絶対肯定の思想」と説き、さらに「仏教哲学時代に於ける思想上のクライマックスを古天台の本覚思想に設定せんと提唱」されている。

しかし、島地氏の時代区分においては、本覚思想の内容が腐敗堕落の現実を絶対肯定するものへと進展したことを示す区分、すなわち、ここで問題とする、いわゆる「天台本覚思想」の内容の変移を示す区分がないことが問題となろう。また、島地氏の区分において中古天台を古天台と略称されていることについては、このあと採り上げる硲氏をはじめとする各論説の用語との紛わしさなどの問題があり、こうした点に注意を要することとなる。

ところで田村氏は右の島地氏の見解をうけ、この天台本覚思想について「代表的な大乗仏教思想を摂取し、それらを素材として絶対的一元論の哲学を体系づけたものであって、いわば大乗仏教の集大成ともいうべきものである」[13]と説かれている。

しかし、この「本覚思想」のもたらした現実の行きつくところは、すでに述べているように、腐敗堕落した現実の悪肯定、主観的恣意的な戯論《けろん》の赴くまま、自然外道の正当化に至ることとなる。道元の「本来本法性」の疑団も、叡山に蔓延するこのような状況のなかで必然的に生じたものであろう。

従って、天台本覚思想を「絶対肯定の思想」すなわち「具体的な現実事象そのまま絶対とみなし、また肯定するもので」「本来の覚性の顕現」したものとし、「大乗仏教の集大成ともいうべきもの」とした田村氏も、「天台本覚思想の影響と評価」においては「天台本覚思想にたいしては現代の学者のほとんどが堕落・退廃の思想とみなしている」とし、「なるほど現象面を取りあげればそのような評価も可能かと思われる」「秘密口伝《くでん》の重視のあまり、血脈相承が強調され、さらに実子相承まで主張されるに至ったり、多額の金銭で口伝法門を買いとる」「玄旨帰命壇《げんしきみょうだん》[14]のごとく、現実肯定から欲望充足の具に用いたり」などの例をあげ、「堕落思想の印象をまぬかれないといえよう」として「悪無碍《あくむげ》」の可能性について「単純に受けとられると、きわめて危険であると評せよう」とする。

しかし、このような現象面での実態を認める一方で、哲理的では「天台本覚思想は東西古今の諸思想の中で最も究極的なもの」[15]とする評言を示されているのは矛盾ではなかろうか。

さらに田村氏は道元の思想に関して「道元と天台本覚思想」[16]のなかで、「道元についてみるに、かれの思想もまた、日本天台の本覚思想と類似点あることをしる」と述べ、『正法眼蔵』各巻のなかから類似している文言を採り上げられている。

すなわち田村氏は『正法眼蔵辨道話』にある「修証一等」について、「これはちょうど『枕雙紙《まくらそうし》』[17]にある「行証只一時」と類似するところがあり、『牛頭法門要纂《ごずほうもんようさん》』[18]の説くところをおもわせるものであり」また同じく「辨道話」巻や「生死」巻に説かれている「生死即涅槃」については、「天台本覚思想のいたるところで強調されているもので、とくに生死の巻のことばは『牛頭法門要纂』の「可レ捨《すっべき》無二生死《しょうじなく》一。可レ求《もとむべき》無二涅槃《ねはんもなきに》一」に酷似するものといえよう」と説かれている。

また『正法眼蔵』の「全機《ぜんき》」「身心学道」「現成公案《げんじょうこうあん》」「法性《ほっしょう》」「恁麼《いんも》」「仏性」「有時《うじ》」「大悟」「見《けん》仏《ぶつ》」「古仏心《こぶっしん》」など多くの巻に『牛頭法門要纂』や『枕雙紙』に示された天台本覚思想に類似すること

ばがあることについて、その引例・文証を採り上げて「道元と天台本覚思想のあいだに類似点のあること」を強調され、「道元の思想・論説の背景に天台本覚思想が意識されていたであろうことは、想像にかたくないことがらである」と説かれている。

田村氏の時代区分によれば、右に採り上げられている『枕雙紙』は鎌倉初期から中期の成立とされ、道元と同時代のものであり、『牛頭法門要纂』は平安末から鎌倉初期にかけての成立とされている。すなわち、道元との関係において考察すべき対象となるが、これらの本覚思想の文献と道元の『正法眼蔵』各巻のなかに類同する説があるというわけである。

ところが、すでに先の章でみたように、『正法眼蔵』には、本覚思想に対する批判と共に、それと類似する説が共存することとなる。しかも、先の章にも述べているように「辨道話」にある「心常相滅」の邪見の批判においては、『大乗起信論』にある「心性大総相の法門」の説を引用し、「性相をわかず、生滅をいふことなし」として重ねて「心常相滅説」が批判されているが、この『大乗起信論』については、「本覚という語は『大乗起信論』に端を発する」といわれるように、『大乗起信論』が本覚思想の起源の書とみられることについても問題となろう。

以上のように、この比較対照において相反する矛盾ともみられるような点については如何に考えるべきであろうか。

そこで思い合わせるのは、天台本覚思想に対する最初の批判者といわれる宝地房証真である。証真の生没年は不詳とされるが、鎌倉時代前期の叡山天台にあって、天台の伝統的教学の復興に努め探題などの要職につき、承元元年（一二〇七）には叡山の総学頭に補せられた、道元と同時代の学匠である。ところが彼が、その著作『法華三大部私記』（三〇巻）のなかの『法華玄義私記』の第七巻において当時の本覚思想に対する批判を行っている。

つまり、本覚思想に対する最初の批判者証真は、本覚思想を宗とする天台教学の学匠でありながら、その内部から天台本覚思想を批判したのであり、一方、道元もまた同じく、本覚思想の『起信論』にもとづいて本覚思想を批判しているのであって、両者共に叡山にあった当時、もはや腐敗堕落の様相を示していた本覚思想の蔓延に対して批判しているわけである。すなわち硲慈弘氏が「証真の立場は、とりもなおさずその心性本覚論を弾劾した道元禅師の立場と軌を一にするもの」と説かれていることと合致する。以上のように、道元と証真両者の批判を併せてみるならば、先にとり上げた問題は自ずから解消されよう。

殊に『正法眼蔵』の記述に認められる問題、すなわち「本覚思想」に対する「批判」と併せて「類似する説」が共存するという矛盾や「本覚思想」の書である『大乗起信論』の説にもとづいて「本覚思想」を批判するという、一見、不条理にみえる問題については、証真の批判が、正統な本覚思想の立場、伝統的天台教学の立場から、腐敗した本覚思想の高潮逸脱した現実に対する批判であり、本来の正統な天台教学の復興を志向したものであることに思い至るならば納得されよう。道元の批判も同じく、当時の逸脱した天台本覚思想のもたらした現実に直面するなかで生じた批判であって証真と共通する立場であったことはすでに硲氏の提説によって明らかである。

田村氏が指摘されているように、本覚（衆生が具有している仏性）の語が最初に現れた『起信論』にいう「本覚」とは、不覚《ふかく》（本覚が煩悩に覆れていて仏性が顕現しないこと）ないし始覚《しかく》（仏性が顕現する）と相対して説かれていて、修因得果の行によって本覚があらわとなるものである。従って「本来自覚仏」として、日常の行住坐臥のすべてをあるがままに肯定する絶対思想とは全くあい反する立場であり、因果を超越した本覚仏の思想は外道の説であって、あい容れないものである。

以上のようにみてくると、同じく「本覚思想」といっても、「正統的天台教学」と、ここに問題となる、いわゆる「中古天台」との「本覚思想」の内容の違い、変移に注目しなければならなくなる。

田村氏は「天台本覚思想概説」において、生死即涅槃・煩悩即菩提・凡聖不二・生仏一如など、仏教の空観《くうがん》（一切の事物には実体がなく、すべて空であるとする）にもとづく空的相即論を採り上げ、それが第二期大乗経典成立のあと、内在的相即論→顕現的相即論→顕在的相即論へと進展することについて述べられている。

その最初の段階となる内在的相即論を説くのが如来蔵経典群であるが、「そこに説かれた仏性ないし如来蔵とは、仏が衆生に内在することをいったものであり、また法身常住が説かれているが、これは時間を超越した形で永遠を説き明かしたもの」すなわち「永遠な真理ないし仏が、いわばポテンシャル（可能的）なものとして現実ないし衆生の中にひそむ」とするものであるとし、次にこれが進展して「顕現的相即論」になると「現実ないし衆生は永遠な真理ないし仏の顕現したものと考えられ、ひいては永遠な真理ないし仏を万象の根源として位置づける」ものとなる。さらに「顕在的相即論」に至っては「現実の事象こそ永遠な真理の生きたすがたであり、そのほかに真理はないことを主張するにいたった」として、その進展の過程を説明されている。すなわち、この最終段階である「顕在的相即論」こそ問題の「日本天台本覚思想」の説く「絶対一元論」である。

つまり、右のような進展において、「天台本覚思想」の内容がどのように変移していったのか、正統的な天台教学といわれるものから堕落思想といわれるものへの変容についてみるべきであろう。

論書として最初に「本覚」を採り上げ、「本覚」と「始覚」を明確に論じたのが先の『大乗起信論』である。田村氏はこの『起信論』に「本覚の義は、始覚の義に対して説く、始覚は即ち本覚に同ずるを以てなり。始覚の義とは、本覚によるが故に不覚あり。不覚によるが故に始覚ありと説く」とあることを採り上げ、「始覚との相関において本覚がいいだされている」として「つまり『起信論』においては、本覚は相対的観念なること」「そのかぎり、『起信論』は内在的相即論の段階にとどまるもの」であることを指摘されている。

「内在的相即論」の段階では、真理・真心は事象・衆生の中に可能態としてあり、成仏とはそれがあらわとなるという、つまり「従因至果」である。しかし日本天台本覚思想の「顕現的相即論」では、真理・真心から多なる事象が開展・流出すると説くこととなるが、やがてこれが「事常住」すなわち「現実の事象こそがそのまま真理の生きたすがた（顕在）である」として「現実の全き肯定」を説く「顕在的相即論」を生み出すこととなる。こうして、日本における本覚思想は「従因至果」にとどまる中国の天台哲学や「内在的相即論」を残存する日本の密教哲学を超出した「天台本覚思想」を生み出したと説かれる。

一方、先述したように、本覚思想について「現象面では堕落思想」、「哲理面では大乗仏教の集大成」とみるような矛盾についてはどうであろうか。次にこの問題について西義雄氏の論説[19]を参照してみよう。

西氏は天台本覚思想の問題について、「これを高潮せる本覚門と見うるのか否かには、先ず疑問をもたざるを得ない。抑々《そもそも》仏教史上における本覚門は不覚より始覚するその始覚に対して本覚と言われる。勿論、不覚も亦、本覚によりての不覚の発見である。覚は覚証であり、一切衆生の心源の覚証であって、如来仏陀の大智である。不覚なる凡夫、二乗等の煩悩、惑苦、束縛不自由なるものの如実覚智でもあるから、自ずから一切苦から一切の衆生を救済する大悲を具足する。大智即大悲で、悲智不二であり、この智は般若智であり大悲救済の方便を具足する」本覚の説く仏凡不二、娑婆即寂光土、煩悩即菩提、生死即涅槃にしても「必ずどこかに大悲方便が伴っていなければならぬ。否かかる説明そのものがその主旨は本覚門の大悲面ですらなければならない」「かく大悲の裏付けなき絶対一元論は単なる観念理性の戯論であり、非仏教的なる自然外道に外ならない」と説かれている。すなわち、ここにおいて「大乗仏教の本覚門とはいえない」こととなり、すでにみたように仏教の縁起説と異なる「心常相滅」の外道の説を説く本覚思想について、「哲理面における大乗仏教の集大成」であるとみる意義は否定されることとなろう。

以上、諸先学の論説を参照し考察するなかで、天台本覚思想に付随する矛盾ともみられる問題の大方については一応の条理を見出すことができるのではなかろうか。

しかしながら「本覚思想」の文献と道元の『正法眼蔵』の双方に類同するところが見出されると指摘

されていることについては未だ検討すべきところがあろう。

田村氏は「道元と天台本覚思想」のなかで「道元が天台本覚思想と関連があるということは、実は本覚思想にたいする批判・反論においてであるということである。道元と天台本覚思想との類同点も、綿密にみるならば、その力点において相違すべきものがあらわれているので、それは天台本覚門が、その本覚思想を一途におしすすめていき、常住・一体の面を強調していったにたいし、道元は、それを根底にもちながらも、そこから、逆転回していることである」と説かれる。

そこで問題は、その「批判・反論」と双方の「類同点」について、「その力点において相違すべきもの」「道元は、それを根底にもちながらも、そこから逆転回している」などと説かれていることの意味である。まず最初の「批判・反論」については、すでに硲氏による本覚思想への批判、すなわち、『正法眼蔵辨道話』と「即心是仏」に説かれている道元の「心常相滅論批判」を採り上げている。

しかし、次の「類同点」については別に思量すべきことがあり、そこに道元の思想「本証妙修」にかかわる問題が生じることとなる。

7 「本証妙修」と天台本覚思想

天台本覚思想のように内容に「歴史的変移」が認められるものについて、道元の思想と対照してみようとする場合、単に個々の言説の「類同点」のみを採り上げ、双方に共通する性格を認めようとするならば、そこに不条理や誤解を生じる恐れはないか、一見、似てはいても全く性格の異なるところがありはしないか、つまり、田村芳朗氏の説かれるように、その主張するところを綿密にみて「その力点において相違すべきもの」を見出すことが肝要となろう。

まず注意すべきは先の「心常相滅説」について、これを身と心を区別する「二元論」とし、これに対して「身心一如」を説いて批判する道元の主張を単なる「一元論」とみた場合、この「一元論」に天台本覚思想と共通する性格を認めようとするような誤解が生じはしないか、である。

この点についてはすでに『正法眼蔵辨道話』において『大乗起信論』の「心性大総相の法門」にもとづき、身と心を区別するような外道の見に耳を貸してはならないとの厳しい批難が示されている。すなわち全世界は因縁生による一切の諸現象を含めた大いなる総相であって、本性と現象を分かつことはなく、生死即涅槃であり、すべてが一心である。にも拘らず、身と心を区別し生死と涅槃を別々に考えてはならないと説く「一元論」である。

一方、天台本覚思想では、時間・空間における一切の差別が排除され、迷悟不二、修証不二、佛凡一如として本質と現象の差別はなく「本覚一元の理は、そのまま現実当相に適用され、事《じ》の一元論となる」と説かれているように、やはり同じ一元論である。しかし、天台本覚思想の場合は、事が強調され「理の一元論によって事を裏づけし、普遍化し絶対化する。すなわち理本事末から事本理末へと展開する」のであり、「現実具体そのまま真理の本体」であると主張するに至ることとなる。

このような天台本覚思想と対立する道元の立場の違いについて、田村氏は先に採り上げた「道元と天台本覚思想」のなかで、天台本覚思想との類同点の一つともみられる「修証一等」を例として次のように説かれる。
「これを天台本覚的にみれば、修証一等なるが故に、本来そのまま証で、坐禅なにの、まつところかあらん、であるが、道元は修証一等なるがゆえに修あるべきで」「道元においては、修即証、証即修なるがゆえに、修は復活されるのである」と説かれることとなる。すなわち、この「逆転回」は、「修の復活」を意味するものとなるし、また、そこに天台本覚思想との力点の相違のあることがわかる。さらに「これが本証妙修であり、証上の修である」として、すでに述べた「辨道話」の説に加えて、「諸法実相」巻の「作仏よりのちは行を廃して、さらに所作あるべからずといふは、いまだ仏祖の道を知らざる凡夫なり」との誡めを示し、道元の主張を単なる一元論として、修行無用の中古天台本覚思想と類同するもののようにみることの誤りが説かれている。すなわち、道元の思想「本証妙修」について、その字句の表現に天台本覚思想と共通するものを認めることから、思想の根幹にも共通性を認めようとするような問題も、同じく字句表現の類似性からする一元的解釈から生じたものとみることができるであろう。

また田村氏は同論考のなかで「道元のこういう態度から、時にはっきりした二元論的論が生れてくる」ことについて説かれている。

すなわち「辨道話」の「この法は人人の分上にゆたかにそなわれりといへども、いまだ修せざるにはあらわれず、証せざるにはうることなし」や「仏性」「行仏威儀」などの説をひいて「もちろん、道元においては、これらの主張がたんなる二元対立においてなされているのでなく、即心是仏。迷悟平等・

修証不二などの即思想が単なる一元論に堕し、しかもそのまま現実にあてはめられること」「つまり単なる理の一元論がそのまま単なる事の一元論となり終る点を誡めた」と説き、道元の思想について検討する場合、単なる一元論、二元論に堕してしまうところから生じる問題を指摘されている。その上で、「道元は修証・仏凡一等なるが故に凡を出し、修を出し、凡夫修行を強調した」と説かれる。すなわちそこに世俗一般そのまま永久不変の真理とみる一元論とは異なる一元、二元の論を超越した「本証妙修」の本義が見出されることとなる。

以上の田村氏の論説においては、すでに採り上げた「辨道話」や他の多くの巻の説くところと共に、『正法眼蔵随聞記』の説をもひいて、そこに唯心《ゆいしん》の強調のあまり、心を実体視する考えに落入った「心性本覚」「心性常住」の説や「霊知説《れいちせつ》」に対する批判が説かれ、その批判のなかから全く独自の修証の意義、すなわち「始覚、本覚」にあらざる「修因得果」の修行を超えた「証上の修」「本証妙修」という道元の思想の本義が説かれている。

以上、天台本覚思想と道元の思想の類同する言説について双方を対照検討するなかで、道元の「本証妙修」が成立するに至った意義を説く論説を採り上げてみた。その検討のなかで浮かび上ってきた問題をみると

① 天台本覚思想の内容の変移
② 類同する言説について単なる一元論、二元論としてみること
③ ①②の問題を通しての「本証妙修」の理解

右の①に挙げた天台本覚思想の内容の「変移」のことはすでに採り上げた問題であるが、ここで天台本覚思想の文献を詳細に検討された山内舜雄氏の『道元禅と天台本覚法門』[20]に注目しなければならない。

山内氏は「源信までの正統的な本覚思想ないし本覚法門と、源信はもちろん最澄にまで遡って仮託された口伝形式をとった本覚思想ないし本覚法門とを、文献資料の上から、まず切り離してかからねばならない。この途方もない難作業をこころみられて、本覚法門の基本的解明を企図されたのが、今日のこる硲教授の業績であろうと思う」と説かれる。

すなわち右の問題点の①は勿論、②についても、先に採り上げているようにすでに硲氏によって指摘されているとみることができる。また道元の思想「本証妙修」の成立については、山内氏の説かれるように「本覚法門の痛破が前提となっている以上、部分的類同からその思想構造の同致にまでいたることは……大いなる無理が生ずる」のである。つまり、まずは正統的な天台教学である「上古天台」と腐敗堕落した「中古天台」との区別をせず、共に「天台本覚思想」で一括して論をすすめた場合、混雑、誤解の生じ易いことが理解されよう。山内氏の説かれるように「当然のことながら本覚法門と正統的天台教学とは峻別しておく必要がある」こととなる。

さらに、道元の思想と天台本覚思想を対照して、一部の言説に表現上の類似をみるとして短絡的に思想構造の根幹にまで共通するものがあるかのようにみることは重大な誤解となろう。であればこそ、道元は『正法眼蔵』各巻において、くり返しその異なるところについて細説し厳しい批難を重ねているのである。

以上検討の結果、おのずから正統的天台教学と中古天台の本覚思想との違いが浮かび上がってくる。その最大の問題は中古天台においては、すべてをあるがままに肯定し因果を超越する絶対自由自儘な思想であることから

① 戒律無視　② 修行実践の無用化

を生じ、おのずと持戒修道の道がすたるところにあろう。であればこそ道元は天台本覚思想を検討し批判を加えた結果としての「本証妙修」を説くのである。

すなわち「辨道話」巻において「仏法には修証これ一等なり。いまも証上の修なるゆえに初心の辨道すなわち本証の全体なり。かるが故に、修行の用心さづくるにも、修のほかに証をまつおもひなかれとをしふ、直指《じきし》の本証なるがゆえなるべし。すでに修の証なれば証にきはなく、証の修なれば修にはじめなし」と説き、さらに先述した「諸法実相」巻においては「作仏よりのちは行を廃して、さらに所作あるべからずといふは、いまだ仏祖の道をしらざる凡夫なり」として、現実実証の修行を強調し「証上の修」を主張したのであり、加えて、外道の言にまどわされかねない門人には、因果の理の無作歴然を示し、主体的な修行と実践の復活をめざしたのである。

また「身心一如」「性相不二」という、いわば一元論的な観点からする中古天台本覚思想との類似についていえば、「身心学道」巻において「身にて学道するなり、赤肉団《しゃくにくだん》の学道なり」とあり、『随聞記』二（二六）には「心の念慮知見を一向に捨て只管打坐すれば道は親しみ得るなり。然あれば道を得ることは正しく身を以て得るなり」とあることをみるならば、そこに中古天台本覚法門と全く異なる、身を

もって現実実証する修行と実践を主張する道元の立場が明示されている。

注

1 『道元思想大系』〈7思想篇1〉道元禅の成立（同朋社出版　一九九五年）
2 竹内道雄『人物叢書　道元』二無常の世（吉川弘文館　平成四年）
3 竹内理三『日本の歴史6』「法皇と僧兵」（中央公論社　昭和四〇年）
4 同右
5 宮家準『修験道思想の研究』第八章「修験道の成仏観」（春秋社　昭和六〇年）
6 『大日本佛教全書』二八巻　論疏部（講談社　昭和四六年）
7 硲慈弘「鎌倉時代に於ける心常相滅論に関する研究」（『道元思想大系14』〈思想篇8〉道元と本覚思想（同朋社出版　一九九五年）
8 『日本仏教学会年報』22所収　昭和三二年
9 『道元思想大系』14　思想篇八巻「道元と本覚思想」所収　同朋舎出版　平成七年
10 『日本思想大系』9　天台本覚論所収　岩波書店　昭和四八年
11 『講座日本思想二巻〈自然〉』所収　東京大学出版　一九八三年
12 『思想』六〇号所収　校倉書房　一九二六年
13 前掲注3所収

14　延暦寺常行三昧堂守護神の摩多羅《またら》神を本尊とする五欲満足達成の法儀（天台本覚思想の影響と評価）五四一頁

15　前掲注3所収　五四二頁

16　前掲注2所収

17　前掲注3所収

18　同右

19　西義雄「鎌倉新仏教興起の因由」日本仏教学会編『鎌倉仏教形成の問題点』所収　平楽寺書店　一九六九年

20　山内舜雄『道元禅と天台本覚法門』大蔵出版　一九八五年

十九　白山修験と達磨宗僧団

1　白山修験と波著寺

道元の入越については先の十五章に要因と状況について述べている。すなわち、こののち道元僧団の主流となったのが、この波著寺達磨宗僧団の人々であり、いわば、入越時における道元の周辺は、白山修験と中国宋代臨済宗大慧派の祖、大慧宗杲の門下に連なる大日房能忍の会下であった旧達磨宗教団の人々に囲繞されていたことになる。

ここで、こうした入越時の道元をとりまく、その特異な環境について考察してみるべきであろう。すでによくいわれているように、入越後の道元において思想的な問題ないしは展開が認められるのであれば、こうした「特異な環境」と無関係とはいえない。

そこで改めて、その特異な環境を構成する因子として次の二点を採り上げ、道元の「思想とのかかわり」の面から考察してみたい。

①　白山修験

②中国臨済宗大慧派の懐鑑とその門下からなる波著寺僧団（道元に集団入門した大日房系僧団）

まず、①白山修験について見逃すことができないのは、その「修験道の教義」に中古天台の「本覚思想」と甚だよく通じるところが認められることである。

原始山岳信仰の土壌のなかに生まれた奈良時代の山林仏教—雑密の山岳修行においては、超能力—呪験力の獲得が主な目的であった。しかし、やがて現世でこの身このままの成仏を希求するものへと移行することとなる。そこに天台本覚思想が摂取されてくると先に、この思想について述べたことと同じ問題が生じてくる。

すなわち、①修行の結果、悟りに至る従因至果の「始覚」が「即身成仏」、②衆生本来そのまま仏とみる「本覚」が「即身即仏」、③現実そのものを真理のすがたとし、凡仏一体不二、始本不二を説くのが「即身即身」という「三種成仏」[1]の思想を生じる。

この右の③「即身即身」において「中古天台本覚思想」と共通する絶対的一元論の世界が展開することとなるのである。

この「即身即身」は擬死再生の十界修行を行なう入峰《にゅうぶ》修行のうち、非因非果の峰入《みねいり》とされる夏峰の修行であって、衆生と仏とを区別しない生仏不二の立場であり、始本不二、金剛界、胎蔵界不二の入峰修行である。

そもそも「夫《そ》れ山伏とは、即身即仏の体性、毘盧《びる》覚皇《かくおう》の極位なり」[2]とあるように、入峰修行者は即、大日如来そのものとなるのであり、峰入行者の装束も大日如来の姿を表徴していて、修行の山は即、金、胎両部の曼荼羅そのものであることとなる。

すなわち、古代の原始山岳信仰と仏教が習合し、天地自然と「我」が一体化し「草木国土悉皆成仏」の思想を生むこととなるが、これはまた、即、古代中国の生んだ老荘の思想とも合致するものとなる。そこでこの思想はさらに進展して、修験道で体得される悟りは文字によって表せるものではなく、山岳修行そのものが経典であり、経に依拠する修行ではなく、逆に修験道こそが経の拠りどころとなるものであると主張するに至るのである。(3)

となると、同じく老荘思想に即するところのある中国禅宗の自然主義、自然無為を最上とする中国宋代の黙照禅にも通じるものが認められることとなる。すなわち宋朝禅で強調する「教外別伝」「直指人心」「見性成仏」の教説である。

これに対する道元の痛烈な批難については石井修道氏が「道元が修証観を全く異にする看話禅を否定したのは自明の理であるが、むしろ道元が批判し超克したものは、修行の欠落した悪しき日本天台本覚法門と土着の老荘思想の自然主義に傾く黙照禅であった。批判された主張は外道と同じであって因果を撥無《はつむ》しているとし、道元は深信因果を強調した」(4)と説かれている。

2 臨済に対する評価の変改

道元が入宋した当時、南宋末の禅界は「臨済宗のみ天下にあまねし」といわれる状況にあった。しかし道元は修証不染汚の禅を継承し曹洞の流れをくむ天童如浄につき、身心脱落し一生参学の大事を了得した。

とはいえ、その後も臨済に対する関心は強く『正法眼蔵』には臨済についての評価がくり返し述べられている。ところが、その臨済に対する評価には大きな変化が認められている。

増谷文雄氏は「彼の臨済についての言及の頻度をかぞえてみると、実に四十六回にわたって臨済に言及し、臨済を論じている」「それを年代にしたがって並べてみた。すると、おおよそ寛元元年（一二四三）を中心として、道元の臨済に対する評価に大きな変化があったことが知られる」(5)と述べられている。そこで寛元元年以後にみられるこの変化について増谷氏が説かれているところにつき、次にその要点を採り上げてみたい。

まず仁治三年（一二四二）四月五日、宇治興聖寺において示衆された『正法眼蔵』「行持」巻（上）についてみると

「徳山《とくさん》（徳山宣鑑《せんかん》―見性大師）いかにしてか臨済におよばん。まことに臨済のごときは群に群せざるなり。そのときの群は近代の抜群よりも抜群なり。行業純一にして、行持抜群せりといふ」と絶大なる讃辞が述べられている。

ところがその翌年、寛元元年七月七日、同じ興聖寺で示衆された「葛藤《かっとう》」の巻になると臨済に対する評価は一変する。そこでは「趙州《じょうしゅう》古仏のいまの示衆、これ仏道なり。自余の臨済・徳山・大潙《だいい》・雲門《うんもん》等のおよぶべからざるところ、いまだ夢見せざるところなり。いはんや道取《どうしゅ》（言うことば）あらんや。近来の杜撰《ずざん》の長老等、ありとだにもしらざるところなり。かれらに為説せば驚怖すべし」とある。

すなわち、先の「行持」上巻では徳山などのおよぶところではないとして絶賛された臨済であるが、ここでは、その臨済が徳山や当時の諸山長老などとひとまとめにされて趙州古仏（趙州従諗《じゅうしん》―真際《しんさい》大師）の説法と比較され、「及びもつかないところであり、いまだ夢にもみない言葉にもならないものである。近ごろの杜撰な長老などは、その道理も理解していないが、それを説き示すならば驚き怖れることであろう」とおとしめられている。

また同じく寛元元年、入越して留錫《るしゃく》した越前吉田郡の吉峰寺での示衆になる「説心説性」巻には

「臨済の道取する尽力はわずかに無位真人なりといへども、有位真人をいまだ道取せず。のこれる参学、のこれる道取、いまだ現成せず、未到参徹地といふべし」

とある。右は、「臨済が云い立てたのは、わずかに「無位真人《むいのしんにん》」（相対的な区別を離れた絶対主体的な自由人）であるが、いまだ有位《うい》真人（有無の相対的差別を超えた真の解脱人）を云ってはいない。つまり臨済は未だ究極の境地には到っていないと云うべきである」と酷評しているのである。

さらに寛元元年九月、同じく吉峰寺で示衆された「仏経」では、道元が入宋時、「大宋国には臨済宗のみ天下にあまねし」という状況であったが、道元は、それらの禅家の人々を「杜撰の臭皮袋《しゅうひたい》」と呼び、彼らについて「いたづらに外道天魔の流類となれり。もちゐるべからざるをもとめてもちゐる、これによりて仏祖の法、むなしく狂顛《きょうてん》の法となれり」「仏経を仏法にあらずといふは、仏祖の経をもちゐし時節をうかがはず、仏祖の従経出の時節を参学せず、仏祖と仏教との親疎の量を知らざるなり。かくのごとくの杜撰のやから、稲麻竹葦《とうまちくい》のごとし」などと述べ、その杜撰をきわめた彼らが仏経をないがし

ろにしていると批難したあと、臨済については「しるべし、上上の機にあらざることを」といい、また臨済が立てた四種の修行指導法といわれる「四料揀《しりょうけん》」などは仏道修行の指針とはなり得ない、と説くのである。

そこで先には「行業純一にして、行持抜群せり」「抜群の指導者」であるとした臨済についての評価が、「いかなる理由によって、かくも激しい変化をとげたのであろうか」という増谷氏の疑問が提示されることとなる。

増谷氏はこの変化の原因として、まず道元が帰国後の全生涯のあいだに「さまざまなる内的展開」をなしていることをあげられている。また、この「内的展開」は即、道元が「道は無窮なり。悟っても猶行道すべし」と語っていることをあげ、「すでに修の証なれば証にきはなく、証の修なれば修にはじめなし」であり、つまり「仏法には修証これ一等なり」との道元の基本思想そのものに通じるものであることを説かれている。

さらにその上で先の寛元元年を中心とする、いちじるしい内的展開については仁治三年（一二四二）になって道元のもとに『天童如浄和尚語録』が送り届けられてきたことを採り上げ「その語録は、道元にとってまさに五体投地の礼をもって頂戴するにいたる賜物であった」とし、この語録の到来が「寛元元年を中心とする道元のいちじるしい内的展開」をもたらしたものとして、それにより、道元は如浄の教に従い「深草の興聖寺を去って深山幽谷に居すべき思いを決したに違いないのである」と説かれる。この増谷氏の説に従えば、先に採り上げられている「寛元元年を中心として道元の臨済に対する評価に大きな変化があった」ことについても同じく「寛元元年を中心とするいちじるしい内的展開」を表徴するものとみるほかはなく、その直接の契機も『如浄和尚語録』の到来によるとみることになるのであろう。

しかし、ふり返ってみると『如浄和尚語録』が到来する以前の仁治二年（一二四一）十一月十四日に道元が宇治興聖寺において示衆した「仏教」巻のなかに、すでに道元の「いちじるしい内的展開」のなかでも特に画期的な教説が示されていることは増谷氏も指摘されているのである。

すなわち増谷氏が「ながく禅家のよって立つ基本的な立場の表現であった」といわれる「教外別伝」の主張を、道元は「仏教」巻において、「明らかに謬説である」といい切っているのである。

ここで、この「教外別伝」と併せて道元が強く批判した同じく中国宋朝禅の宗義の特徴となる「不立文字」「直指人心」「見性成仏」の四言句について次にその意義をあげると

○「教外別伝」「不立文字」—真の仏法は経典、教説の文字によって伝えられるものではない。心から心へと伝わるものこそ万象不変の本性であり、その一心を正伝することが教外別伝であるとする。

○「直指人心」「見性成仏」—言葉や文字によらず心そのものを直ちに指し示し、自己の心性が即、仏性であると自覚し仏となるとする。

右の四句は一口でいって「見性」[6]を最高の目的とするものであるが、これは先に採り上げた先尼外道の「心常相滅説」の「霊知《りょうち》」に通じるものである。また「見性」は仏教、儒教、道教が一致すると説く三教一致の根拠になるものとして厳しく批判されている。

そこで次に増谷氏が「仏教」巻にある「教外別伝」に対する道元の批判について説かれるところをみ

てみよう。道元はその謬説であることの道理について細かく説き、

「仏教のほかに一心ありといふ、なんぢが仏教、いまだ仏教ならざらん」「教外別伝の謬説を信じて仏教をあやまることなかれ。もしなんぢがいふごとくならば、教をば心外別伝といふべきか。もし心外別伝といはば一句半偈つたはるべからざるなり。もし心外別伝といはずば、教外別伝といふべからざるなり」

と説き、さらに道元は歴史の事実をもってその道理を示している。すなわち、

「摩訶迦葉《まかかしょう》、すでに釈尊の嫡子として法蔵の教主たり、正法眼蔵を正伝して仏道の住持也。しかありとも、仏教は正伝すべからずといふは、学道の偏局《へんこく》（偏見）なるべし」

と説く。増谷氏は右について、摩訶迦葉が、かの拈華微笑《ねんげみしょう》の物語の主要人物であり、「教外別伝」の主張は、この拈華微笑の物語を、そのよりどころとすることはよく知られている。しかし一方、摩訶迦葉は釈尊の滅後三か月のころ、王舎城の郊外、毘婆羅山の七葉窟において、第一結集《けつじゅう》がおこなわれた時、その中心となった人物であり、それはかくれもしない歴史的事実であることを示されている。

道元が彼を指して「釈尊の嫡子として法蔵の教主たり」というのは、そのことを指しているのである。彼こそは、師の滅後まもなくして、経典の結集を提唱し、その業を遂行した中心人物である。その当人をもって拈華微笑の物語を捏造し、教外別伝の主張のよりどころとしようなどというのは、まるで仏教をしらざるもののわざではないかとするのであると説かれ、道元の特別大胆な主張として採り上げられている。

すなわち、すでに『如浄和尚語録』の到着以前から、道元の中国宋代禅に対する批難は開始されている

のであり、しかも、その最も根源的ともみられる思想に対して甚だ酷《きび》しい論難が展開されているのである。

となると、このような「いちじるしい内的展開」すなわち特に臨済に対する酷しい批難が生じる契機は何であったのか、である。そこで想起すべきは、すでに先の「白山修験と波著寺」に述べている道元入越時の状況、道元の教化の対象、なかでも身辺近く日常生活を共にする会下僧衆の問題である。

3　道元と達磨宗僧団

仁治二年十一月十四日、「仏教」巻に示された「教外別伝」の全き否定という画期的な教説が示される直前の同年春、正にこの教説に対応するような事件が生じた。

すなわち、波著寺に拠る達磨宗の懐鑑が門下の義介・義尹・義演・義準・義荐・義運らと共に道元のもとに集団帰投したのである。

すでに先に述べたとおり、道元に帰投したこれら懐鑑の門下は臨済宗大慧派大慧宗杲の法嗣拙菴徳光の印可を受けた日本達磨宗の祖、大日房能忍の門弟である。

しかもこの一門が入門した次の年仁治三年四月五日に記述された「行持」巻（下）には次のような道元の師如浄の拙菴徳光に対する激烈な批難が示されている。

「仏照（拙菴徳光）ことに仏法の機関をしらず、ひとへに貪名愛利《とんみょうあいり》のみなり。仏法もし各自理会《りうい》ならば、いかでか尋師訪道の老古錐《ろうこすい》あらん。真箇是《しんこし》光仏照、不會参禅也《ふすんさんぜんや》（曾《か》つて参禅せざるなり）。いま諸方長老無道心なる、たゞ、光仏照箇児子也《こじすや》」

すなわち、拙菴徳光は仏法の肝要を知らず、ただ名利を貪るのみの人物であって、参禅もしたことがなかった。いま諸方の長老らに道心が失われてしまったのは、彼らが光仏照《こうぶつしょう》（拙菴徳光）の弟子だからだ、と批難する先師如浄の言説が引用されているのである。

つまり、「行持」巻には上・下二巻の別があり、下巻には仁治三年四月五日書于興聖宝林寺の年時がみられるものながら先述のとおり上巻には臨済に対する絶大な讃辞が述べられている。ところが一方、増谷氏はふれられていないが下巻では、臨済宗大慧派の拙菴徳光（一一二一～一二〇三）―仏照禅師―に対する強い批難が示されている。この批難の言辞は道元の先師、天童如浄による拙菴徳光―臨済宗大慧派、大慧宗杲の法嗣、仏照禅師―に対する批判を採り上げたものであり、この下巻の後段は先師如浄の説示、行業について説くものとなっている。

4　臨済への批判、否定の契機

増谷氏は、こうした道元の臨済宗批判と入越の時期が同じであり、その寛元元年という年は道元の内的活動の旺盛であった時期の一つである。その時には、なにか大きな心境の変化、つまり「内的展開」があってのことでなければならぬと説かれている。その上で増谷氏は「こうした内的展開は仁治三年の『天童如浄和尚語録』の到来がその主因と考えられる」とされる。

しかし『如浄和尚語録』が到来する前年、仁治二年の示衆になる「仏教」巻において、すでに宋朝禅の定義となる「不立文字」「教外別伝」に対する強い否定があること、また、仁治三年の「行持」巻は上・下二巻に別れ、上巻で激讃された臨済であるが、下巻では、同じ臨済の法系である拙菴徳光に対する激烈な批難（道元の先師、如浄の説示）が引用されている。

さらには先述した「仏教」巻に示された「教外別伝」に対する全き否定という画期的教説が提示される直前の事件、道元会下への日本達磨宗一門の帰投にも注目すべきこととなる。

しかし以上の経緯はかなり錯綜するところがあるため、その次第については次に年次別に掲示してみることとしたい。

●仁治二年（一二四一）春—興聖寺の道元会下に日本達磨宗の懐鑑一門（臨済宗）が帰投。

○同　年（〃　）十一月十四日—興聖寺示衆「仏教」（「教外別伝」を謬説と説く）

○仁治三年（一二四二）四月五日—興聖寺書示「行持」（上巻—臨済に対する讃辞　下巻—如浄の説示を引用して臨済宗、拙菴徳光に対する激烈な批難）

●同　年（〃　）八月五日—『天童如浄和尚語録』到来

○寛元元年（一二四三）七月七日—興聖寺示衆「葛藤」（臨済と杜撰の長老らをひとまとめにして批難）

○同　年（〃　）—越前吉峰寺示衆「説心説性」（○臨済の再興といわれ看話禅を大成した大慧宗杲への批難。○臨済義玄の無位真人に対し、有位真人を示し、無位を否定）

○同　年（〃　）九月十六日—越前吉峰寺示衆「仏道」（仏道を禅宗とか五家七宗派の宗旨とみることの誤りを示す）

○同　年（〃　）秋九月—越前吉峰寺示衆「仏経」（禅宗の宗義となる見性を目的とする「教外別

伝」を否定する）

右の次第で特に●印のものは道元の「臨済への批判」の契機となったとみられるものである。最初の●印の「道元会下への達磨宗徒の帰投」は、その先の文暦元年（一二三四）、すでに道元会下に入っていた懐弉の勧誘によるといわれている。彼は道元の最も厚い信頼を得た唯一の法嗣として後に永平寺二世の住持についているが、もともと日本達磨宗開祖大日房能忍の高弟覚晏《かくあん》の弟子であり、懐鑑とは法兄弟であった。つまり道元会下は彼らもと達磨宗僧団を基盤としてその後の活動を進めることとなる。『正法眼蔵』の書写校合も殆ど懐弉の手になることはその奥書に明らかであるし、達磨宗徒一門をひきつれ道元会下に入った懐鑑は終生、達磨宗の法統をまもり、道元入越後はまもなく会下を離れてもとの波著寺に戻っている。しかし道元会下にあった時は永平寺の首座《しゅそ》にも任じられている。

さらに、その門下の義介は永平寺の典座《てんぞ》・監寺《かんす》につき、懐弉に嗣法して永平寺三世となったが、義介は先に懐鑑から達磨宗の道名「義鑑」の嗣書を受けていて師懐鑑の命により両統の嗣法を重ねて相承した。次いで波著寺において懐鑑に受業《じゅごう》した達磨宗徒の義演が永平寺四世の住持についている。

つまり以上のような経緯から当然、道元会下には達磨宗の思想との問題が生じることとなる。

次の『天童如浄和尚語録』の到来、については、その一年前の仁治二年、先の達磨宗一門の道元会下への帰投があった年に示衆された「仏教」巻に注目すべきこととなる。そこでは臨済の標榜する「教外別伝」を謬説とする画期的な教説が示されている。

また『語録』到来の年に書かれた「行持」では、その上巻での臨済への讃辞が下巻では先師如浄による臨済宗拙菴徳光に対する酷しい批難となって提示されている。

つまり『語録』到来一年前に臨済の宗義「教外別伝」は否定され、さらに『語録』到来により、如浄の説示を引用した臨済への格別厳しい批難が提示されたものとみられよう。

そこで思量されるのが日本達磨宗開祖大日房能忍の法系である。能忍は中国臨済宗大慧宗杲の法嗣である拙菴徳光の印可を受けている。すなわち先述の「行持」下巻に示された先師如浄による激烈な批難の対象となった拙菴徳光、その人の印可を受けた能忍である。

なお入越後においては特に宋朝禅において迎合された、仏教、儒教、道教の三教一致説に対する問題も提示されることとなったのである。

5　道元と大日房能忍の禅

道元による臨済禅に対する強い批判については先に採り上げている。

しかし、それと共に道元の「思想とのかかわり」において特に注目すべき「教化の課題」となったのが「大日房能忍の禅」である。

この間の状況については、波著寺達磨宗徒の集団入門があった頃の述作になる『正法眼蔵随聞記』によく伺われる。この『随聞記』は道元の説示を懐奘が記録し、後に門下により六巻に編集されたものといわれ、その奥書に「六冊倶《とも》ニ嘉禎《かてい》年中ノ記録ナリ」とあることから、この筆録が懐奘入門の翌年、嘉禎元年から同四年の間に行われたことになる。すなわち、この間、懐奘は日本達磨宗徒としての懐奘から一転、道元に帰投し、嗣法相続し道元の最高弟としてその後、道元の入滅に至る二十年間、かた時も離れず全面随身して道元の仏法「本証妙修」をまもることとなる。ここに、その僧団結成の第一歩となる教化の様相を伺い知るところが見出されよう。

この『随聞記』については『永平寺史』に「まさにこの日本達磨宗と道元禅との対決によって筆が起こされたものと考えることはできないであろうか。懐弉は日本達磨宗の禅法と道元禅との異同、相異を求めて、自ら問いを発し、また他の人の問いに対して答えられる道元禅師の言葉、および夜話や雑談の類も、聞くにまかせ語るにまかせて記録をとりあさったのではなかろうか」(7)とある。また「『随聞記』の記録の期間が嘉禎年中のわずか三、四年間で終っている」ことについても、この間において懐弉が「確箇とした仏法相続者としての道を歩み始めており、道元禅師の禅の全分を信受奉行する心境に至っていた」「かくして、日本達磨宗と道元禅との対決の時期は過ぎ、懐弉は道元禅師に、道元禅師も懐弉に全幅の信頼を寄せ、初期曹洞宗教団が機能を始めた」と説かれるごとくであり、またそこに「特に懐弉の質問について達磨宗徒としての懐弉を強く意識させる質問が多い」のも至当なこととなろう。そうした質問の例として因果必然の理に関して「懐弉が日本達磨宗修行中に身につけた公案の拈弄《ねんろう》(古人の問答を主題とする問法)を道元禅師に呈したもの」とか道元が「祇管打坐《しかんたざ》の立場から懐弉の提起した話頭禅の立場を否定している箇所」「戒律に関する極めて基礎的な疑問」など、「どうしてもも解決しておかなければならない問題意識を抱えての数年間の記録であったという位置づけは可能であろう」(8)ことが指摘されている。

一方、先に日本達磨宗が中古天台本覚法門と共通する思想基盤を有するものであることについて述べているが、そうした修行無用の絶対的一元論そのままを提示したような懐弉の質問も筆録されている。『随聞記』三(十八)にある「学人もし『自己是仏法なり。また外に向って求むべからず』と聞いて深くこの語を信じて向来の修行・参学を放下して本性に任せて善悪業をなして一期を過さん、この見如何」という懐弉の質問である。これを道元が否定し、道元の仏法である只管打坐の本質、無所得、無所悟の証上の修を説く一節がある。

しかし、こうして懐弉が旧達磨宗の残滓を払拭し道元の仏法の全き信受奉行に至ったあとも、道元会下における旧達磨宗徒の問題が解消したわけではない。嗣永芳照氏はこうした問題が道元の寂後、永平寺二世の懐弉と同三世の義介との間にも生じていたことについて「永平寺室中聞書」(9)により次のように説かれている。

「懐弉に嗣法して義介は達磨宗と併せて日本曹洞宗正嫡の地位も占めるに至っているのである。そして曹洞・達磨両宗派の関係と云う観点からすれば、ここに両宗派が義介という一個人を媒介として一体化したと云えるのである」とした上で、この義介が懐弉に入室して四日後の建長七年正月六日に懐弉に呈した質問を採り上げ、その内容について「これは叢林中の行住坐臥等一切所行は全てこれ仏法であるが、但し一切行即仏法であるためには仏威儀に基づいた又則った一切行でなければならないとする所謂威儀即仏法の道元の禅風と云うものを、この時未だ了解に及ばなかった義介が叢林中の一切行即仏法ならば、仏法は元来、諸悪莫作衆善奉行であるから叢林中の各自の如何なる行為、如何なる行動もそれは諸悪莫作衆善奉行に外ならず即仏法であるとする自分も含めた『同一類之法内諸談』の正否を問うたもの」であることを示されている。(10)

つまり、この義介の質問にも達磨宗の教義に通じるような単純な一元論で「一切行、即仏法」を主張するようなところが伺えるのであり、先に道元と懐弉との間にみられた達磨宗の教義からする疑義がくり返されている感がある。勿論、右の邪見は懐弉によって否定され、訓戒されているが、その後、義介は嗣法直前の二月二日になって「叢林作法進退等一切所行は仏威儀に基づいてこそ仏法となり得ること、仏威儀に則った行住坐臥一挙手一投足以外に仏法は存在しないことを真実確信したと述べている」「これは正に道元の所謂威儀即仏法の本質を理会したものであり、義介が曹洞宗禅風の体得に達したことを示すものである」と説かれているようにこの疑義は解消している。

しかし嗣永氏は、ここで注目すべきこととして、先の質疑が「同一類之法内所談」とあるように、そこに義介をも含めた邪見の「同一類」が存在し「この一党は道元在世時、道元の禅風を理解出来ずに却って偏見を抱き、道元の忌憚を買い、その会下を離れて行った者が自然徒党を組むに至ったものではないかと思われ」「この一党は、懐鑑・義介などと共に曹洞宗に転向帰入して遂に曹洞宗僧とはなり得なかった達磨宗系の人々が核をなし、波著寺に拠ったものではなかっただろうかと憶測されるのである」と説かれている。

つまり、道元に最も信頼され、唯一の法嗣として直接、格別親密な接得を受けていたであろう懐弉、さらに道元寂後において永平寺三世の法灯を継いだ義介においても、旧達磨宗徒としての残滓から生じたであろう疑団を示していたのであり、しかもその「同一類」が存在したのである。となれば、道元の入越後には、こうした会下僧団に生じた問題に対し、かなりの警戒があったと思量されよう。

石井修道氏は「大日能忍は叡山の流れの中にあった禅の思想から無師独悟した」「能忍の系統は達磨三論等を根拠に本来性に寄りかかった即心是仏を主張したが、徹底した現実肯定の考え方は多くの人々を魅了した」「能忍の禅は本覚門に立つ唐代禅の叡山の流れの中で確立した。それゆえ嗣法とはかかわりなく、誤られると極めて自然外道《じねんげどう》に近い教えとなり、修行の必要性を認めない悪しき天台本覚法門と共通の思想基盤をもちあわせることとなった。正しく『禅天魔』の一面をもっていたのである」(11)と説かれている。

この「禅天魔」の一面をもつ大日能忍系の達磨宗僧団が道元門下に帰投していること、しかも、彼らが最後の拠点とした「波著寺」は同じく絶対的一元論の中古天台本覚思想に通じる教理をもつ「白山修験」の拠点でもあり、さらに道元入越の最初の道場が白山平泉寺本社の禅師王子《ぜんじおうじ》の神を祀る禅師峰の坊院であったことなどに思い至るならば、これまでの「入越」を中心とした道元の教説に示された執拗に痛烈な批難のくり返しについての疑問は解消されよう。

つまり、入越時の道元の周辺や教化の対象となる人々のなかに、道元の最も批難すべき中古天台本覚思想に通じる教理を信奉、もしくはその外道の説に影響され易い状況にある人々などが参じていたであろうことである。

となれば、これこそが入越後の道元において、「思想的な問題ないし展開」があったといわれてきたことの要因ではなかろうか。すなわち「道元入越当初の教化活動」は、その地に巨大な勢力をもつ白山修験の中心圏に入り、旧達磨宗徒を会下とした教化である。道元がこれらの人々に如何に対処し教化するか、そこに、緊急にして最も先決すべき課題が認められることとなる。

であればこそ、竹内道雄氏が「北越入山以後、止錫の地も定まらぬ不自由な苦難の求道生活のなか、わずか一カ年の間に新たに『正法眼蔵』その他三十余巻が示衆され、『正法眼蔵』のほとんど大半ができあがったことは、道元の求道の志気まことに驚嘆の外はないのである」[12]と説かれるような教化活動が生まれたのであろう。

6 「禅宗」の妄称・五宗の乱称と「三教一致説」の否定

「禅宗」の妄称及び「五宗」乱称の否定

道元が「禅宗」の名称に加えて、雲門・法眼・潙仰・臨済・曹洞など、五宗の称を「あやまりのはなはだしきなり」として否定したことは、寛元元年（一二四三）九月十六日、越州吉田県吉峰寺において示衆された『正法眼蔵』「仏道」巻に縷述されている。

この「仏道」巻の教説の要点を簡略にいえば、仏祖正伝の「正法眼蔵涅槃妙心」（釈尊が大悟した甚深不可思議の真理）が仏祖の大道であることを説き、これを「禅宗」とか「五家の宗旨」をもって標榜することの誤りについて説示している。次にその教説の抜粋を掲げる。まず禅宗の称に対する批判の例を採り上げる。

「仏祖正伝の正法眼蔵涅槃妙心、みだりにこれを禅宗と称ず、祖師を禅祖と称ず、学者を禅師と号す、あるいは禅和子《ぜんなす》（禅僧）と称じ、或は禅家流の自称あり。これみな僻見（偏見）を根本とせる枝葉なり。西天東地、従古至今（古来、今に至るまで）、いまだ禅宗の称あらざるを、みだりに自称するは、仏道をやぶる魔なり、仏祖のまねかざる怨家なり」

「仏々正伝の大道をことさら禅宗と称ずるともがら、仏道は未夢見在なり、未夢聞在なり、未夢伝在なり（仏道を夢にもみていないのであって聞くことも伝えることもない輩である）禅宗を自号（自ら唱える）することがらにも仏法あるらんと聴許《ちょうこ》することなかれ（言わせてはならない）。禅宗の称、たれか称じきたる。諸仏祖師の禅宗と称ずる、いまだあらず。しるべし、禅宗の称は、魔波旬《まはじゅん》（天魔）の称ずるなり。魔波旬の称を称じきたらんは魔黨《まとう》なるべし、仏祖の児孫にあらず」

「大宋の近代、天下の庸流（凡庸浅学の者）、この妄称禅宗の名をきゝて、俗徒おほく禅宗と称じ、達磨宗と称じ、仏心宗と称ずる、妄称きほひ風聞して（妄称の風説がひろまって）仏道をみだらんとす」

右は「仏道」巻に示された「禅宗の妄称」に対する批難のなかの巻初にある三例を採り上げたものである。こうした批難がくり返されたあと、「五宗乱称」に対する批判の説が続くこととなり、双方を合せると二十例にもなる。このあとに続く「五宗乱称への批判」については、その要点のみを次に採り上げてみたい。

「先師古仏、上堂し衆に示して云く、今箇々祇管に道ふ《い》（今、それぞれ、ひたすらに云っている）、雲門・法眼・潙仰・臨済・曹洞等、家風別有るが如きは、是れ仏法にあらず、是れ祖師道にあらざる也」（原漢文）

「大宋国の仏法さかりなりしときは五宗の称なし、また五宗の称を挙揚《こよう》して家風をきこゆる古人（宣揚する古人）いまだあらず。仏法の澆薄《ぎょうはく》（衰え）よりこのかた、みだりに五宗の称あるなり」「仏祖正伝の大道を禅宗と称ずべからずといふこと、臨済宗と称ずべからずといふことを、さらに禅宗と称ずること、ゆめゆめあるべからず」

以上は二十例にわたりくり返された説示からの要点であるが、こうした先の「臨済への批難」と同様の執拗な教説、教化の主意に注目すべきであろう。すなわち道元会下に帰投した旧達磨宗に対する教化、「禅天魔」の一面をもつといわれた大日能忍禅の残滓との対決、そこに生じた道元入越時の緊急にして最大の課題である。

この課題では道元寂後においても、義介をも含めた「邪見の一類」の問題が生じている。禅宗の妄称、五宗の乱称についても「仏道をやぶる魔」「天魔の称」「魔の党類」とあり、特に「臨済宗」「達磨宗」の宗称が示されている。

「三教一致説」の否定

仏教・儒教・道教の三教一致説を否定する教説は『正法眼蔵』の次の諸巻にみられるが、次にその要点を簡略に採り上げてみたい。

・「諸法実相」巻―寛元元年九月日―吉峰寺示衆

一切諸法の差別相対の世界がそのまま真実相であり、あるがままにあることが仏祖の現成（一切が隠すことなく現れている）であると説く一方、儒教や老子・荘子の道教ではこの「諸法実相」を知らぬものとして三教一致説が排撃されている。

・「仏経」巻―寛元元年秋九月―吉峰寺示衆

仏祖の経典経文を拋って得道すべしと説く「教外別伝」の徒、及び儒・仏・道の三教が一致するとする説を謬説として斥ける。

・「深信因果」巻―建長七年、懐弉書写

因果の道理が必然、歴然であることは孔子や老子が明めるところではない。

・「四禅比丘」巻―建長七年、懐弉書写

この教説の要旨は、初禅、二禅、三禅、四禅の四段の修行道によって、三界一切の見惑思惑の煩悩が断じられたと思い高ぶった僧（四禅比丘）の誤りを説き、三教一致の説はそれよりも更に誤りは深く、仏を謗り、仏法を謗り、僧を謗るものであると説く。

そのあとは、ほぼ全文にわたって孔老（孔子・老子）及び荘子の説と仏道との不一致についてくり返し説きすすめ「三教一致説」を自然見の外道に類する説、邪説中の最邪説なりと排撃するのである。

そこでふり返れば、先に述べたとおり、入越の地は、古密教、道教、儒教の影響を強く受けて成立した日本独特の山岳信仰、白山修験道最大の本拠、白山平泉寺本社の中心圏域である。

この特異な教化の新天地において、中古天台本覚思想と共通する思想基盤に立つ修験道に如何に対応すべきか、そこに先の「道教、儒教」に対する強い批判の要因があろう。

注

1　宮家準『修験道思想の研究』第八章五　春秋社　一九八五年
2　『修験道修要秘決巻之上』衣鉢分十二通第一　頭襟之事『修験道章疏』第一巻　日本大蔵経編纂会編　図書刊行会　大正八年
3　同右　修験道浅略分七通　第一　依経用否之事
4　石井修道『岩波講座　東洋思想　東アジアの仏教』十二巻二　日本の禅2　曹洞宗
5　『増谷文雄著作集11道元』（臨済と道元　角川書店　昭和五十七年）
6　言説によらず直接、心に働きかけて本性を悟ることを至高の目的とする。
7　『永平寺史』（上巻一七六頁　大本山永平寺　昭和五十七年）
8　同右（一七六～一八二頁）
9　『曹洞宗全書』（史伝下　昭和五十一年）
10　嗣永芳照「日本曹洞宗に於ける大日能忍の達磨宗の消長」（河村孝道　石川力山編『日本名僧論宗　8巻　道元』吉川弘文館　昭和五十八年）
11　石井修道『岩波講座東洋思想　東アジアの仏教』（第十二巻　日本の禅2　曹洞宗　一三三頁）
12　竹内道雄『人物叢書　道元』（日本歴史学会編　吉川弘文館　平成四年）

二十　道元の出家主義と白山越前修験道

日本独自の「修験道」は日本のあらゆる宗教の原点となる山岳信仰を基盤として、道教、古密教、神道などが習合して成立したものであるため、一つの宗教の枠にはおさまりきれないところがある。また、本覚思想の強い影響を受けるなかで、独特の行法、教義を生みだすこととなる。先の「十九　白山修験と達磨宗僧団　1　白山修験と波著寺」のなかでも、本覚思想と共通するところのある修験道の教義「即身即身」にかかわるところについてふれているが、ここでさらに、修験道が生み出した独特の行法、教義について、これを「道元の教化」と対照してみることとした。そこに、いわゆる「道元入越後の思想の変化」とか「新たな展開」とかいわれてきたことについて、これまで採り上げられることのなかった新たな視点が見出されることとなろう。

そこで再び、先の増谷文雄氏が道元の「内的展開」のあとづけとして説かれているところをみてみたい。増谷氏は『正法眼蔵』「辨道話」と「発無上心」の説示を対比し、この入越前と入越後の両巻の教説の甚だ異なるところについて指摘されている。[1]

すなわち、興聖寺時代の「辨道話」巻については「道元の読経・念仏等にたいする歯に衣きせぬ批判」があり、「それらはそのころの道元にとっては、『ただしたをうごかし、こゑをあぐるを、仏事功徳とおもへる、いとはかなき』ものであり、あるいは、『口声をひまなくせる、春の田のかへるの昼夜になくがごとき』無益のわざであった」と説かれている。

ところが一方、入越後の「発無上心」巻になると、「造仏造塔も読経念仏も、一称南無仏も、すべて発心《ほっしん》の因縁ならざるはない。しかのみならず、発心はかならず得道につらなるもの」となり、「そのいうところは、さきの『辨道話』の巻のそれと、はなはだその趣を異にしている」のであって、「その異なりは、いったい、どこから生じきたったものであろうか」という疑問を呈されている。

その上で増谷氏は、こうした道元の説示の「変化」について、「道元その人の悟境がかわったのであり、その悟境がすすんだからであり、つまり道元じしんに内的展開があったことによるもの」として説かれている。

しかし、ここで疑問が生じる。では何故、このような「変化」「展開」が道元の「入越」を中心とした時期に生じたのか、また、すでに先にも採り上げているが、この時期に集中して、「北越入山後、止錫の地も定まらぬ不自由な苦難の求道生活のなか、わずか一ヵ年の間に新たに『正法眼蔵』その他三十余巻が示衆され、『正法眼蔵』のほとんど大半ができあがったことは、道元の求道の志気まことに驚嘆の外はないのである」といわれるように「精力的な教化」がなされねばならなかったのか、である。

それだけではない。そこには入越後の道元において最も注目すべき「変革」として採り上げられることのある「在家成仏・女人成仏の否定」と「出家主義の強調」がある。

まず深草時代の『正法眼蔵』「辨道話」において説くところは次のようである。

「おほよそ仏祖あはれみのあまり、広大の慈門をひらきおけり。これ一切衆生を証入せしめんがためなり」「ただこれ、こころざしのありなしによるべし。身の在家出家にはかかはらじ。又ふかくことの殊劣をわきまふる人、おのづから信ずることあり。いはんや、世務は仏法をさふとおもへるものは、ただ世中に仏法なしとのみしりて、仏中に世法なきことをいまだしらざるなり」。「大宋国には、いまのよの国王・大臣・士俗・男女、ともに心を仏道にとどめずといふことなし。武門・文家いずれも参禅学道をこころざせり。こころざすもの、かならず心地を開明することおほし。これ世務の仏法をさまたげざる、おのづからしられたり」

すなわち、釈尊は一切衆生を証入得道させるために広大の慈門をひらいているのであって「在家・出家」「男女貴賤」の別などなく、世間一般の務めも仏道修行をさまたげるものではないとする「弘法救生」を真の仏法であると説いている。

ところが、道元は越前下向後、一転して「在家成仏・女人成仏」を否定し、「出家至上主義」を標榜することとなる。すなわち、入越後の寛元二年二月、吉峯精舎で示衆された「三十七品菩提分法」においては「いまだ出家せざるものの、仏法の正業を嗣続（嗣ぎ続ける）せることあらず、仏法の大道を正伝することあらず。在家わづかに近事男女の学道といへども、達道の先蹤（先例）なし。達道のとき、かならず出家するなり。出家に不堪ならんともがら、いかでか仏位を嗣続せん」として在家の学道と出家の学道を一等とすることの全き否定を説き、さらに、その証拠、道理について評説するのである。

こうした変化については今枝愛眞氏の「深草時代の門下には在家信者が数多く加わっていたが、越前下向の頃になると、もはや安易な妥協など一切許されない純粋な修行者だけによる出家本位の同志的結合が生じたからである」(2)との見解が示されている。

しかし、道元は入越後も、道俗を併せての行化に活躍したのであり、波多野義重、左金吾《ひだりのきんご》禅門覚念らにより計画された大仏寺開堂の大法会においては在俗の男女ともに多数参列随喜したことが記録されている。ところが、その大仏寺、すなわち永平寺において寛元四年九月に示衆された『正法眼蔵』「出家」巻においては、『禅苑清規《ぜんねんしんぎ》』（日常の行法等を詳説した最古の書）に示されている成道の必須条件としての出家・受戒を採り上げ、戒律を厳しく浄らかにまもることこそ先決であるとして「いまだかつて出家せざるものは、ならびに仏祖にあらざるなり。仏をみ、祖をみるとは、出家受戒するなり」「仏化はたゞ出家それ根本なり。いまだ出家せざるは仏法にあらず」として出家受戒の意義と功徳について懇切に説く。さらには道元晩年、病中の撰述になるという十二巻本の第一巻「出家功徳」では、興聖寺時代の「辨道話」において全く問題なしとした仏道修行と「世務・家業」の両立を否定し、発心出家者を聖者として出家受戒の功徳について説きつくすのである。

さて、ここでふり返ってみると、先述したように初期道元僧団の結成時における旧達磨宗徒の「教化の問題」については、すでに興聖寺時代からそれに対応すべく、道元の「教化の論理における著しい変化」が認められた。ところが、この「出家至上主義」の方は「入越後」において特に強調されることになったものである。そこで、このような変化については竹内道雄氏が「こうした衆生救済の大乗仏教と出家主義の一見、矛盾するような論理は道元にとっても会下の僧衆を対象にした場合はまだ、その説得が容易であったが、在俗の信徒に対する時、常に当惑せざるを得なかった内面的課題であったように思われる」(3)といわれるとおりであり、やはり、「道元の教化」における大きな課題とみるべきであろう。そこで、この点について今枝愛眞氏は「あきらかに道元の思想における一大変革があったことを認めなければならないであろう」(4)と説かれている。しかし問題の核心は、このような「教説、教化の変化」を生じた由縁は何か、である。

ここで、入越後の道元をとりまく巨大な勢力、白山越前馬場平泉寺本社の「修験道の教義」に注目しなければならない。その「教義」と道元の「教化」において対照すべき問題がないかどうか、この疑点に関しては今枝氏が「門下の出家たちに釈尊の出家中心の思想を強調するようになったのは当然のことであろう。そこには、出家道を逸脱していた白山天台などの旧仏教徒たちに対する批判がこめられていたであろう」(5)と指摘されているが、その「出家道の逸脱」の内容と、それに対する「道元の批判」の意義については寡聞にしてこれまで明らかにされた見解を知らない。

しかしこの問題については「修験道の教義」と「道元の批判」とを対照してみることにより、そこに重要な視点、「修験道の教義」に大きな影響を与えた「中古天台本覚法門」とそれに対する「道元の批判」という構図が浮かび上ってくる。以下、この点について採り上げてみたい。

まず「入越後の変化」の第一として先に述べた「経典の重視」がある。これについては深草の安養院での「辨道話」巻では蛙の鳴き声にたとえられた「読経」が、寛元二年、吉峯古精舎(白山神を祀った古寺）での「発無上心」巻には「発心の因縁」として重視されていることにつき増谷氏が採り上げられているとおりであり、その前年、吉峯寺示衆の「仏経」においても、「みだりに仏経をよみす」る杜撰のやからどもを批難して「かならず仏経を伝持して仏子なるべし」との説示がある。

そこで、こうした道元入越後の教説において殊更に「経典の重視」を説かねばならなくなった所以を求めるならば、そこに注目されるのが、すでに先の「白山修験と達磨宗僧団」のところでも採り上げている「修験道の教義」である。

『修験道修要秘決巻之上』の「修験道浅略分七道」にある「第一依経用否之事」(6)には、修験と他宗の異なるところとして、諸宗では経によって悟りを得るが修験の行者の自性は両部不二の仏心そのものである。修験道では大自然そのものが経であり「一切諸法本不生色心専《ラ》是《レ》修験一家の宗旨也」として「佛経を以って所依と為さず、却って経の所依と成るべき也」と説き、「故に修験の立義は佛教をからず不立文字、唯、以心伝心」を宗とすると説くのである。

すなわち、すでにこの思想については先に老荘思想に即するものであり、中国宋代の黙照禅にも通じるものとして、中古天台本覚思想とその思想基盤を同じくするものであることについて述べている。一方、道元の会下には、同じく中古天台本覚法門に通じる教理をもち、「禅天魔」の一面をもつといわれた大日房能忍系の旧達磨宗僧団が参じている。

つまり、くり返すことになるが、入越時の道元の教化の対象は、道元が最も批難すべき中古天台本覚思想と共通するところのある教理の信奉者であろうところの修験者、それに、そうした外道の説に影響され易い立場にある会下の僧衆であったことになる。

となれば、越前白山修験の中心圏に留錫し、旧達磨宗徒を会下とした道元の最も先決すべき問題が中古天台本覚思想と共通する教理のこれら信奉者に対する「仏教の重視」と「出家受戒の意義・功徳」についての教化ではなかったか、である。

そこで次にこの道元の「教化活動」における問題の内容を明らかにすべきであろう。すなわち入越後、一転して「在家成仏・女人成仏」を否定し、「出家至上主義」を標榜、強調するに至った「道元の教化」における「一大変革」ともいわれるところについても、先のような問題、特に入越時の道元を囲繞して巨大な勢力を擁していた白山修験の「修験道の教義」にかかわるところがあるのかどうかである。

まず『修験道章疏』三にある「修験学則一巻」をみると、「所詮一切有情ヲシテ十界一如無相三密ノ理ヲ開覚シ、即身ニ生死海ヲ渡ルヲ以テ正意トスレバ、出家ノ修験モアリ、居家ノ修験モアリト意得《こころう》ベシ」「今時妻帯ノ修験ニ付キ四衆ノ分別ヲナサバ、優婆塞《うばそく》（男子の五戒を守る在家信者）ニ摂《せつ》ス（おさめる）ベケレドモ密峰修行ノ行者ニシテ仏法弘通ノ任ニアタレバ是吾邦《これわがくに》一類ノ行者ナリ。四民《しみん》（一般民衆）ノ中ニ摂スベカラズ」(7)とある。

また「修験《しゅげん》依《え》的《てき》忠《ちゅう》集《しゅう》」には特に「妻帯ノ事」として、白山で修行した天台僧、浄蔵貴所が妻をめとり二子をもうけたことなどの例をあげ「今吾宗ニ妻子アリトモ其心清浄ニシテ染色ノ心ナクンバ是亦無キニ等シ」とし、肉食妻帯はもちろん不浄とせず「一切ノ煩悩皆是菩提ナリ。一切ノ世法仏法ニ非ズト云コトナシ」(8)と断じている。すなわち「修験道の教義」においては、全く中古天台本覚思想そのままが成立していたとみるほかはない。

しかし、これらの教義は江戸時代の記述である。そこで遡って室町時代の『鹿苑院蔭涼軒日録』(9)をみると、明応二年（一四九二）三月廿五日条においてこの「妻帯僧と清僧の別」についての具体的な記述がある。すなわち平泉寺法師の大半が妻帯するなかで、大峰入峰八度という「無双《むそう》之験者《げんざ》」である平泉寺の「杉本栄祐法印」が「清僧行者」（戒律を守り肉食妻帯をしない行者）であることが特記されている。この記録については、すでに先の「白山越前修験道の本拠―白山平泉寺」にも採り上げている。

注

1 『増谷文雄著作集』（「臨済と道元」角川書店　昭和五七年）

2 今枝愛眞『道元坐禅ひとすじの沙門』（日本放送出版協会　昭和五一年）

3 竹内道雄『人物叢書　道元』（吉川弘文館　平成四年）

4 今枝愛眞「道元の越前入居の真相」（六、『日本歴史』二一八号　吉川弘文館　昭和四一年）

5 前掲注2　一五六頁

6 『修験道章疏』（二巻　日本大蔵経編纂会編　国書刊行会　大正八年）

7 同右第三巻　九二頁

8 同右　一四六頁

9 竹内理三編『続史料集成』（二五巻5　臨川書店　一九七八年）

二十一　入越にみる教説の変革と機の教化

1　教化の環境と対象の特異な性格

深草時代とは全く一変した入越後の特異な環境において、道元の教化は、その環境と対象の機根に適応した「機の教化」が最大の課題となる。従ってそこに「説所」「説相」に配慮した「善巧方便」が生じることとなる。

すなわち、深草時代の教説と入越後の教説には相反し矛盾が認められることとなり、そこに、道元の「内的展開」とか「思想の変革」といわれる見解が生じることとなる。

しかし、その教化の環境と対象の変化に対応した「対機の教化」の視点がなければ、何故、教説の変移、変改が生じたのか、その根源的な問題は解決しない。

また、その特異な教化の環境と対象について「白山天台」の名称が示された提説があるが、そこに、道元の思想と対照した問題の提起はなく、これまで「教化の対象、課題」としての「白山修験」と「修験道の教義、性格」が採り上げられたことはない。

しかし、道元入越の地である白山西麓の境域は日本の宗教の原点ともいわれる山岳信仰のなかでも、中世には僧兵軍団を擁する大勢力となった「白山修験道」発祥の地である。

さらに主峰白山御前峰の正面禅定道の拠点となる越前馬場平泉寺は、わが国有数の金銀鉱山地帯の中心域に成立した「宗教都市」であり、甚だ高品位の「平泉寺金山」を擁している。

すなわち、およそ社寺の歴史には相応しからぬような「経済地理的要因」にも注目すべきこととなった次第である。であればこそ、特に、平泉寺の清僧と妻帯僧（僧兵はもちろん、経済活動も行う）との別にかかわるところが教化における不可避の課題となるのであり、そこに必然、「出家至上主義」が標榜されることとなる。

これまで入越後の教化にかかわる社寺としての禅師峰、吉峰寺、波著寺、それに永平寺などについてはよく知られている。しかし、こうした教化の各社寺と白山修験道最大の本拠であった平泉寺を中心とする地理的状況に注目されることはなかった。そこで右のような地理的条件について、次に宇宙衛星ランドサットから撮影した３Ｄ画像を提示したい（図１）。

なお併せて松平文庫蔵「越前国之図」に示された白山平泉寺を中心とする「金、銀山跡」を示す古図（図２）を提示しておきたい。また、次の拙稿をご参照下さるようお願いしたい。

○「泰澄と白山越前修験道」（『佛教藝術』二九四号　平成一九年　佛教藝術学会　毎日新聞社）

○大野市歴史博物館特別展図録「白山の金山」（平成一八年）

○同右「白山―越前の修験道」（平成一九年）

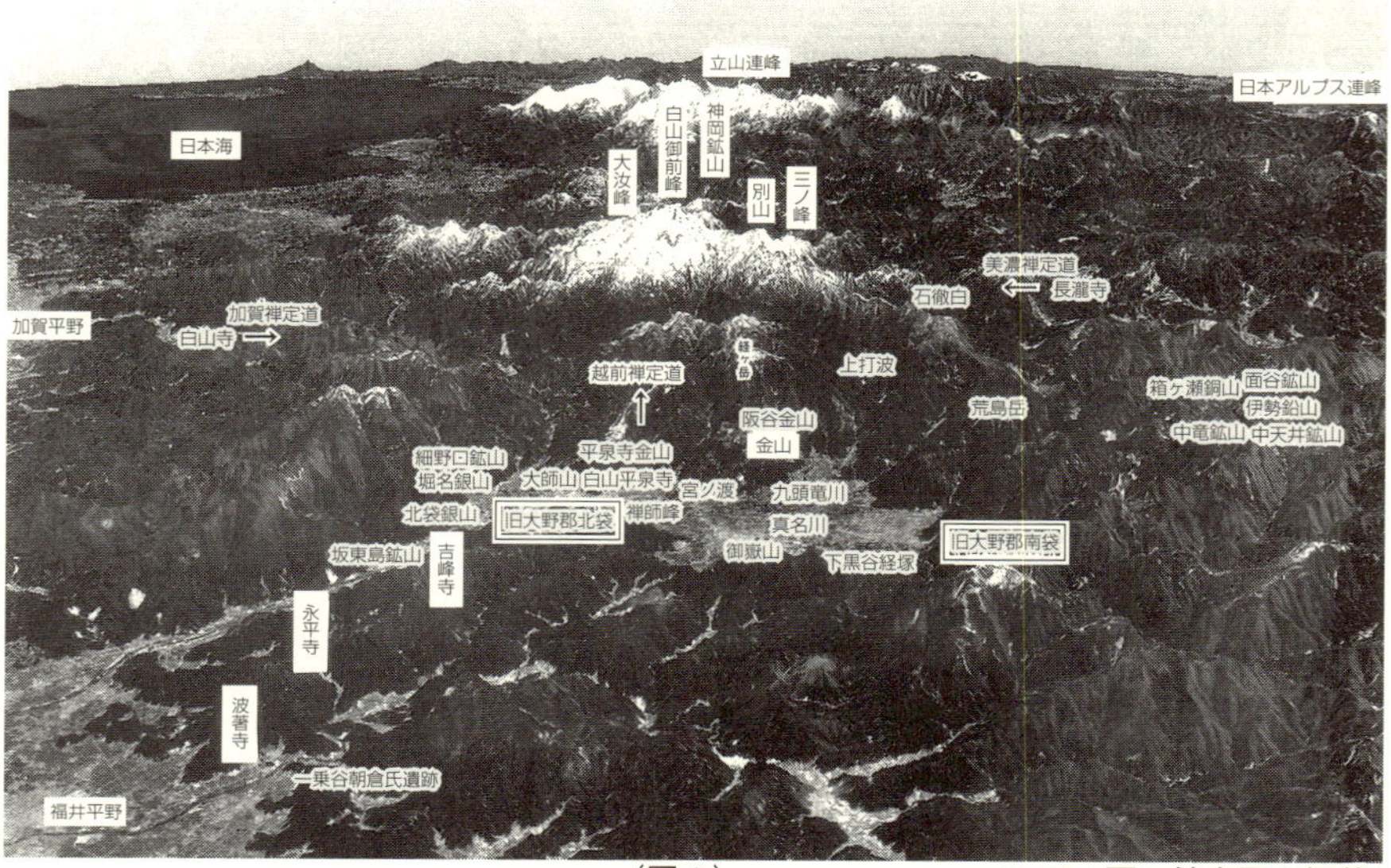

（図１）

※ 394 頁に拡大図を掲載

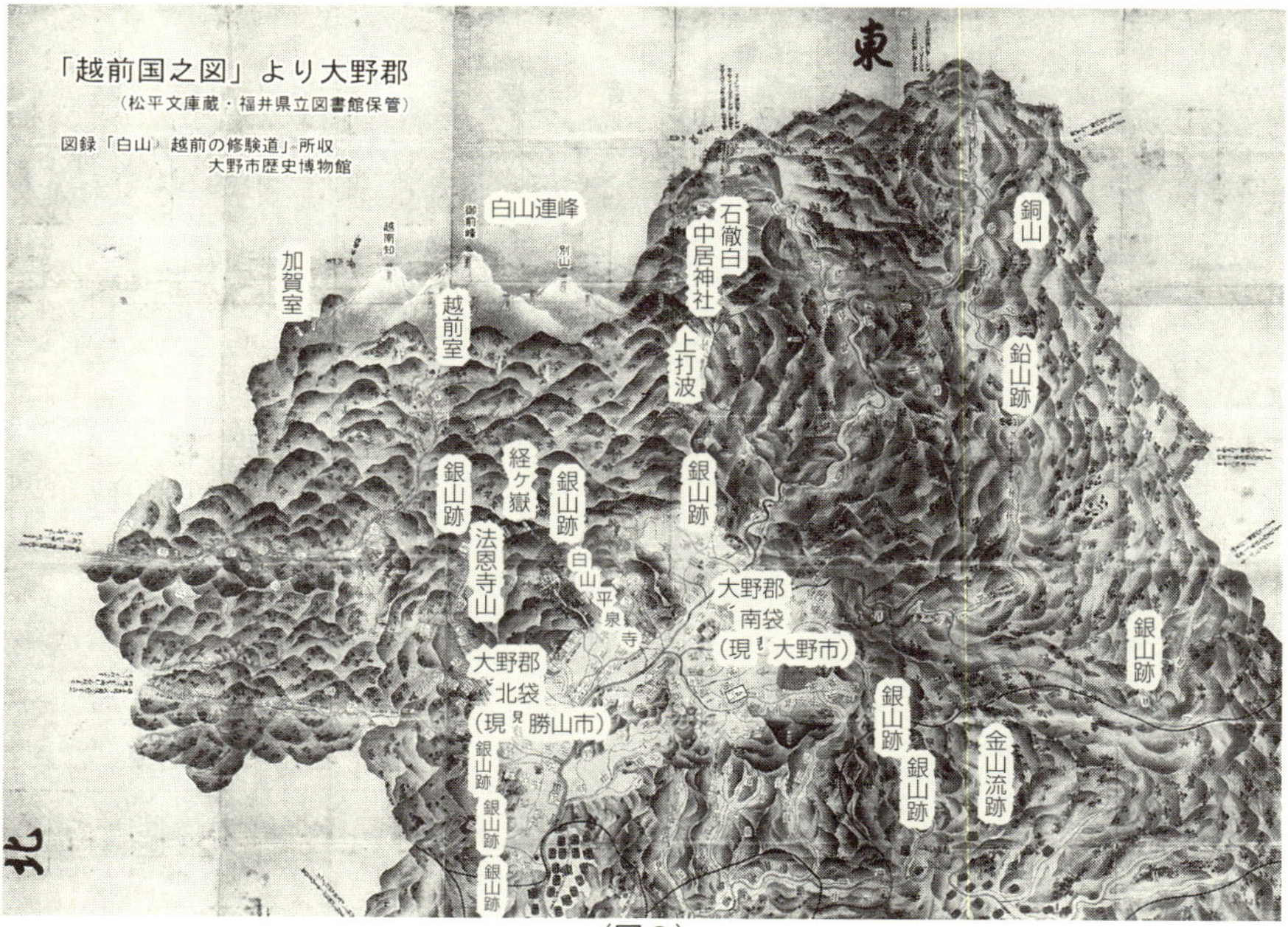

（図２）

2　道元の入越と教化の地理的環境

白山火山列が生成した有数の金銀鉱山地帯、その中心域に一里四方の境内四至をもったのが宗教都市平泉寺である。しかし三所の社壇のみであった小社から、南谷、北谷、合わせて六千坊と称する僧坊を構え、軍記物にも登場する僧兵軍団を擁する大勢力へと進展した、その成因について具体的に検討されたことはない。

但し平泉寺の経済活動に関連しては、その所領として藤島《ふじしま》荘、羽丹生《はにう》荘、遅羽《おそは》荘などが知られている。また注目すべき経済活動として金融業が指摘され、「この金融を可能にする資本はどのようにして調達されていたのであろうか」との疑問に答えるものとして、その所領に加え、各地の免田から収納した米銭の一部を平泉寺神物として金融業を営み、これが繁栄の基礎となる金融活動であったとする提説がある。(1)

ここで、道元の教化の地理的環境について、衛星から撮影した画像と併せて「越前国之図」を参照してみることとしたい。

まず両画像ともに同じく右上に越前と美濃の国境となる分水嶺があり、その水源から流れ下る九頭竜川が旧大野郡南袋の盆地（現大野市）をへて同郡北袋（現勝山市）の中流域に到るが、その中流域において両盆地を囲繞するように点在する金銀山の状況に目をひかれることとなる。すなわち「火山の西に金山あり」の学説(2)のとおり、白山火山列に連なる山並みの西側に生じた鉱床であり、「白山信仰の聖地」に一帯となって生成した「白山の金山」の地理的な状況である。また、先の平泉寺の所領や免田も、この九頭竜川中流から下流域の荘園田地に所在したものであることがわかる。

なお、この画像で特に「立山連峰」の西麓に「神岡鉱山」の所在を標示したことには意味がある。立山から穂高《ほだか》岳、乗鞍《のりくら》岳へと連なる火山列の西、白山と同じく西側に生成された「神岡鉱山」である。しかも、かつては東洋一の亜鉛鉱山であった神岡鉱山の始まりこそ、後述する、越前大野郡の白山の西の殆ど忘却されてきた隠し金山「平泉寺金山」に続いて開発されたものである（神岡鉱山は平成十三年に採掘中止。現在は輸入鉱石の精錬）。すなわち織田信長の近臣、金森長近が越前大野の金山師を用いて開発した、かつては金、銀、銅、鉛を産出する大鉱脈であった。

3　平泉寺北谷、南谷を分別する特性

①道元の教化と北谷の特性

平泉寺六千坊は右側の南谷三千六百坊（妻帯僧）と左側北谷の二千四百坊（清僧）の境域に分別されていることは先の十五・十六章に採り上げている。

また、この分別された両谷のうち、北谷の清僧については次の記録がある。

○『鹿苑院蔭涼軒日録』明応二年（一四九二）三月二五日条

平泉寺法印の大半が妻帯するなかで大峰入峰八度という無双之験者《むそうのげんざ》である平泉寺の杉本栄佑法印

が清僧行者として記されている。

○〔東寺金剛蔵聖教目録〕四十七　胎蔵灌頂略記（奥書）

仁治二年二月十一日、於白山平泉寺北谷櫻尾房點了、執筆阿観大毗盧遮那房《あかんだいびるしゃなぼう》（『大日本史料』五編十三　収載）

この「灌頂略記」奥書の記録は『勝山市史』第二巻第二章「平泉寺の経済活動」のなかで「平泉寺北谷が見える初見史料」であること、また「居住区がより細分化された名称を持つようになったことを示し、居住区の拡大をうかがわせている」として採り上げられている。

しかし改めてこの「奥書」史料をみると、新たに次のような見解が生じることとなる。

●「白山平泉寺北谷桜尾房」の名称から、「平泉寺境内古絵図」にあるとおり「北谷」「南谷」の分別が明らかとなる。

●「北谷桜尾房」が「点了」し、「阿観大毗盧遮那房」がこれを浄書したというのであるから、ここに「北谷」の「学僧の居住区」としての性格が示されていることとなる。

つまりこの記録からも「古絵図」にある南北両谷の境域と性格の分別が理解されることとなろう。

●一方、ここに道元の教化にかかわる重要な視点が示されていることに気付く。

右の奥書が記された「仁治二年」（一二四一）は道元入越の年「寛元元年」（一二四三）の二年前であり、ここに、道元入越時における「平泉寺北谷」が「学僧の居住区」であったという、その特性が示されている。

すなわち、先にも述べたように、南谷の現世主義に批判的な北谷の清僧、学問僧という相対する性格の存在である。そこに道元の教化において重大な課題が生じることは必然となろう。

すでに平安後期に蔓延しはじめ中世に至ってさらに伝播浸透した中古天台本覚思想が修験道の教義と結合したとき、これが一層、徹底されることとなる。その状況のなかで当然、清僧、学僧の北谷においては仏道修行におけるさらなる重大な疑団が生じることとなろう。すなわちここに学僧の「聞法の機」が生じることとなる。

道元入越当初の教化、『建撕記』にある「禅師峰の天台僧（白山修験）による道元に対する聞法の招請」こそ、この北谷の学僧による参師問法（『学道用心集』）であろう。

②南谷の性格と社会経済基盤

勝山市発行の発掘調査報告書『よみがえる平泉寺―中世宗教都市の発掘―』（平成六年）について関連するところを要約すると次のようになる。

●北谷・南谷の境域に多数の坊院が集中していた。道路には河原石が敷きつめられ、石組の側溝を設けた幹線道路を基準として多数の坊院群の屋敷割が行われていた。中世においてこのように大規模な石敷道の建設は全国的に類がない。

●平泉寺境内は堀や砦などの防衛施設を周辺にもち、大規模な堀と土塁による城塞として築かれていた。

●坊院跡からは、瀬戸・美濃焼をしのいで多くの中国製陶磁器と共に、文房具や茶道具・生花具なども多く出土している。

●南谷坊院内に設けられた半地下式の貯蔵庫などに甲冑の破片（胸板、脇板、小札《こざね》、鏃《やじり》）が出土している。

●南谷の出入口となる「鬼カイチ」には多量の鉱滓《こうさい》が出土している。

また先にも述べたように、平泉寺墓地の調査では、禅定門、禅尼、居士、大姉、童男など俗人の法名も多く認められている。

以上、いまは幻となった宗教都市平泉寺の様相について述べたが、先に採り上げている「境内古図」にみる壮大な景観についても現存する礎石の現状とよく合致することが知られている。しかし、もともと「平清水の白山社」であり「延喜式内社」や「国史見在社」にも名を留めることのなかった小社である。遡れば、泰澄入滅から約八十年後の「平清水」の状況を記した『白山豊原《とよはら》寺縁起』（嘉祥三年）によれば、豊原寺の信西上人が平清水に至ってみるに、ただ三所の社壇だけがあって更に一宇の房舎無しの状態であったことが記されている。

ところがその小社がやがて「白山修験道最大の霊場平泉寺」へとその性格様相を一変し、中古天台本覚思想を具現する隆盛栄華を誇り僧兵軍団を擁し劇的な興亡の歴史ともかかわる大勢力となった。

もちろんその経済基盤としての荘園は当然ながら、そもそも並はずれた武力集団を組織し戦闘に参加して荘園を獲得拡大するに至った発端となる資力が何であったか、である。

そこで注目されるのが「わが国有数の金銀鉱地帯の中心域」に成立した宗教都市平泉寺という「地理的条件、経済的要因」である。

小葉田淳氏によれば文献上の産金の初見は『続日本紀』の天平勝宝元年（七四九）陸奥国貢金の記事である。しかし原初的な砂金洗取による生産は原始時代からあり、古代から十六世紀初期までの主産地は陸奥の砂金地帯（宮城県北部から岩手県南部）であった。

しかし、これまでに公表され知られている平泉寺や大野郡の金銀山についての記事は近現代の調査資料のみであり、従ってこれまでに述べてきたような中世平泉寺の経済地理的条件として金銀山が採り上げられたことはない。

ところが先の「白山連峰と奥越前」の3D画像と共に提示した「越前国之図」（大野郡）には「金山跡」「銀山跡」の表示がある。この表示は「跡」であるから、この「越前国之図」が描かれた貞享二年（一六八五）—江戸時代初期—にはすでにこれらの金、銀山は採りつくされていたことを示している（その後の近現代になって採掘されているのは採鉱や採鉱技術の進歩による）。

では、それ以前の採掘についてはどうか、となるが、意外なところにその記録がある。

③金森長近の隠し金山「金龍鏑」

ここに採り上げる「隠し金山」の記録は、越前国大野郡の「平泉寺金山」を示しているとみられるものである。

天正二年（一五七四）、越前は一向一揆に制圧され真宗本願寺の領国となったが、その翌年、天正三年八月には織田信長の攻撃で早くも壊滅した。その後、越前国大野郡の三分の二を支配することとなったのが、信長の親衛隊、母衣《ほろ》武者から軍監武将となった金森長近である。

長近は大野入封の十一年間に、一向一揆で焼亡した白山平泉寺に対し次のような奉仕を行っている。平泉寺本社の再興をはかり、白山別山の本地仏聖観音の金銅仏を鋳造して山頂に奉祀したり、天正十四年八月に飛騨高山に移封したあとの十月にも、平泉寺の三所（白山三峰の神）本社殿を再建寄進している。

右のように平泉寺を格別に崇敬していたようであるが、平泉寺本社の後背にある「平泉寺金山」（霊山）の採掘にかかわる記録はこれまで一切知られていない。

ところが長近が移封したあとの飛騨側の記録として『斐太後《ひだご》風土記』[3]巻七に次の記述がある。

「天正年中越前国大野城中に而《て》、庭籠《にわこ》に鷹之巣を懸《かけ》候儀、并《ならびに》同国大野郡に金山出来《しゅったい》仕《つかまつる》を長近公、公儀え御注進無之付、城州伏見に而、太閤秀吉公より素玄《そげん》法師、暫《しばらく》蟄居《ちっきょ》被仰出候處、云々」

ここには「庭籠の鷹の巣」（戦国大名は鳥の王者鷹を好み、鷹狩りは家格身分特権の象徴）と金山を公儀に報告しなかったこと、すなわち「隠し金山」が問題となり、秀吉が素玄法師（長近）に蟄居を命じたことが記されている。

信長、秀吉ともに全国制覇の経済基盤として金山を重視し、秀吉は金、銀、銅、鉛の四金を公儀所有として、その採掘には格別に注力した。その後、長近は移封（大野六万石から高山三万八千七百石へ左遷）されたが、飛騨に移封後の長近による金山開発をみると右の「隠し金山」の記述を裏付けるものとなる。すなわち長近の飛騨の金山開発においては越前の金山師、なかでも特に、大野に生まれた糸屋彦次郎宗貞の活躍を示す文書がある。

長近を慕って天正十七年に飛騨に来た宗貞は金山奉行となり、金、銀、銅、鉛などを産出する大鉱脈を発見開発し、特に東茂住《もずみ》、和佐保《わさぼ》の二山は人家数千戸、鉱坑数百といい、これが日本最大の亜鉛、鉛の産出で知られた神岡鉱山の始まりであった。(4)

では長近や長近が重用した金山師宗貞と越前の「平泉寺金山」とのかかわりを示すものはないか。そこで改めて注目されるのが、平泉寺金山の高品位の鉱脈「金龍鏈《ひ》」である。長近が恐らくは金山師宗貞を用いて開発した鉱脈「金龍」が次のように長近と宗貞その人を象徴する贈り名となっている（この「金龍鏈」の名称は現代の大阪通産局の品位調査にも示されている）。

○長近の法名「金龍院殿前兵部尚書法印要仲素玄大居士」（大野市専福寺）
○長近を祀る「金龍神社」（高山市）
○長近が開基で長近を葬った大徳寺塔頭「金龍院」
○金森家伝来、長近所用「金龍」の龍頭をつけた兜前立
○宗貞が開基の白雲山「金龍寺」（神岡東茂住　宗貞を「宗貞大権現」として祀る）

古代はもちろん中世にも「平泉寺金山」についての記録は皆無である。しかし、南谷の徹底した現世

主義のもと、類のない僧兵軍団の活動や『朝倉始末記』などにみる栄耀栄華の様相があるが、その経済基盤としての「金山」の存在を否定するのは不自然に思える。

また、平泉寺に対する陸奥の豪族藤原秀衡の格別な親近性についても、共に原初的な砂金洗取の生産地であったことに注目するならば、改めて新たな視点が見出されることとなろう。

注

1 『勝山市史』（第二巻二章三節二）

2 井澤英二『よみがえる黄金のジパング』（4、火山がつくった金鉱床　岩波科学ライブラリー5、一九九三年）

3 富田礼彦編『斐太後風土記』（二巻　雄山閣　昭和四五年）

4 右注3附録の「茂住宗貞小傳」

二十二　道元と北条時頼

1　道元の信条と鎌倉行化

道元の「鎌倉行化」については、道元の思想と信条にかかわる問題がある。

しかも、この行化を裏づける道元自筆の史料として重代伝承されてきた書跡「名越白衣舎示誡《なごえびゃくえしゃのじかい》」（68頁）があるが、これまで、これを道元の真筆とは認めず、直弟子懐奘の筆跡とみるのが通説のようになっていたことから、この行化自体、事実か否かの問題が生じることとなった。

しかし、この「示誡」については、すでに先の筆跡鑑識において検証したように道元の真筆であることを明らかにしている。要は筆法や結体が全く同一の様相を示していて同一個性を表す書風が歴然としている。

そこで、これまでに提示されている見解や錯雑した論議について、この真筆「名越白衣舎示誡」と先に採り上げている「対機の教化」の問題を対照してみたい。

宝治元年（一二四七）八月三日、道元は鎌倉幕府五代の執権北条時頼を教化するため相州鎌倉まで下向したという。『三祖行業記』『建撕記』などの諸伝によれば、時頼の招きを受け鎌倉に赴いたとあることから事実のように考えられる。ところが異論がある。

従来の見解では、伝記の記述そのままを認めるものから、この行化を後人の創作とするものまで多岐にわたる提説がある。それに、道元が時頼を教化したとして、そのとき、どのような法が説かれたのであろうか、という問題がある。

そこで、道元の真筆になる書跡「示誡」にもとづいて、これを採り上げることとしたい。

すなわち、奇しくも最明寺入道時頼菩提の寺であり、曹洞宗第二道場として知られる越前大野（現福井県大野市）の宝慶寺に遺された「示誡」である。この書によって「鎌倉行化」の事実を認め、この書をとおして、道元が時頼にどのような説示、教化をしたのかその意義をうかがうことが可能ではなかろうか。

そもそも「鎌倉教化」が道元の信条に反するといわれるには、もっともなわけがある。

道元がある人から「仏法興隆のために関東に赴くべきである」とすすめられたのに対し、「もし仏法を求める志があるならば、山を越え川や海を渡ってでも、やって来て学ぶべきだ。そうした志のないような人に、こちらから出向いて仏法をすすめたところで聞き入れられるかどうかわからぬ」といい、さらに、鎌倉への下

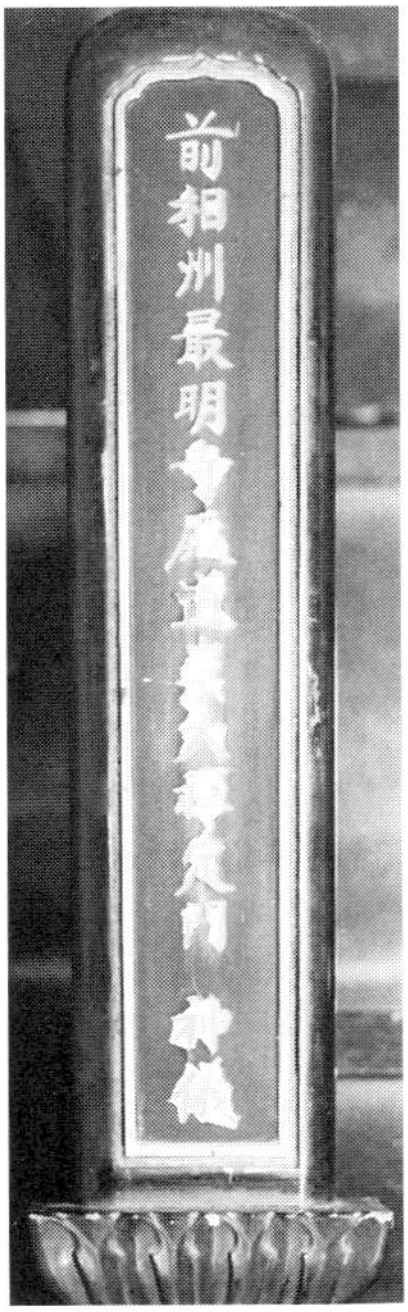

（図1）北条時頼位牌（宝慶寺開山堂）

向は、物質的な援助や財宝を得んがためであろうか、それはわが身を苦しめるだけだ、という意味の言葉を述べているのである。この言説は道元が深草の興聖寺で説いたことであり、直弟子で永平寺二世の懐奘が筆録した『正法眼蔵随聞記』に記されている。

このように名利、権門に近づくことをこの上なく嫌った道元の潔癖さをよく示した言説からも「鎌倉行化」は甚だ矛盾した行動になるというわけである。

また、鎌倉幕府の事績を記した重要史料である『吾妻鏡』に、この行化に関する記事が全くみられないことにも疑問が生じる。

しかし、道元一代の語録をひろく集めた道元研究の重要史料となる『永平広録』には、道元が宝治元年八月三日、永平寺を出立し、相州鎌倉郡に赴き、檀那俗弟子の為に説法して、同二年三月十三日に帰山したことを示す記録があるため、道元は約半年のあいだ鎌倉に在留し教化していたことになる。

道元は深草の興聖寺を出たあと、名利を捨て俗塵と訣別して越前の山中にこもった。その入越後、わずか五年にして鎌倉に当時最高の権門を訪ね、約半年を過したというのは不可解に思える。そこで、従来より種々の考察が提示され、この道元の思想と行動の矛盾を克服する試みがなされている。

その多くは「鎌倉行化」の動機を主として、永平寺建立の大檀那である波多野義重の招請によるものとして、時頼自身の招きを受け、彼に相見《しょうけん》(禅門でいう対面)することを主な目的としたものではなかったと説く。つまり、権門北条氏に近づくための鎌倉下向ではなかったとし、時頼に招かれて説法したとする伝記の記述については、時頼との関係をことさらに強調するものであり、これにとらわれてはならないと説くのである。

とはいえ、その下向の結果としては、当然、時頼やその夫人（北の方）との対面、説法の機会もあったと考えられるというのが大方の見解であり、そこに多少の異同があっても、こうした見解が通説のように思われる。

しかし、竹内道雄氏が「道元伝の研究はまことに至難の業である。研究の困難さの第一は、根本史料である道元および弟子懐弉などの自筆本がわずかしか現存せず、またその伝記史料の基となっている『永平寺三祖行業記』『建撕記』『碧山日録』などは、いずれも十四・五世紀、室町期から戦国時代の道元なきあと百五十年ないし二百年を経ているということである」と説かれるとおりである。

ところが、ここに採り上げる「示誡」は、先に採り上げている道元の真影「鏡の御影」と共に宝慶寺に伝来した宋僧寂円の貴重な遺品であり、「鎌倉行化」の史料としてよく採り上げられてきている。

とはいえ、これを道元の真筆とは認めず、直弟子懐弉の筆跡とみるのが通説化していた。しかし、すでに筆跡検証により、一転、これを道元の真筆としてみるならば、「鎌倉行化」についての解釈はもちろん、この「示誡」の内容についての考察も全く異なったものとなろう。

2　道元の真筆「名越白衣舎示誡」

「示誡」が道元の真筆となれば「鎌倉行化」の事実を否定する見解は成立しなくなる。そのわけは、次に示す「示誡」の識語《しきご》にある。

（図２）名越白衣舎示誡の識語

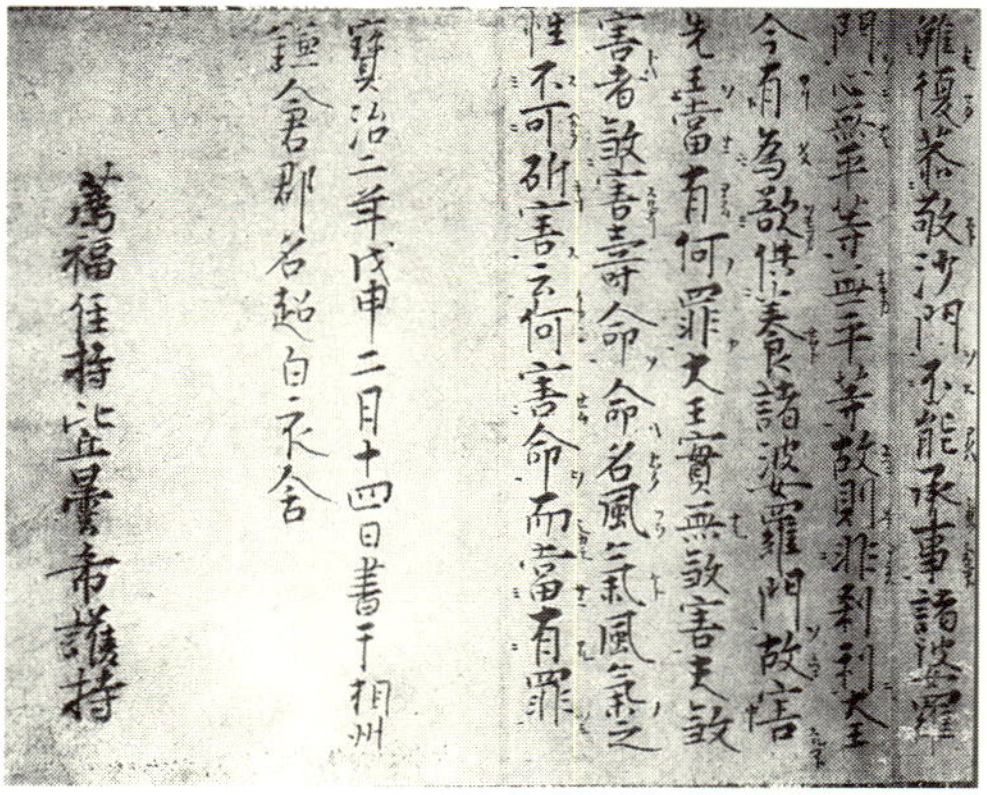

「宝治二年戊申二月十四日書于相州鎌倉郡名超白衣舎」

と記された識語は、この書が宝治二年二月十四日、道元四十九歳の時に鎌倉の名超（名越）の地にある白衣舎（俗人の館）で書かれたものであることを示している。すなわち、これが真筆であるならば、道元が鎌倉の名越にあった俗人の館に滞在し、この「示誡」を筆写したことになる（現在は「名越」と書かれる地名が「名超」と書かれているが、当時は「名超」であったのかどうかは不明）。

なお、この識語のあとには、図２で解るように、宝慶寺の三代でのちに永平寺六世となった曇希《どんき》による「薦福《せんぷく》（宝慶寺の山号）住持比丘曇希護持」の付記があり、この書跡が道元の真筆として護持伝来したものであることを裏付けている。

また、この行化の招請者については、すでに述べたように波多野義重を主たる招請者とみるのが大方の説である。しかし細かくみれば、次のようにそれぞれ少しずつ違った内容の説に分かれている。

○時頼と義重両者の招請とみる（辻善之助『日本佛教史』）

○義重や参禅の門人である鎌倉光明寺開山良忠の招請によるもので必ずしも北条氏の招きに応じたものではない（大久保道舟『道元禅師伝の研究』、竹内道雄『道元』）

○義重の懇望と鎌倉寿福寺の住持了心《りょうしん》の招きによる（今枝愛眞『道元―その行動と思想』）

○義重、時頼の招請と共に、道元の姻戚関係で久我通親の子、すなわち道元の弟である鶴岡八幡宮別当定親および同じく妹となる三浦泰村室や道元の母方の親戚で鎌倉の宗教界にあった関係者なども加わっての招請があったとみる（納富常天「道元の鎌倉行化について」『駒沢大学仏教学部研究紀要』三一号）

○『永平広録』に、道元自らが「鎌倉行化」について語った言葉が記されているが、そこに「相州鎌倉に赴き、檀那俗弟子のために説法した」とあること、また『吾妻鏡』の記録から、当時、波多野一族が鎌倉に在勤していたのが明らかであることなどから、義重と波多野一族の招請によるとする（中世古祥道『道元禅師伝研究』）

右のように、通説に沿う見解だけをみても招請者に、かなりの振幅がみられる（但し、最初の辻善之助氏説では、招請者を時頼本人とし、『永平広録』に「檀那俗弟子」とあるのは義重のみではなく、時頼も含めているものと解すべきであるとする）。こうなると、道元の教化がどの人物を目的として、どのような法を説いたのか、甚だあいまいに思われてくる。

しかし、ここで一転して、時頼こそ、道元の教化の目的であったとみるならばどうか。

たしかに「鎌倉教化」は道元の信条に反するものである。にも拘らず道元はわざわざ鎌倉まで下向したのである。これは「示誡」が真筆であるかぎり真実である。となれば「鎌倉行化」は道元の信条に反するものとみるよりは、むしろその信条を超えてまでも、行化すべき必要があったものとみるべきではないか。大方の見解では、永平寺檀那の義重が教化の目的であったといわれているがどうか。

義重は永平寺創建の大檀那であり、道元の信条についてはよく理解しているはずである。それこそ義重自身が永平寺に赴くべきであり、彼の所領に創建した永平寺において道元の説法を聞く機会はいくらでもある。もし、義重が強いて、道元に下向を請わねばならなかったとすれば、考えられるのは、鎌倉幕府の政権中枢にある執権時頼のために招請する場合ではなかったか。直接の招請は義重が行ったとしても、それは時頼への教化を目的とするものであったとみる方が自然に思える。

また『永平広録』は、この行化を「檀那俗弟子」に説法するためのものであったとして時頼の名を記していないことから、時頼ではなく義重の招きであったともいえるが、反面、むしろ『広録』の編者に時頼の名を記すことをはばかる気持ちはなかったであろうか。

今日、この行化については、たとえ北条氏の招きであろうとも、道元が自らの信条をまげてまで、鎌倉へ下向することはないはずだ、といわれているほどである。『広録』が時頼の名をあらわにするのをはばかったとしても不思議ではなかろう。

さらに注目すべきこととして、道元自ら筆をとった「示誡」の識語について指摘しておきたいことがある。道元が自ら「示誡」の巻末に記した識語には「相州鎌倉郡名超白衣舎」として誰の邸宅であるかを明記せず、その邸宅の主を秘したような書きぶりである。もし義重の邸宅なら、このようなことはなかろう。この識語では殊更に邸宅の主の名を記すことを控えたようなところが忖度されるとみるのは考え過ぎであろうか。

他の『正法眼蔵』各巻の識語にこうしたことはない。ほかに道元が記したもののなかにもこのような表現はない。こうしたことからも、この「名超白衣舎」は義重やその一族などの邸宅ではなく、道元にその名を記すことを控えさせるような人物、すなわち執権時頼に関する館であったのではなかろうか。

因みに『望月　佛教大辞典』には「白衣」について「在俗の人の称なり」とした上で、俗服である白衣が、わが国においては高貴の人に非ざればこれを服することあたわざるものであること、また『源平盛衰記』「高倉宮信連の事」の条に、源頼朝が白衣を着したとあることなどを記して、その性格が説明されている。つまり「白衣舎」の語は館の主が顕要の地位にあることを示唆している。

この「白衣舎」は鎌倉幕下において五位の武士に過ぎなかった義重などの邸宅ではなく、時頼の館、もしくは時頼のかかわりのある館ではなかったろうか。

以上のことを総括してみるとき、やはり、道元を鎌倉に招いたのは時頼であり、道元の教化の目的は義重などではなく、時頼自身に対するものであったとみる方が妥当であると考えられる。

ところで道元は何故、自らの信条に反してまでも、執権時頼の招きを受け鎌倉に赴いたのであろうか。この疑問を解く鍵は「鎌倉行化の目的」すなわち道元の時頼に対する教化の内容にあろう。

しかし道元が時頼に対し、どのような法を説いたかが明らかになるならば、これまでの推測の当否はもちろん、道元の信条と行動との矛盾となる「鎌倉行化」の謎は解消されよう。

この問題を解くための唯一の、しかも道元の真筆になる確かな史料として、宝慶寺に遺る「示誡」こそ、道元と時頼が相見した教化の機縁をいまに伝えるものであろう。

3 「示誡」に書写された「阿闍世王之六臣」

道元は時頼に何を説こうとしたのか、まず「示誡」には何が書かれているのかである。「示誡」と呼ばれているが、実は道元が時頼に説示したことが書かれているわけではない。そこに書かれているのは『大般涅槃経梵行品』にある「阿闍世王之六臣《あじゃせおうのろくしん》」の部分である。

この書巻の冒頭には表題となっている王の六臣の大臣、月称《がっしょう》・蔵徳《ぞうとく》・実徳《じっとく》・悉知義《しっちぎ》・吉徳《きちとく》・無所畏《むしょい》の名が列記され、続いて経典の本文が書写されている。

『涅槃経梵行品八の五』は阿闍世王の登場に始まる。阿闍世王は釈尊在世時のインド中部摩伽陀《まがだ》国の王である。彼は仏弟子でありながら世尊に叛逆した提婆達多《だいばだった》と結び、酔象《すいぞう》を放って世尊を害せんとした人物である。また彼は世尊の帰依者である有徳の父王頻婆娑羅《びんばしゃら》を幽閉し獄死させた上、母の韋提希《いだいけ》を殺そうとしたが臣下に止められ中止した。

ところが父王を殺した阿闍世は心に「悔熱《けねつ》」（後悔の熱）を生じ、その悔熱によって体中に「瘡《きず》」（かさ）ができる。その瘡は近寄れぬほどの悪臭を放っている。阿闍世は「われ今この身に花報《けほう》を受く。地獄の果報が近づいている」と考える。花報は花が開くように現在の報いをいい、果報は果実を結ぶ未来の報いをいう。阿闍世は罪の意識と業病に悩み近づきつつある死と堕地獄の恐怖におののいている。母の韋提希は種々の薬をつけて介抱するが瘡はひどくなるばかりである。王は母に「この瘡は心から生じたもので地・水・火・風の四大（四元素）の不調が原因ではないから治せる者はいまい」という。

この状況のところに登場するのが六人の大臣である。六大臣はかわるがわる自説を述べて阿闍世を慰め、王の身心の病を治す大臣として、一人ずつ六人の大師を推薦する。すなわち六師外道の説を紹介するわけである。だが、「示誡」には六大臣が紹介するこれら六師外道の説はなく、王と大臣の問答も省かれ、ただ阿闍世に対して六人の大臣が説く言説だけが書写されている。

次に漢文の経典から抽出した「示誡」の内容をわかり易くして採り上げてみたい。但し、長文になる大臣の言説については文意を要約して述べることとしたい。

大臣月称いわく「王は五逆罪を犯した者は地獄をまぬがれぬといわれるが、誰か地獄を見た人が語ったのか。地獄とは世間のもの知りの憶説に過ぎない」。

大臣蔵徳いわく「法には二種のものがある。出家の法と王者の法である。王者の法では、王が父を殺した場合、反逆であるといわれても実際には罪はない。迦迦羅虫《かからちゅう》（実体不明）は母親の腹を破って生まれ出る。自然界の法則はそういうものである。罪はない。ラバがみごもった場合も同じだ（ラバは妊娠出産すると死ぬと考えられていた）。国を治める法もそれと同じである。父や兄を殺しても罪はない。しかし出家の場合は蚊や蟻を殺しても罪になる」

大臣実徳いわく「父王が出家者であったなら殺したことは罪になる。しかし政治上の理由で殺したのなら罪はない。大王よ心して聞かれよ。一切衆生にはみな業が残っている。その業縁によっていく度となく生死をくり返す。もし先王に業の残りがあったなら王が先王を殺させたとて何の罪があろうか」。

大臣悉知義いわく「王は聞かれたことがないか。昔、羅摩《らま》王は父を殺して王位についた。抜提《ばつだい》大王・毘楼真《びるしん》王・那睺沙《なごしゃ》王・迦帝迦《かたいか》王・毘舎佉《びしゃきゃ》王・月光明《がっこう》王・日光明王・愛王・持多人《じたにん》王など、これらの王はみな、その父を殺して王位についた。しかし一人も地獄におちてはいない。現代でも毘流離《びるり》王・優陀耶《うだや》王・悪性《あくしょう》王・鼠《そ》王・蓮花《れんげ》王などはみな父を殺しているが誰一人として悩んでいる王はいない。地獄・餓鬼・天中（神々）などといっても誰か見た者がいるのか。大王よ知るべきである。人間、畜生などの別があるが、どちらに生まれるかは因縁ではない。因縁によらぬとなれば、どうして善悪の別があろうか」。

大臣吉徳いわく「誰かが王をたぶらかして地獄があるといったのか。一切万物は自然に死を迎え自然に生まれるものだ。誰がなすわざでもない。地獄などというものは智者がつくり出した言葉に過ぎない。私が地獄の説明を申し上げよう。地とは人のこと、獄は天神のことである。父を殺したことで人天（人間と神）の世界に行く。それで婆藪《ばそ》仙人はいった。羊を殺せば人天界の楽を得ると。これを地獄と名づけた。また地とは命のことで獄は長である。殺生をした故に長寿を得る。だから地獄という。大王よ実は地獄などというものはない。麦をまいて麦を得、稲をまいて稲が得られる。地獄の人を殺せば地獄の人が生まれ、人間を殺せば人間が生まれる。大王よ聞かれよ。殺害などというものはないのだ。もし、我《が》（永遠不滅の本性）というものがあるものならば殺害などはあり得ない。もし我がないとすれば、その場合も殺害はない。何故ならば、もし我があるならば、それは常住不変のものである。常住不変だから殺害できない。破れず壊れず繋がれず縛られず怒らず喜ばず、恰《あた》かも虚空のようなものである。どうして殺害の罪があり得ようか。またもし、我というものがないとすれば、すべては無常である。無常だから一念一念に消滅する。一念一念に消滅するものならば誰が罪になるのか。火が木を焼いても、斧が樹を切っても、鎌が草を刈っても罪はない。刀が人を殺しても刀には罪はなく、刀に罪がないならどうして人に罪があろうか。毒が人を殺す場合も同じだ。一切万物すべてこのようなものだ。殺害というものがないのにどうして罪があろうか」。

大臣無所畏いわく「刹利《せつり》（クシャトリヤ—古代インドの王侯及び武士階級のこと）とは王族のことをいう。王族は国のためや沙門・婆羅門のため、人民を安ずるために殺害をしても罪はない。先王は仏門の沙門を敬ってはいたが婆羅門僧に仕えることはしなかった。そのように平等の心がなかったのだから王族ではない。大王はいま婆羅門を供養しようとして、先王を殺したのだから罪はない。大王よ、実は殺害などというものはないのである。殺害とは寿命を殺害することである。命《みよう》とは風気《ふうけ》（呼吸）のことをいう。風気というものを殺害することはできない。どうして命を殺して罪があろうか」。

以上のように『涅槃経梵行品』にある「阿闍世王之六臣」のくだりが抜き書きされている。これが古くから「示誡」と呼ばれてきた道元自筆の書跡であり、その末尾の識語によって、鎌倉名越の地にあった白衣舎において書写されたことが明らかにされている。

さて、この六大臣の言説を一読して意外の感をもつことになる。ここに書写された言説が、道元の説いた「示誡」というには、あまりにもそぐわない、むしろ全く仏法に反する妄説だからである。

ここに採り上げられているのは、いわゆる外道の説であり、因果の理法を否定し、父王を殺害した阿闍世の所業を弁護し正当化しようとするものであれば当然の帰結となるものであろう。

4　阿闍世王と執権時頼

先のような外道の説を殊更に抜き書きした道元は何を説こうとしたのか、それが示唆するところに、教化の対象となった人物像が浮かび上ってくるのではなかろうか。

ここで六大臣の言説を整理してみよう。

最初に月称の説く地獄否定の説があり、これは悉知義や吉徳の説でもくり返されている。

次に蔵徳が王法の特権による罪報からの解放を説き、次の実徳は政治上の殺人は無罪であるといい、さらに悉知義は多くの王たちが父を殺して王位についたが地獄に落ちた者は一人もなく、罪の意識に悩んだ者もいないことを強調し、最後に無所畏は王族のなす政治上の殺害は無罪であると説く。

つまりこの抜き書きを通じて強く主張されているのは仏法に対する王法の問題である。

これらの説は、凡そ詭弁を弄するこじつけの説だが執拗にくり返されている。

しかし、ここで注目すべきは、ここに強調されている、王法における罪の意識からの解放は独裁的な政権にとって、まことに好都合な説である。となれば、道元は特に王法の問題を採り上げたかったのか、その目的の人物として、ここに王法における罪の意識の問題にかかわる人物として執権時頼が登場することとなる。

その時、時頼は鎌倉を離れる余裕など全くなかった。宝治元年六月、時頼は御家人の雄、三浦氏一族五百余人を討滅した。その二ヵ月後、時頼が北条氏の独裁体制を確立しつつあったその時、道元は鎌倉に下向したのである。

当時、時頼は自らを導く師を求めていたのではなかったか。ちょうど阿闍世が恐ろしい罪報の意識からの苦しみに救いを求めていたように、鎌倉にはあい次いで高僧が招かれ、時頼が聞法している。あたかも阿闍世が真実の救いの師を求めたように。

時頼は宋僧の蘭渓道隆《らんけいどうりゅう》や兀菴普寧《ごったんふねい》、それに宋から帰朝した円爾弁円《えんにべんえん》らに参禅し、康元元年（一二五六）、三十歳のとき西明寺《さいみょうじ》を建立して西明寺入道時頼と称した。さらに弘長二年（一二六二）には建長寺の兀菴普寧のもとで大悟したほどの求道者である。

因みに、『三祖行業記』『建撕記』には道元が時頼に菩薩戒を授けたこと、と共に、時頼が建長寺を建立して道元を開山に請じようとしたが道元は受けず、かわりに蘭渓道隆を推挙したとある。それが事実かどうかはともかく、道元の名利、権門を排する姿勢によくそぐうと共に、時頼の求道の熱意をよく伝えるものであろう。

時頼のように深刻な政争のなかで権謀術策に明け暮れる権力者が仏道修行につとめたというのは例をみない。これを外からみれば大変な矛盾にみえようし、悪質な偽善者ともみられかねない。しかし内実の心情はどうであろうか。時頼は暴虐非道ではないにしても多くの悪業にまとわれていたであろう。彼が阿闍世と同様に罪の意識と業報にさいなまれていたとしても不審ではない。彼が阿闍世と同じく仏法に救いを求め、その師を訪ね求めたのも至当なことであろう。「阿闍世王之六臣」によるならば、道元の行化の目的となる人物は時頼であり、道元は説得すべき人物が時頼であったからこそ、鎌倉まで下向し、約半年の長きにわたって留錫したものとみるのが自然ではなかろうか。

5 時頼の業因

執権時頼による独裁は彼一代で成就したものではない。先祖から積み重ねられてきた業因の上に成り立っている。

時頼の曽祖父義時の代には衝撃的な承久の乱がある。乱の結果、現天皇を廃して新帝を立て、三上皇を配流するなど、未曾有の事件となった。また乱の首謀者が多く斬られたが無実の者もかなりあったという。義時の行跡には父時政を幽閉したり、公暁《くぎょう》に将軍実朝を暗殺させておいて公暁を殺す事件もある。義時自身も暗殺されたという云い伝えがあるのも故なきことではない。

次の泰時は北条氏歴代中の名執権として孫の時頼と共に名声が高い。彼も時頼と同様、高徳の僧に崇敬を惜しまなかった。栂尾《とがのお》高山寺の開山明恵《みょうえ》を尊崇し、京都泉涌寺《せんにゅうじ》の開山俊芿《しゅんじょう》が鎌倉に滞在したおりには俊芿から菩薩戒を授けられている。また大飢饉に際しては、農民保護の施策をとり仁政をしいた。しかも学芸に通じ勤倹で誠実温厚な人柄であったという。その一方、武人としては和田合戦や承久の乱でその力量を発揮し名執権と謳われた。

ところが、泰時には恐ろしい影、後鳥羽院の怨霊がつきまとっていた。彼の二男は家人に殺害され、長男も二十八歳で病没、三浦泰村に嫁いだ娘も出産時、母子共に死亡した。その頃陰暦六月に雪が降り、続いて寛喜の大飢饉である。しかも延応元年（一二三九）二月、後鳥羽院が配流の地隠岐で崩御すると幕府要人の死が相次いだ。三浦泰村の死に始まり泰時の叔父北条時房が急死、仁治三年（一二四三）には泰時自身も承久の乱に軍をすすめた六月十五日、苦悶のうちに病死した。

『増鏡』はこれらの事件を「御霊どもの祟り」すなわち配流の地で没した後鳥羽院や土御門院の祟りだとしているが、ついには泰時が即位させた後嵯峨院も崩じた。

このような状況に対し、幕府は後鳥羽院の怨霊を宥《なだ》めるほかになすすべはなかった。『吾妻鏡』によれば後鳥羽院の仏事供養が度々営まれ、宝治元年四月廿五日には院の怨霊を鎮めるため、院の霊を勧請した社殿を鶴岡山の麓に建立したという。

道元の「鎌倉行化」はその四ヵ月後、宝治元年八月であった。道元が時頼の招きを受けた時が幕府にとってどのような時であったか、当時の時頼の心情を察するに困難はなかろう。先祖からの業因に加え時頼みずからも政争にからみつく罪業観に悩まされていたのではないか。道元がそれに対したとするならば、そこにどのような教化がなされたのであろうか。この疑問に答えるかのように、まことによく即した話が伝えられている。

南北朝時代の臨済宗の僧、義堂周信の日記『空華日工集《くうげにっくしゅう》』(1)にある足利義満の述懐がそれである。義満は「万一、政変がおきた時は、道元が時頼に勧めたように天下を棄てたい」と述べたというのである。

果して道元は時頼に政権を放棄せよと説いたのであろうか。

一切の名利を捨て越前にこもった道元の信条からは尤もらしいとはいえ、余りにも短絡的な話に思える。これを隠遁や無執着、無欲恬淡《てんたん》の勧めとする説もあるが、時頼にとってそのように単純素朴な方策は無縁であろう。

そこで引き合いに想起されるのは直情径行な熊谷直実《くまがいなおざね》の話である。彼は一の谷の合戦で平家の公達《きんだち》、敦盛《あつもり》を涙ながらに討ちとらねばならなかった我が身を嘆いた。また久下《くげ》直光との領地争いで相論の席上、頼朝に不審を持たれたことで怒り心頭に発し、髻《もとどり》を切って出家したという。彼が帰依したのは浄土教の師法然である。法然が殺生を犯した罪悪深重の者でも他力をたのみたてまつって念仏を申すならば往生すると説くのを聞いた彼は感きわまってさめざめと泣いた。

直実のように平安時代後期から鎌倉時代にかけて武勇をもって鳴る武士たちが、自らの罪業を懺悔し来世を願って浄土教に帰依し一切を捨てて念仏修行に入った例は少なくない。先の『空華日工集』の話は「厭離穢土・欣求浄土」を願う浄土教の趣が強い。

一方、時頼の場合、善悪の判断で単純に割り切れるものではない上、政権を放棄してことが済むものではない。また罪業を自覚し、それからの離脱を願うのは同じとしても、冷徹で策謀に富む時頼と直情的な直実とでは機根が異なる。道元が、この教化の核心に対応することなくしての教化などあり得ないのではないか。しかも『空華日工集』にあるような話は、そもそも道元の思想とはあい容れないものではなかろうか。

6　道元の「示誡」と因果

道元が鎌倉に赴いて、どのような説法をしたのかについては『永平広録』に記録がある。そこには「檀那俗弟子のために説法した」と記されているが、それに続いて、道元は何も特別なことを説いたわけではなく「修禅の者は昇り、造悪の者は堕ちる。修因感果（善因善果、悪因悪果）ということを説いたのである」と記されている。

ところが「示誡」の内容は全く因果の理法を否定した外道の説であり、『永平広録』の述べるところとは合致しない。そこでもし、筋道をたてようとするならば、「示誡」には因果を否定する「六臣の説」に続いて、いまは失われているが、もともとは因果応報の理について書写した部分があったものとみるか、もしくは、書写されたのは「六臣の説」のみであるが、道元はこれを時頼に読ませたあとで因果の理を説く仏法の真義を説示した、とみるならば、いちおう辻褄は合う。

しかし、いずれにしても、道元の「行化」が、つまりは、ただ、因果応報を説くことにつきるものであったとしてしまうのはどうであろうか。因果応報の理について知らぬ者はいない。殺生の罪の意識にさいなまれる例として採り上げた熊谷直実のような武士はもちろん「一文不知《いちもんふち》の愚鈍のともがら」(2)でさえ、善悪の因果を知るからこそ、罪報と後生への恐怖におののいたのである。道元は、このようなことを説くために、わざわざ鎌倉の時頼のもとまで赴いたのであろうか。だいいち、このような説法が時頼という人物に即するものかどうか。時頼だけではない。堕地獄の罪を犯さざるを得なかった武士たちにとってどうであろうか。

「示誡」と一般にいいならわされてきたこの書跡の内容は「示誡」というには全く相応しくないものであった。それは『涅槃経梵行品』にある「阿闍世王之六臣」であり、そこに一貫するのは、罪の意識に悩む阿闍世を解放せんがための邪説であった。そこにくり返されている地獄の否定や王法における無罪の説は、即、「因果の否定」であり、仏法に反する邪説であって道元の教説ではない。

しかも、そこには、その「因果否定」の根底として、無因、自然を説く「自然外道」の邪見が説かれていることに注目しなければならない。

すなわち、大臣蔵徳が「自然界の法則」を説き、悉知義が出生の因縁や善悪の別を否定し、吉徳が「一切万物は自然に死を迎え、自然に生まれるものだ。誰が為すわざでもない」と説くところである。

このような言説は、すでに採り上げているように、中国老荘の万物と我《が》一体の思想や中国宋代の黙照禅の自然観にも通じるものである。

となれば、ここに説かれている邪説は、現象世界の総体をそのまま絶対視するものとなり、その行きつくところは、因果を否定、超越する絶対自由自儘な思想、すなわち、中古天台本覚思想へと進展するものであり、それこそ、道元の思想と教化における最大の問題そのものとして、すでに採り上げてきているところにほかならない。

従って道元は、この「自然見」に対し、「深信《じんしん》因果」を強調することとなる。『正法眼蔵』には、この「自然見」に対する痛烈な批判が示されていることについては、すでに先の「白山修験と達磨宗」において採り上げている。

すなわち「深信因果」巻には「宗杲《そうこう》が見解……ややもすれば自然見解のおもむきあり」、「身心学道」巻には「自然外道」とあり、「四禅比丘」巻には荘子の説く「自然見の外道の流類《るるい》」などとして「自然見」に対する批判が示されている。

しかし、先述した「六臣の説」は、苦悩する阿闍世にとって、全く救いになるようなものではなかったわけであるが、道元が時頼への説得に際して、この「示誡」といわれる「六臣の説」を一読させたものとみるならば、これらの邪説が時頼にどのような反応を生じさせたのかである。

「六臣の説」が苦悩する阿闍世にとって、なんの救いにもならなかったのと同様であったのか、それとも、時頼は「六臣の説」に心ひかれ安らぐものを見出したのかどうか、道元はそこに説得の「機縁」を求めたのではなかろうか。「六臣の説」を書写した「示誡」が時頼のための「対機の教化」に用いられたものであったとみるならば、『広録』にある「因果応報」を説いたままであるとする記述と本質的に矛盾するものかどうか。そこにもっと深い意味がこめられてはいないであろうか。

つまり「六臣の説」が、ひとことでいって因果を否定するものであるとはいえ、やはり因果についての言説にはほかならない。因果応報を説くために、ひとまず因果の否定を媒介として説得の機縁をつかむという、機に応じたものとみることもできよう。否定をとおして肯定へと転じるのであるが、それで時頼の心をつかむことができようか。それに、因果の否定から、どのようにして肯定へと転じ得るのかである。

ここで再び熊谷直実の場合が思いおこされる。『勅修御伝』(3)によれば、法然が「無智の罪人の、念仏申して往生すること、本願の正意なり」と説くのを聞いて彼は感泣したのである。つね日頃、おのれの罪業感に苦しんでいる武士が、因果応報の理を聞いて感泣するであろうか。直実が一切を捨てて念仏修行にはげむ決意を固めたのは、因果の理法を離脱する、この「悪人正機」の説（一般には親鸞のことばによるというが、実は法然に始まる）に感動したからではないか。そこに「因果の否定」ではなく、「因果を離脱」する道が開かれたことに感激したのである。「因果応報」に対し、「悪人正機」のなんと力強く頼もしいことか。人はその意表をついたことばの力に衝撃をうけ強い感動にひたされるであろう。

しかし、この信仰は時頼にそぐうものではなかった。時頼が選びとったのは、坐して禅定する修行の道であった。北条氏の坐禅修行は時頼に始まる。時頼の人となりからして、禅の精神が最もよくそぐうものであったことは間違いない。鎌倉時代に禅の教風が武士の精神修養に大きく寄与したことはよくいわれている。禅宗が武士に多くの帰依者を得ていたことは確かである。時頼が禅を選択したのも至当なことであろう。

では道元に対した時頼の場合、直実のような「救い」があったのかどうか。そこでまず、仏教で重要な「因果」について、道元はどのように説いているのかをみるべきであろう。

『正法眼蔵』の「深信因果」巻には「およそ因果の道理、歴然としてわたくしなし。造悪のものは堕し、修善のものはのぼる。毫釐《ごうり》もたがわざるなり」とある。同じく『正法眼蔵』「三時業」巻にも「三世因果」の説示がある。善悪の報には三つの時があるという。

これはただ因果応報を説くだけでは説得力に欠けるからである。例えば、世の中には善業の人が必ずしも幸福とは限らず、むしろ悪業の人が幸福にみえる場合もある。こうした現実の不条理をみて、因果の法則などというものはないと速断する者がいる。そこで仏教は三世因果を説くことによってこれに対処している。

すなわち、善悪の業は三世を通じて必ずこれに応ずる報を受ける。現世の業が現世に報を受けるとは限らず、来世、来々世はもちろん、その後いく世をへてもその報は必ず表れる。現世の業ばかりではない。過去無限劫においてつくった業も同様であるという。

なるほど、この「三時業」により、現実社会にみられる因果関係の不条理についての疑問は解消されよう。その説くところによれば、善悪の報は百千劫をへても間違いなくその果を結ぶというのであるから。

しかし、そうなれば、ひとたび罪を犯した者はその報から永劫のがれることはできない。では、あの五逆の大罪を犯した阿闍世はどうなのか。時頼はどうなるのか。

「六臣の説」には「救い」はない。直実が「悪人正機」を聞いて感泣したような、因果を離脱する救いの道はない。ただ因果の否定があるだけであって、それでは阿闍世が納得できなかったように時頼も得心するはずはない。真摯な求道心をもったであろう時頼であればなおさらのことである。

一方、「因果応報」が時頼の「救い」になろうはずはない。先に、法然から親鸞へとつながる「悪人正機」を採り上げたが、そこに「道元が必死の対決を試みたのも法然である」[4]といわれるように、法然の存在に対する道元がなければならぬことである。
すなわち、熊谷直実に対する法然の悪人正機による「救い」と同じく、時頼に対する道元の「救い」がなければならない。

7　因果の超克

『正法眼蔵』「大修行」巻には、この問題にかかわるところが「不落因果」として説かれている。不落因果とは、因果に落ちないこと、因果による束縛から離脱することであり、すなわち、道元の説く「救い」となろう。ところが、この「不落因果」は同じく道元が説く『正法眼蔵』「深信因果」巻では全く否定されてしまっているのである。

道元は「深信因果」「大修行」の両巻において同じ一つの説話、『天聖広燈録』[5]にある「百丈野狐《ひゃくじょうやこ》」の公案によって論じている。

その説話とは、昔、百丈山の住持が弟子に「大修行（仏法現前成就の修行）をした人でも因果に落ちるのか」と聞かれ、「不落因果」と答えた。そのため、その住持は五百生もの間、野狐の身に堕ちてしまった。その住持は野狐の身から脱するために五百年後に百丈懐海《えかい》[6]に問うた。「大修行をした人でも、やはり因果に落ちるのか」と。そこで懐海が「大修行の人は不昧《ふまい》因果（因果の理を暗《くら》まさず明らめること）である」と答え、これを聞いて野狐は大悟した、というものである。

道元はこの説話について、「深信因果」のなかでは「不落因果は、まさしくこれ撥無《はつむ》因果（因果の否定）なり。これによりて悪趣（悪道）に堕す。不昧因果は、あきらかにこれ深信因果なり。これによりてきくもの悪趣を脱す。あやしむべきにあらず、うたがうべきにあらず」と述べ、明確に不落因果を邪見として否定し、これに対するものとして、因果の理を明らめる不昧因果を正見としている。また先述したように、因果必然の理や善悪の報は百千劫をへてもなくならないことを説く。すなわち「救い」は説かれていない。

ところが一方、「大修行」巻では、大修行は大きな因果そのものである。修行のそなわった証であるから、因果に落ちるとか落ちないとか、因果に明らかとか明らかでないとかいうべきものではない。もし不落因果があやまりなら、不昧因果もあやまりだ。不落因果は撥無因果に似ているから落ちたのだというが、不落因果が因果の否定などであるはずはない。そんなことは道理のよくわからない人のいうことだ。などと説き、不落因果を肯定している。いいかえれば、不落、不昧を超えたところに修行の意義があるということになり、それは修行による「因果の超克」へとつながることとなろう。

このように両巻における道元の見解は全く相反し矛盾している。その上、「大修行」が説かれたのは寛元二年（一二四四）であり、「深信因果」の説示は不明ながら「大修行」よりも何年かのちになるとみられているため問題は難しくなる。つまり、道元はこの間に「大修行」での見解を変改し、改めて「深信因果」を説いたとする論説が提示されているのである。

そこで想起することは、やはり寛元元年七月の「道元の入越」にかかわる問題である。

まず、先の「臨済に対する評価の変改」で採り上げた問題、すなわち増谷文雄氏が、寛元元年を中心としての道元の臨済に対する評価の変化を「大きな内的展開」として指摘された提説がある。

また入越後の道元最晩年の教説となる十二巻本『正法眼蔵』の第一巻「出家功徳」には「おほよそ出家受戒の功徳、すなわち諸仏の常法なるがゆゑに、その功徳無量なり。聖教のなかに在家成仏の説あれど正伝にあらず、女身成仏の説あれどまたこれ正伝にあらず、仏祖正伝するは出家成仏なり」と示されている。

すなわち深草時代とは一転して、入越後の最も注目すべき道元の思想の変革を示すものといわれる「出家至上主義」が標榜されている。つまり、先に述べた「大修行」巻から「深信因果」巻への「説示の変改」も同様、「内的展開」とか「思想の変革」とかいわれているところと軌を一にしているもののように思われる。従って、こうした変化については、これまで、道元入越後の「晩年における思想の変化」として採り上げられることが多い。

そこで思量すべきことがある。「深信因果」巻と同様、三世因果や因果不亡の理を説く教説として、先にも採り上げている「三時業」巻があるが、この両巻は共に晩年の著述であって晩年の思想を示すものとみられている。

『正法眼蔵』は七十五巻本と、晩年に特に道元自らの編輯（親輯本）になるという十二巻本があるが、「深信因果」や「三時業」は十二巻本に含まれる。つまり晩年になって思想を変改した道元は七十五巻本にある「大修行」における「不落因果」を否定して、改めて十二巻本の「深信因果」や「三時業」を説いたということになる。

となると、先の「大修行」に示された「因果の超克」は消滅し、因果を離脱する救いの道はなくなるのか、阿闍世や時頼の救いはどうなるのか、である。

8 「大修行」から「深信因果」「三時業」へ

『正法眼蔵』十二巻本は道元入滅の二年後に、唯一の法嗣である永平寺二代の懐弉により建長七年（一二五五）に書写された道元最後の教勅であるとされ、道元自らの親輯になるものとみられている。すなわち『十二巻本』は、道元入越後における最晩年の撰述とみられることとなる。

先述したように『正法眼蔵』「深信因果」「三時業」の両巻は、この最晩年の『十二巻本』に含まれるものである。しかも、この両巻で強調されている「因果の道理」こそ、この『十二巻本』の重要な性格を表徴するものであるとする見解がある。後述することとなるが、この『十二巻本』のなかには、さらに同じく「因果」の問題について説く「四馬《しめ》」と「四禅比丘《しぜんびく》」の二巻があり、以上の四巻を『十二巻本』中で最も注目すべき重要な教説であるとする見解も提示されている。

ここに問題が生じる。

先述したように寛元二年（一二四四）に示衆された『七十五巻本』の「大修行」巻に説かれた「不落因果」すなわち「因果の超克」が、この『十二巻本』の「深信因果」「三時業」の両巻では、一転して完全に否定され、そこに「大修行」の説とあい反する矛盾が生じていることである。そこで、いま一度、「三時業」巻を採り上げてみたい。

「三時業」の冒頭には、因と果は影響し合い「毫釐もたがふことなし。たとへ百千万劫を経るとも、また磨滅せざることを」と示されている。さらに「仏祖の児孫修証弁道するには、まずかならず、この三時の業をあきらめしらんこと」とあり、その巻末近くには、世尊の言をひいて「たとえ百劫を経ても、作《な》す所の業は亡ぜじ。因と縁が会った時は自らその果報を受けることとなる」と説く。

つまり先の『七十五巻本』「大修行」に説く「因果の超克」はない、というより完全に否定された感があり、「三時業」では「不落因果」を否定する因果必然の理が明快に説かれていることとなる。

ところが一方、「三時業」巻の説示のなかには、次のような意外にも思える説示が見出される。

巻中段の一説に「行者もし思惟それ善なれば悪すなわち滅す。それ悪思惟すれば、善すみやかに滅するなり」とあり、また、善悪の思念がとりかわることにより、その果も善悪が転換されてしまう、という意味のことも説かれている。さらに、巻末近くには特に注目すべき次のような説示がある。

「かの三時の悪業報、かならず感ずべしといえども、懺悔するがごときは重を転じて軽受せしむ。また滅罪清浄ならしむるなり」

ここには懺悔による罪の軽減、消滅、清浄化、つまり「懺悔滅罪」が説かれている。

しかし長文の「三時業」巻に通貫して説かれる「三時業」とは

○順現法受業（現世での善悪業の報いを現世で受ける）

○順次生受業（現世での善悪業の報いを次の世で受ける）

○順後次受業（現世での善悪業の報いを第三世、四世、さらに百千生の間に受ける）

を説くものであり、「三時業」巻にはその具体的な事例を挙げて懇切にその重要性が説かれ仏教の極めて重要な教理「業の不亡」が確然と提示されている。

となると、このように、不落因果を否定するといわれている道元晩年の教説のなかで、しかも、因果の業報の絶対を基本として通貫して説く「三時業」巻のなかで、それと矛盾するような、善悪の消滅、転換や懺悔滅罪が説かれているのは問題ではないか。このような道元の説示の真意はどこにあるのか。

とはいえ、実はこうした懺悔滅罪の教説は『正法眼蔵』「渓声山色《けいせいさんしき》」巻にもある。懺悔の功徳力によって罪が清浄になり罪の根源が消滅するとある。また『正法眼蔵随聞記』には、破戒の者でも懺悔して受戒すれば、すべては清浄になると示されている。

このように格別に力説するものではないにしても道元は、くり返し懺悔滅罪を説いている。では、懺悔や善思惟による悪の消滅があるのであれば、道元晩年の思想においても、「不落因果」「因果の超克」はあり得るのか。

そこで思い合わせるのは浄土教における「悪人正機説」である。「他力をたのみたてまつる悪人、もとも往生の正因なり」という他力救済の前提となるのはやはり、自らを悪人と自覚する懺悔である。悪を自覚するところに初めてこれに対する善の認識がある。しかし、この懺悔が形だけのものならば「悪人正機」は大変な悪をひきおこす恐れがある。「悪人正機の本願」を誤解し、悪を行じてはばからぬという「造悪無碍の異義」が生じる。

事実、法然や親鸞においてもこの問題に対する批難や警戒があった。道元にも共通する課題があったのではないか。それでこそ道元は不落因果を説いた「大修行」のあとに「深信因果」を説かざるを得なかったのではないか。また重ねて「三時業」の業報を強調したのもそのためであろう。すなわち「対機の教化」である。

このことを裏付けるものとなる記録がある。先にも採り上げているが『永平開山御遺言記録』にある永平寺二代懐弉に対する同三代義介が提起した質問の記録がそれである。

道元の説示を誤解した門下の僧が「一切の行はみな修善なり。一切の行動、あらゆるものがみな仏法である」といっていることについて、これが正見か否かを問うているのである。永平寺三代になった義介にして、かかる疑問を抱くのであれば、道元晩年の心労は推して知るべしであろう。道元が、こうした邪見に対処するものとして、晩年の病中に『正法眼蔵』十二巻本が説示されたとの指摘もなされている。

ところで「大修行」巻について、「なんとなく歯切れがわるく、どうも判然としないところがあった」「なんとなく吹っ切れないところが感ぜられた」(7)という読後感が述べられているが、たしかに「大修行」の論調にはそのようなところがある。

同じく因果の問題を採り上げている「深信因果」や「三時業」の明快さとは対照的に思えるところがある。思うにこれは「大修行」に説かれている不落因果についての邪見をおもんばかるところから生じたものではなかろうか。

こうした邪見、誤解を恐れるのは、親鸞の信仰を説き異端邪説を批難した『歎異抄《たんにしょう》』の著者も同じであった。『歎異抄』の末尾に「外見あるべからず」と記されているのもそのための配慮にほかならない。

「悪人正機」について、「機の準備がすでに充分になっている人々のまえには、法然もまた、この信仰の論理の結語をやすんじて示すことができた」(8)といわれるように、誤解や邪見をふせぐためには機によった説示がなされねばならない。その機によっては、安んじて「大修行」が説かれるであろうし、あるいはまた「深信因果」による強い説得が必要となろう。すなわち「対機の教化」である。こうした機による見解からみるならば、「大修行」と「深信因果」両巻の矛盾ともみられるような問題は解消されよう。

9　相将学道

ここで再び、「六臣の説」のあとに続く、その後の阿闍世についてみなければならない。すなわち、「示誡」には記されていないが、それに続く『涅槃経』の内容に注目すべきこととなる。

そこに阿闍世、時頼の両者に共通する「機の教化」すなわち「救いの機」がどのように説かれているのか、である。

その後の阿闍世について『涅槃経』の説くところをみると次のようである。六臣の邪説に惑わされることなく、因果の理を味《くら》ますことなく深く慚愧懺悔する阿闍世が、『涅槃経』の大眼目である「一切衆生悉有仏性《しつうぶっしょう》」を示されることによって、ようやく世尊のもとへと導かれる。世尊は、阿闍世が深く因果を信じ慚愧懺悔していることをふまえた上で、仏法の真諦《しんたい》「一切皆空」「業障空《ごっしょうくう》」を説き阿闍世の身心の苦しみは消滅する。ここに阿闍世は不動の菩提心を確立し、彼の救いは決定したことが説かれている。

このように、阿闍世の救いの機は、強い慚愧懺悔の念にあった。あの熊谷直実の場合も同じである。時頼の場合も、因果を信じ懺悔する機根をみてとった上で道元の救いが説かれたのではなかろうか。しかし、もし時頼の機根が劣悪で懺悔の念など持ち合わせることもなく、「六臣の説」に共鳴し因果否定の説によって心安らぐところがみえた場合はどうか。そのような悪の肯定に堕ちた者に対して道元は「深信因果」にあるとおり、因果の理について懇々と説得したに違いない。

すなわち、因果を信じ懺悔するところに「不昧因果」による救いの機がある。つまり「不昧因果」の機によって、初めて「因果の離脱」を説き得るのであり、「不昧因果」にもとづく「不落因果」である。ここに「不昧」「不落」は「因果の離脱」において一如となる道が見出されることとなり、かくて「大修行」と「深信因果」「三時業」との教説の矛盾は、この「機の教化」からの視点により解消され得るのではなかろうか。

さて、これまでの考察を要約するところ、道元は時頼の機根を見定めた上で、「不落因果」、実は「不落」「不昧」の別を超えた一如の真義を説いたことになるのであろうか。

そうだとすれば、道元と時頼の関係は、かなり親昵《しんじつ》なものといえようが、そのような両者の師弟関係のようなところをうかがわせるような史料はあるのだろうか。

それは『永平広録』にあった。その第八に収められた「相将学道《しょうしょう》」の法語である。「相将」とは将軍・宰相の意である。「相将の学道は、師を訪《とぶら》うを先と為す」に始まるこの法語は、在俗の将軍・宰相に対し、師を尋ね道を求めるときの用心を説いている。参禅学道は、よくよく正師をえらび参問することが肝要であるとして、在家の学道につき、多くの例をあげ懇切に言をつくして説くのである。

伝統的な解釈では、この説法の対象を北条時頼であろうとしているが、現今、これを永平寺檀那の波多野義重とみる見解がある。

「鎌倉行化」が道元の信条にそぐわず甚だ矛盾するとみるのに加えて、この法語にうかがわれる親昵さを、時頼ではなく義重に適合するとみるところからの見解である。

しかし、これまでの考察からすれば、道元が時頼に提示したであろう「示誡」を機縁とするような教化には、この師弟間における格別の親昵さをうかがわせるものがある上、この「示誡」の内容が時頼によくそぐうものであろうことについては先にみたとおりである。すでに述べているように「鎌倉行化」の目的が時頼その人であったろうとの結論からも、むしろ時頼にこそ相応しいものといえよう。

それに、「相将」の呼称も時頼にこそ最も相応しいものではなかろうか。先述しているように、鎌倉幕下では五位の武士に過ぎなかった義重に「相将」の称が相応しいとは思えない。また『正法眼蔵』「全機《ぜんき》」の巻末には、義重が「雲州刺史」として示されているし、『永平広録』においても、その第五に義重を「雲州の太守」とする称が二度示されている。すなわち、道元が義重をよぶときは「雲州刺史」「雲州太守」という明確な称を用いているのであり、ことさらに名を秘すべきことはない。相模守、執権時頼であったればこそ、道元は「相将」とよび、明からさまな呼称を控えたのではなかろうか。

『正法眼蔵』「面授《めんじゅ》」巻に「啐啄《そったく》の迅機《じんき》」ということばがある。孵化する直前の卵のなかで雛が呼ぶ声を啐といい、これに応じて母鶏が殻をつき破るのを啄という。両者あい応じて孵化がなる。この啐啄のように機を逃すことなく速やかに対応した教化がなされねばならぬという。

「鎌倉行化」は時頼が師を求め、道元がこれに応じた「啐啄の迅機」ではなかったろうか。それでこそ道元は多忙のなか、自らの信条を越えて鎌倉まで下向したのではなかろうか。そのとき、道元は「不落因果」実は「不落、不昧一如」の真義を開示したのかどうか。だがもし、この「因果の超克」がなければ、ほかに時頼の「救い」として説き得べき教説はなく、道元が鎌倉にまで行化する意義もなくなろう。

いみじくも最明寺入道時頼菩提の寺、越前宝慶寺に、いまも護持伝来する「示誡」こそ、道元による北条時頼教化の機をいまに伝えるものであろう。

注

1　義堂周信『空華日用工夫略集』四巻　永徳二年壬戌九月廿五日条　足利義満などに親近していた義堂周信の日記（辻善之助編『空華日用工夫略集』太洋社　昭和一四年）

2　法然上人「一枚起請文」念仏の要義を一枚の紙に平易な文章で記した法然の遺訓。

3　『勅修円光大師御伝』（円光は法然の諡号《しごう》　村瀬秀雄『全訳法然上人勅修御伝』常念寺　一九八二年）

4　増谷文雄　日本歴史新書『親鸞・道元・日蓮』（至文堂　昭和三一年）

5　宋　李遵勗《りじゅんきょく》編『天聖広燈録』三〇巻　天聖七年（一〇二九）撰（『新纂大日本続蔵経』七八巻　国書刊行会　一九八七年）

6　百丈山大智寿聖禅寺の開祖『百丈古清規《ひゃくじょうこしんぎ》』を著した禅林清規の開創者。

7　増谷文雄『現代語訳正法眼蔵』七巻（角川書店　昭和五〇年）

8　増谷文雄「日本歴史新書」『親鸞・道元・日蓮』第二章

二十三　道元の思想と対機の教化

1　教説変改の要因

道元の思想にかかわる問題として、よく採り上げられているものに、道元が入越した寛元元年、四十四歳を中心とする晩年において「思想を変改」したのか否かの論議がある。その要因としては次のようなものがあり、加えてそこに道元の「中古天台本覚思想」に対する批判が認められるとする小見を提示している。

○道元入越の寛元元年（一二四三）の前々年となる仁治二年（一二四一）に道元会下に集団帰投した日本達磨宗の祖大日房能忍の門弟であった懐鑑一門に対する教化の問題（第十九章）

○道元入越時の留錫の地を囲繞する白山越前修験道の本拠、白山平泉寺の修験に対する教化の問題（第十九〜二十一章）

○中古天台本覚思想に通じる「修験道の教義」に対する批判と併せて、仏・儒・道の三教一致説の否定。修行の欠落した中古天台本覚法門と中国の老荘思想の自然主義に通じる黙照禅に対する批判（第十九

〜二十章）

右は入越にかかわる、道元にとって最重要な、しかも最も先決すべき不可避の課題となったものとみられる。

すなわち、こうした問題に対応するところに、道元の教説教化における変化が生じることとなった要因が認められることとなる。つまり、ここに道元の教化の対象や環境に対応した「対機の教化」を認めることにより、始めてその内容が明確となり、これまでにいわれてきた前後矛盾するとみる問題も解消することとなろう。

となると、こうした教説の変化とみられるような説示の要因は、よくいわれるように、「入越の時期」に限って認められるものであろうか。よくいわれてきたように寛元元年頃を中心として道元の入越を機とする「思想の変化」があったとする説に対して、これが実は「対機の教化」による教説の異同というべきものであるとみるならば、こうした教説の異同は特に寛元元年を中心とする入越の時期だけに限って認められるものではなかろう。

道元の思想がその主著『正法眼蔵』の説くところからわかるように甚だ難解な内容を示すものであることはよくいわれている。であれば道元帰朝後の示衆の対象に対する教化において、その説時、説処、説相についての配慮は絶えず課題となるものであったと考えられよう。そこで道元の帰朝後、その教化が開始された当初の時期に遡ってこの問題にかかわるところを採り上げてみたい。

道元の「教化と機」の問題について採り上げる場合、当然ながら道元の教説についてみなければならない。

先の北条時頼に対する機の教化としては「阿闍世王之六臣」による説得についての小見を述べた。そこには、法然、親鸞の説く「悪人正機」の場合と共通する、教化に際しての機根による「対機の教化」があったと考えられる。また『正法眼蔵』「大修行」巻に説く「不落因果」と「深信因果」「三時業」巻との矛盾する教説についても、「不落、不昧一如」の真義が「対機の教化」においての説相の異同を表徴するものとみることにより、その矛盾が解消されようとみられることについて述べた。

そこで次に道元が興聖寺を去り越前に下向した寛元元年七月の二ヵ月前になる五月五日に書写された『正法眼蔵』「菩提薩埵《ぼだいさった》四摂法《ししょうぼう》」巻を採り上げてみたい。道元四十四歳の撰になるこの巻で道元が説く「利行《りぎょう》と同事《どうじ》」は即、「対機の教化」に通じるものとなる。

2 「菩提薩埵四摂法」と「辨道話」

「菩提薩埵四摂法」の冒頭には、大乗の行者、菩提薩埵（菩薩）が行ずべき四摂法、すなわち四つの徳目が「一つには布施、二つには愛語、三つには利行、四つには同事」として掲示されている。

増谷文雄氏[1]はこの「四摂法」について「原語を直訳すれば〈四つの把握法〉ということにもなろうか。もし仏教の徳目を向自《こうじ》と向他《こうた》の二つに大別していうなれば、これは向他の徳目に属する。現代のことばをもっていうなれば、いわゆる人間関係にかんする徳目」であるとされる。その上でこの四つの徳目の三にあげられた「利行」について「利行というのは、衆生を利益することであって、貴賤、貧富、遠近をとうことなく、人々を利するために、いろいろと善巧方便をめぐらすがよいとするのである」と説き、また徳目の四となる「同事」については「衆生と事をおなじゅうするということであって、人々の機根にしたがい、それと事をおなじゅうして、人々に親近するのである。ひとり孤高をたのしむなどというのは、仏者のなすべきことではないのである」と説かれている。

この増谷氏の説は教化の対象となる人々への配慮を示すものにほかならない。そのなかの「利行」「同事」について説かれる「善巧方便」と「機根にしたがい」「人々に親近する」ことこそ道元の「対機の教化」である。

しかし、続いて増谷氏は、道元がここで特に「四摂法」を採り上げている意義については、道元がすでに四十三歳の高徳であるとして「思想のいとなみ方についても、その表現のしかたについても、あるいは問題のとり上げ方についても、変化があり、成長があり、円熟があったとしても、すこしも不思議ではあるまい」[2]と説かれる。つまり他の『正法眼蔵』各巻にみられるような説示の場合と同じく、「思想の変化」とか「思想の成長、円熟、展開」などとしてみられているのであり「機の教化」についての視点はない。

しかし、この「四摂法」が寛元元年七月、道元入越の二ヵ月前の五月に撰述されていたことについては、すでに述べているように、入越に際して、道元の教化とかかわる注目すべき問題が浮上していたことと関連するものとみるべきではなかろうか。そうした視点をとらず、これを思想の変化とか展開としてのみとらえた場合には多くの矛盾が生じることとなる。

そこで改めて、『正法眼蔵』九十五巻の第一巻に編輯され、道元の立教開宗の総論的役割をもつものとして撰述された「辨道話」巻を採り上げてみたい。

この「辨道話」巻は宋から帰国した道元が「正法《しょうぼう》護持」と「弘法救生《ぐほうぐしょう》」を宣揚するための最初の撰述となった『普勧坐禅儀』に続いて道元の「正伝《しょうでん》の仏法」と「弘法救生」の教化についての信念を説くものである。『普勧坐禅儀』が安貞元年（一二二七）、道元二十八歳に撰述されたその四年後の寛喜三年（一二三一）八月、道元三十二歳の著述であり、道元がまだ深草の安養院に閑居していたころの、自ら「雲遊萍寄《うんゆうひょうき》」という生活にあったときに説かれたものとしてはこの一巻が唯一の撰述である。

つまり、未だ不特定であった大衆を対象とした教化において説かれたものと考えられるが、ここにはすでに「道元の仏教の基本的な立場や考え方が述べられている」(3)のであり、もっとも重要な「仏法の基本的立場」を説く、いわば第二の「開宗宣言」であって、道元の思想のほぼ全容が「真実の仏法」として説かれている。

また、ここには十八度にわたる問答形式をかりて、このあとに続く『正法眼蔵』各巻に示された教説の出発点ともみられるところについて採り上げ、詳しく説示されている。

なかでも、修と証の関係において、修証を一等とした「証上の修」「本証妙修」を説き、これを「不染汚の修証」とする道元独自の教説が注目される。

これこそ道元が比叡山を下り、入宋求法に出発する機縁となった「本来本法性《ほんらいほんぽっしょう》、天然自性身《てんねんじしょうしん》、此の理、顕密の両宗にて落居せず、大いに疑滞あり」(4)という疑団、すなわち人間はみな本来、悟れる仏性をもつという天台の教義があるが、そうであれば何故、修行しなければならないのかという疑問に対する結論となるものであった。また、この「本覚思想」といわれる天台教学の本覚法門にかかわる問題は鎌倉仏教に共通する課題となるものでもあり、道元の思想の根幹となったものといえよう。

かくしてこの「不染汚の修証」についてては「仏祖道の修証の真骨髄をかたるものである。……修の代償として証を求めることは染汚であるとする」「時々を行尽する不染汚の修証は……ひろげれば行住坐臥であり、時間的には二十四時間全体となる」「染汚不得は禅師の仏法の根幹であり、枝葉であり、その全体である。いかなる教示もこの根本理念をはなれるものはない。すなわち染汚不得は禅師の教学の基本的性格の重要な一つである。むしろ根幹的基盤的性格というべきであろう」[5]と説かれることとなる。

さて、以上のような「辨道話」巻の性格からすると、すでに『正法眼蔵』撰述の出発点ともいえることの「辨道話」巻において、道元の思想の全体と基本的立場が説かれていることとなり、その上でその後、時を経て順次、『正法眼蔵』の教説が、いわば変改されたり「一大変革」を示したりしていることとなる。

「辨道話」巻は道元三十二歳、「発無上心」「三十七品菩提分法」二巻は四十五歳、「出家」巻は四十七歳の撰になるため、ここにみられる教説の変化について、入越後の四十歳を過ぎた高徳の道元としては「思想のいとなみ方についても、その表現のしかたについても、あるいは問題のとりあげかたについても、変化があり、成長があり、円熟があったとしても、すこしも不思議ではあるまい」と説かれることも道理であろう。

しかし、道元が生涯をかけた仏道修行の基本的立場を示す思想の根源にもかかわるところが動かされ、道元の思想の最盛期といわれる入越の時期を中心として「思想の一大変革」とまでいわれるような変改を生じたとみることは無理ではなかろうか。

またここで考量されることがある。こうした「変化」を道元の円熟による内的展開であるとした増谷氏が、その一方で、こうした変化の原因としては「その執筆の動機がことなり、その語りかける対象がことなり、したがってまた、その叙述の様式もことなっているからである(6)」と説かれていることである。

ここには「機の教化」のことばこそないものの、先述している「対機の教化」の内容そのままを思わせるように、「入越」を中心とした時節、状況における、正に「機の教化」を示唆するような見解が述べられているのである。

ただし、その教化において、どのような課題が生じていたのかについての検討、すなわち、「中古天台本覚思想」に通じる旧達磨宗徒を中心とした会下の僧団に対する教化の問題にはじまり、入越時の道元僧団を囲繞した白山修験道の本拠、白山平泉寺の「修験道の教義」や平泉寺南谷と北谷の境域に分別された「妻帯僧と清僧」に対する教化の課題など、重要にして緊急な対応を要する問題についての視点はない。

従って、単なる成長、円熟による内的展開から生じた教説の変化とみることとなり、そこに驚くような教説の変化といわれるような前後矛盾するところを認めることにもなったわけである。

3 「坐禅儀」の改訂

ここで道元の墨跡の最初に採り上げた自筆本『普勧坐禅儀』に再び注目し、この道元の撰になる「坐禅」の教説について、道元の「対機の教化」の観点から改めて検討することとしたい。

この自筆本『普勧坐禅儀』については先に、その「性格と坐禅儀の変移」として次のように述べている。

普勧坐禅儀の性格と書風

自筆本『普勧坐禅儀』は道元の文としては異例の四六駢儷体《べんれいたい》による刻意の華麗な美文で記述。筆跡も当時流行の宋代新書風による峻抜雄健な書であり、多様な書法の変化を顕示した劇跡である。

すなわち一見して強い印象を与える華麗な刻意の文体や雄健な劇跡により、この坐禅儀がひろく注目認識されるよう、殊更な宣揚の効果を具現するものとなっている。つまり、帰国直後の道元における「普く勧める」「弘法救生」の教化を表徴するものであり、それは即、当時の教化に対応した「対機の教化」にほかならない。


しかし同じく道元が説く「坐禅の教説」でありながら入越後の『正法眼蔵』「坐禅儀」においては、一転して、自筆本にはなかった終結の文言「不染汚の修証」を具現する性格の教説へと変改されている。従ってこの変改の実体について認識することなく、自筆本『普勧坐禅儀』の筆跡にみる殊更に峻抜雄健な劇跡こそ、道元の禅の精神を表徴するものとみる思い込みに捉われた場合、入越後の道元本来、あるがままの筆跡に一変した「不染汚の修証」を具現する書は別人の書、弟子の書として片づけられることとなった。

つまり、道元の同じく「坐禅の教説」でありながら、その時期によって性格が一変している。その変化は筆の遊びなどであろうはずはない。その変化は道元が標傍する修証の根本となる「只管打坐」が、その説時、説所、説相に応じて説かれ改訂されたものとみるほかはない。すなわち「機の教化」である。

しかし、こうした文や筆跡などの違いについては、これまで単に「書風の変移」として採り上げてきた。また一般に「入越後」の教説の変化については、道元の「思想」と関連するところがあるとみたり、さらにはそれが、道元の思想の変化であり進展によって生じたものとする見解も提示されている。ところが、こうした見解には不条理が生じる。そのわけは、道元の立教開宗の総論的役割をもつものとして三二歳の寛喜三年（一二三一）に撰述された『正法眼蔵』「辨道話」と二八歳の安貞元年（一二二七）に撰述され、三四歳の天福元年（一二三三）に浄書された道元開教の根本義を説く自筆本『普勧坐禅儀』の二本を対照してみることにより明らかとなる。

「辨道話」巻と浄書された自筆本『普勧坐禅儀』との期間は二年であり、帰国後最初に説示された『普勧坐禅儀』の撰述に遡っても「辨道話」巻の四年前となる。

つまりこの二本は撰述や浄書の時期が接している、しかし双方の性格には全く異なるところがある。すなわち『正法眼蔵』「辨道話」には「修をはなれぬ証を染汚せざらしめんがために」として煩悩で染汚しない修行「証上の修」が説かれ、日常生活の全てが仏法を体現するものであり、「不染汚の行」であらねばならない。従って、推敲彫琢した殊更な名文や書技を披瀝した劇跡などは「染汚」となる。

ところが帰国第一声となる『普勧坐禅儀』一巻に示されているのは、道元には類のない華麗な文体や殊更な書技の変化を顕示する劇跡であり、書巻の体裁に至るまで、例のない美麗な宋代の蠟箋《ろうせん》で仕上げられている。

となると「辨道話」に説く「不染汚の修証」に逆転して、いわば美的価値を創造表現しようとした、というより、むしろ「不染汚の修証」を否定するかのような性格が認められることとなる。

しかしこの矛盾、変化について「道元の思想の変化」などとみることはできない。すなわち、この問題についても、入越後の教説の変改の場合と同じく、教化の環境と教化の対象の機根に対応した「善巧方便」であり「対機の教化」とみることにより、この矛盾が解消されることはすでに明らかである。

道元の思想と坐禅儀の変移

道元の自筆本『普勧坐禅儀』は、帰国後の最初に撰述され、その六年後に浄書されているが、その撰述の動機となったのは宋の長蘆宗賾《ちょうろそうさく》の『禅苑清規《ぜんねんしんぎ》』所載の『坐禅儀』に対する道元の批判であった。

そこで、道元自筆本の『普勧坐禅儀』と宗賾の『坐禅儀』とを対比したところ、道元自筆本の『普勧坐禅儀』では、道元が批判する宗賾の「教禅一致」や天台止観の「習禅」については削除し否定されていることがわかった。

ところがその一方で、自筆本『普勧坐禅儀』には、道元が批判した宗賾の『坐禅儀』と全く共通する説示もあることについて採り上げている。すなわち、宗賾、道元双方ともに「坐禅の儀則」については全く同様の説示が認められる上、そのまとめとして、「一切時において、この定力《じょうりき》（禅定力）を護持」するのであり、「誠に禅定の一門こそ、最も高勝たり」として、両書には共通して「定力の護持」が強調されているのであるが、このことについては後述する。

また道元の「坐禅儀」が入越に際して示した新たな展開として、『正法眼蔵』「坐禅箴《しん》」（箴＝いましめ）を採り上げた。そこでは錬達の禅者に対する箴として、南岳、馬祖という師資（師匠と弟子）による「磨塼《ません》」の問答にみる「教化の方便」を採り上げ、そこに「無所得、無所悟」「不図作仏」（作仏を図らない）を説き、「修証一如」「不染汚の修証」として「只管打坐」の本義が示されている。

さらに右の「坐禅箴」と入越後の『正法眼蔵』「坐禅儀」の二巻を採り上げているが、この両巻には、自筆本『普勧坐禅儀』に示されていた「定力護持」の意義を認めるところが全くなく、「不染汚の修証」こそ「只管打坐」の真義を象徴するものと示されている。

さて以上、道元自筆本『普勧坐禅儀』から『正法眼蔵』「坐禅儀」に至る内容の改訂、変移についてみてきたが、そこには、深草時代から入越後における「教化の課題」となる、その環境と教化の対象とそれに対応する「対機の教化」の問題が浮かび上ってくることがわかる。

4　道元入越地の教化の環境

道元は寛元元年（一二四三）七月十六日、帰朝後の十年間、弘法救生、正法宣布の拠点であった興聖寺から北越前に入ったが、道元の教化における最大の課題は、その難解な教説にある。『正法眼蔵』の示衆の対象は一般民衆などではない。鈴木大拙氏が「道元の正法眼蔵に於ける対告衆《たいごうしゅ》は専門家揃ひであった」といわれるとおりである、しかも定住の地も定まらず禅師峰と吉峰寺を転々とするなかでの示衆の集中である。

となると、この入越の地には、現代では想像もし得ない、いわば「研学の集団」が存在したのではないか。もし、そうならば、深草時代とは一変して、入越後の特異な環境に適応した「対機の教化」が緊急にして最大の課題となる。

そこで注目されるのが、道元入越の地が白山西麓に一里四方の境内四至をもった白山修験道最大の宗教都市平泉寺の境内域内であり、その僧坊六千坊には北谷の学僧二千四百坊が分別されていることである。しかも、この天台僧、実は白山修験に対する道元の教化活動を示す記録が道元の伝記『建撕記』に附記されている。

さらにこれまでには採り上げてこなかったが、越前には、白山信仰の開創者と伝えられる泰澄《たいちょう》が白山開創以前に修行した越知《おち》山や平泉寺と共に泰澄の開創になった豊原寺などがある。また越前と美濃の国境を源流として日本海へと越前を貫流する九頭竜川の周辺には、泰澄ゆかりの寺院、故蹟がその水系に沿ってひろがり、いまは忘却された古代白山信仰の面影をうかがわせる一端となっている。

しかし、天正の一向一揆による焼亡とその後の信長による越前平定を経たあと真宗王国と化した越前にあっては、古代仏教寺院の殆どが浄土真宗や鎌倉新仏教の日蓮宗、曹洞宗に転じているため、今日、かつての白山信仰全盛の面影をうかがうことはできない。

5　仏祖正伝の禅と修験道の禅

白山の開闢伝承は『泰澄和尚《かしょう》傳記』にはじまる。そこに説かれた泰澄の事績については、すでに多くの多様な見解と錯雑した論議が提示されている。

修験道の開祖に仮託される役小角《えんのおづぬ》の実在については疑う余地がないとみられているのに対し、同時代の山林修行者といわれる泰澄については否定的な見解が多いようにみえる。

しかし越の大徳神融《じんゆう》禅師泰澄による白山開創の事績は平安中期頃から越前、加賀、美濃の登拝道の基点となる三馬場《ばんば》を中心にひろく伝えられ、この『傳記』をもとに白山信仰は体系化されることになったといえる。そこには白山修験道成立以前、あるいはその草創期と泰澄の人物像にかかわる重要な視点が見出されることとなろう。本稿では昭和二八年、平泉澄氏の解説解読により刊行され初めて一般に知られることになった『泰澄和尚傳記』(7)（平泉寺白山神社蔵版）により、まずそこに記述された次のような「古修験」の山林修行者としての泰澄について採り上げてみたい。

① 泰澄に「神融禅師」という「禅定」を修する師としての称が示されている。
② 「偏《ひとえ》に彼の嶺に栖《す》みて久修練行す」「藤の皮苔の衣を以って膚を蔽《おお》ひ、松の葉花の汁を以て命を助く」
③ 「布字の月輪《がちりん》心に在り」「入我我入《にゅうがにゅう》外なし、六時の礼讃、年をかさねて退かず、三昧《さんまい》の坐禅、日を積んで倦《う》むことなし、修験漸く秀でて世の宝となり、咒功早く越えて国の師となれり」

右は古代の山林修行によって験力を得る修験の禅を説くものであるが、①泰澄は古代の山林修行で禅定を修する禅師と称されている。②は『日本霊異記』一八にある小角の「葛を被《かぶ》り松を餌《の》み」と同じく、山中修行において基本的な修行となる「穀断《こくだち》」であり、「修験道十種修行」に示されているものであって、即、「道教」の不老長生の術に通じるものである。[8] ③は『傳記』中の密教にかかわるところであるが「布字の月輪《がちりん》」（梵字を身体各部に布置して、その字義を観じる。月輪は菩提心）、「入我我入」（本尊が我〈行者〉に入り、本尊に行者が入る。本尊行者一体となる観想）、「六時の礼讃」（一日を六等分した四時間毎、六時の修法勤行）、「三昧坐禅」（密教三密の修行における禅定）など、密教の観法と共に「坐禅」の修行すなわち禅行僧（禅師）としての性格を示す用語がみられる。

さらに密教の修法にかかわるものをみると、
④ 氷高《ひたか》天皇（元正《げんしょう》天皇）の不予《ふよ》（病）に際して「三鈷《さんこ》を以って加持し奉る」「天皇帰依して護持僧となし、授くるに禅師の位を以てす」

奈良時代の古密教には、独鈷、五鈷の遺品はないことから、三鈷杵は三鈷鐃《にょう》と共に奈良時代に特有の古密教を表徴するものとみられよう。[9]

奈良時代には道教や古密教の禅定を基本とする山林修行で験力を得た禅行僧、すなわち「禅師」に対する禁圧があった。その代表的対象となった行基は神亀二年（七二五）、泰澄と相見したことが『傳記』に記されている。また『傳記』には一一歳の泰澄を神童とみた道昭についての記事があるが、『続日本紀』文武天皇四年（七〇〇）三月己未条の「道昭卒伝」によれば、道昭は禅定を習い悟り元興寺域内に建てた禅院には全国から行業の徒が集まり禅を学んだとある。

これまで『傳記』にある「道昭」や「行基」について採り上げられたことはなかったと思われるが、ここに登場する道昭や行基の泰澄と共通する「禅定を修する実践修行僧」としての性格は船岡誠氏の説かれるように、奈良時代、すでに「日本の古代仏教の中に禅の伝統があり」「古代から中世へと連続する禅僧概念」[10]がなかったならば注目され難いものとなろう。

つまり、道元入越当初の地には、すでに、古代からの山林修行に組み込まれた禅定があり、そこには呪験力を得る目的をもった古密教、古修験の禅定修行があったとみるほかはない。

すでに白山平泉寺の修験道については、その「修験道の教義」に道元が最も排撃する中古天台の「本覚思想」と共通する問題があること、また、古代中国の道家（老荘）に儒・仏二教を加えた「三教一致」説に対する道元の強い批判については先に述べている。

しかし、ここで古代の山林修行にくみ込まれた、その咒功、験力を得る目的をもった禅定との対照が浮かび上ってくることとなった。

つまり、ここに天台別院平泉寺の密教と修験の禅衆を対告衆とした場合の配慮がうかがわれよう。すなわち自筆本『普勧坐禅儀』に残された「宗贖の坐禅儀」と共通する文言「一切時において、この定力（禅定力）を護持する」にみる修験の定力護持の目的意識に通じかねない説示は削除され、「坐禅箴」を経て、『正法眼蔵』「坐禅儀」へと、「修証一如」「不染汚の修証」ひとすじへ変改、改訂がなされたものとみるべきではなかろうか。

注

1 増谷文雄著作集11『道元』角川書店（昭和五七年　一八六頁、一九三頁、一九四頁）
2 前掲注1　一九四頁
3 玉城康四郎『日本の名著（7）道元』「正法眼蔵（抄）辨道話〈解説〉」中央公論社（昭和四九年）
4 古写本　明州本『建撕記』
5 榑林皓堂「道元禅の基本的性格」（日本名僧論集第八巻『道元』吉川弘文館　昭和五八年）
6 同右　二一頁
7 『泰澄和尚傳記』金沢文庫本を底本とし、尾添本、平泉本とを以て対比校合されている。
8 葛洪『抱朴子』内篇
9 内藤栄「古密教展概説」法具に見る古密教と純密　奈良国立博物館　平成一七年
10 船岡誠『日本禅宗の成立』四頁　吉川弘文館　昭和六二年

二十四　教化における「法と機」

増谷文雄氏は道元と法然、親鸞の教化について次のように説かれている。[1]

「法と機の問題について、道元はただ一人、他の仏教者たちと、その考え方を異にするのである」「法然や親鸞のえらんだ道はまず機を吟味することから出発するものであった」「しかるにいま、道元のまず赴いたものは、機の問題ではなくて、法の問題であった」「彼は、わが機をもって仏法をはからうことを、するどく拒否した」「わが身の機根をはかりとして仏法をえらぶなどとは、道元にとっては、とんでもないことであると考えられたのである」「道元という人は、誰よりも、対する衆によってその所信・所説をまげて語るような人ではなかった。その趣を異ならしめたものは、その内なる所信の展開であるとするほかはないのである」

しかし、すでにみてきたように、道元の教説の異同について、すべて「内なる所信の展開」によって変改されたものとみるならば、そこに矛盾と不条理が生じることは明らかである。それに、先に採り上げている『正法眼蔵』「菩提薩埵四摂法」巻冒頭に示された徳目「利行と同事」にも反することとなる。すなわち、衆生の「機根」にしたがい「善巧方便」をめぐらすことを否定するとすれば、右の道元が示した徳目に反する。

また、道元の教説が、その時々において異なったり、全く逆の説示をしている場合があることなどから甚だ矛盾を生じていることをみれば、すでに述べているように、これを道元の「内的展開」により、道元の思想にかかわるところが転化したことによるものなどとみることはできない。

増谷氏の提説では、道元は「わが機」をもって「仏法をはからうことをするどく拒否した」といわれるが、ここで問題となるのは、道元自身の機根ではなく、道元が教化の対象となる対告衆に対し、どのような「機の教化」「善巧方便」を行ったのか、その結果、その教説にどのような変化を生じたのかどうかである。

すなわち、道元の「教説の変化」といわれてきたものは、道元の教化の対象となる対告衆の「機根」に対応したところに生じたものであり、増谷氏のいわれるように、道元の「内なる所信の展開」すなわち、「思想の変化」などではない。

つまり、ここに説かれる「法」と「機」は教化の対象において表裏一体となるものであり、これを対比的にみるならば誤解を生じることとともなろう。

『正法眼蔵随聞記』に説かれているように「人人皆な仏法の器なり」「仏法を行ずるには器をえらぶべきにあらず」であり、器はえらぶべきではないからこそ、器に対応する対機の教化がある。機に応じてこそ正法が受容せられる道が開けるのであり、もし機に対応しなければ、逆に教化に適した器をえらぶ取捨選択も生じることとなろう。

すなわち、「機の吟味」にはじまる専修念仏はもちろん、正伝の仏法、只管打坐の教化においても、「対機の教化」を無視しては、「普勧」を眼目とする教化の精神は成立しない。であればこそ、道元は「菩提薩埵四摂法」の冒頭において特に教化の徳目を示し、衆と隔絶した孤高の境地などに住することを否定したのであろう。その故に、先にみたように、道元の教化の基本となる「只管打坐」を説く「坐禅儀」の撰述も、その教化の機により改訂、変改されたのである。

因みに、道元が師、天童如浄のもとで入室問法した際の如浄の示誨を記録した『宝慶記』にも、この「善巧方便」が示されている。

「教学人をして直下《じきげ》に第二点なからしむるがごときは、仏祖、一方の善巧方便なり」（仏祖が教えを説くのに、今、現在、以外には何もないと説くのは、仏祖の一つの善巧方便である）。

「古仏は慈悲落草して、ついに大乗小乗の手を授くるの方便を施したまうなり」（古仏は慈悲によって、凡愚の衆生と同化して、その機根によって大乗小乗の法を方便として施されるのである）。

と説く示誨が示されている。右に示された教示も先の「利行」と「同事」そのことを示すものであり、「対機の教化」を説くものにほかならない。

注

1　増谷文雄著作集11『道元』（角川書店　第四章「現成公案」ということ　昭和五七年）

二十五　大いなる伝道の書『法華経』

　ここでさらに、道元の教化において勘考すべきことがある。

　道元が天台の根本経典『法華経』を特に重視したことはよく知られているが、十二巻本『正法眼蔵』[1]に含まれている「帰依仏法僧宝」巻には「法華経これ大王なり、大師なり。余経・余法は、みなこれ法華経の臣民なり、眷属なり」と説かれているのをはじめ、『法華経』が『正法眼蔵』に数多く引用されていることから、『正法眼蔵』は「一種の法華経注釈書のごとき観を呈している」[2]ともいわれていることがある。

　さらに注目すべきことは、道元が「諸経の大王」とよぶ『法華経』はまた、「大いなる伝道の書」ともいわれるところがあること、すなわち、その「伝道」を甚だ重視することから、その目的とする「教化」における「方便」を特に重要な主題として採り上げていることである。

『法華経』全巻のうちで、もっとも重要視されているのが「方便品」と「如来寿量品」であるといわれるが、その『法華経』第二品「方便品」はその名のとおり、「教化の目的」を達成するための巧みな手段、「方便力」を讃えるもので、経前半中の最も重要な教説となっている。

その冒頭には「諸仏の智慧は甚深無量なり。其の智慧の門は難解難入なり」「一切の声聞辟支仏《しょうもんびゃくしぶつ》の知ること能わざる所なり」とあり、その故に「無数の方便を以て衆生を引導」しなければならないこと、「過去の諸仏も無量無数の方便、種々の因縁、譬喩《ひゆ》、言辞を以て、衆生の為に諸法を演説」されたのは「皆な一仏乗の故なり」と説く。

すなわち、人々の機根に応じて「声聞」「縁覚」「菩薩」という仏道修行の三種の法が方便として説かれたが、究極には、この三種の乗り物、三乗は一つとなり一乗に統一されると説く。つまり、三乗を説くのは方便であり、一乗こそ真実であると説くのであるが、衆生を度《す》わんがための、この「方便」は『法華経』が特に主題とするものであり、このあともくり返し「方便力」が衆生の能力、資質、志に巧みな手段で即応する「善巧方便」であり、それが虚言ではないことを説くのである。

さらに『法華経』後半での最重要な教説となる「如来寿量品」第十六では、永遠の仏「久遠《くおん》の本仏」を説くが、ここでも「方便」「方便力」の説示がくり返し登場し、久遠の本仏である不滅の釈尊は教化救済のために、方便として仮に肉身をこの世に現した仏「迹仏」であり、その説いた教説は時間、空間を超えた諸法実相であると説くのである。

以上のように「方便品」から、この「如来寿量品」にいたるまで、『法華経』は「大いなる伝道の書」として、「教化の方便」を特に重要な主題として標榜している。

道元の説く「方便」にもとづく「対機の教化」こそ、その大いなる伝道の精神を表徴するものであろう。

注

1　十二巻本は、その全篇を通じて、それまでの道元の教説と異なるような性格が認められるため、『正法眼蔵』参究の重要課題を解くための論点がそこに提示されているものとしての論議が多く提示されている。

2　田村芳朗『法華経』（中央公論社　一九六九年）

二十六　十二巻本『正法眼蔵』と機の教化

道元に「思想の変化」があったのか否かについては特に、十二巻本『正法眼蔵』の教説が採り上げられ、そこに『正法眼蔵』参究の重要課題が提示されていることについての論議が多い。

『正法眼蔵』には、編纂の別により、巻数の異なる種々の構成があるが、この論議において、十二巻本『正法眼蔵』（以下『十二巻本』とする）と特によく対照して採り上げられているのが、七十五巻本『正法眼蔵』（以下『七十五巻本』とする）である。

『七十五巻本』は道元が宋から帰国して六年後の天福元年（一二三三）に洛外深草の地で書かれた「現成公案」を第一巻として、入越後の寛元四年（一二四六）に示衆された「出家」巻をもって完結する。

一方、『十二巻本』は、『七十五巻本』の最後となる「出家」巻が示衆されたあと、この「出家」巻を書き改めた「出家功徳」巻を第一巻として新たに十二巻の教説を道元自らが編集したものとみられるものである。

道元には『正法眼蔵』百巻の撰述を意図するところがあったといわれるが、すでに病を得ていた晩年の道元はこの目的を達成することなく示寂する。その後、遺された十二巻の教説は懐弉を中心に書写され、「出家功徳」巻を首巻として以下、第二「受戒」、第三「袈裟功徳」、第四「発菩提心」、第五「供養諸仏」、第六「帰依仏法僧宝」、第七「深信因果」、第八「三時業」、第九「四馬」、第十「四禅比丘」、第十一「一百八法明門」、第十二「八大人覚」で完結する『十二巻本』が誕生することとなった。

この『十二巻本』は昭和初期に能登の永光寺《ようこうじ》から発見されたもので、道元が晩年に自ら親輯した十二巻の教説として格別に注目されるものとなったが、特に、その最後の「八大人覚」巻は道元の死の予感のなかで撰述が始められたものであり、釈尊が入滅に臨んでの教誡『仏垂般涅槃略説教誡経《ぶっしはつねはんりゃくせっきょうかいきょう》』に示された「八大人覚」を自らの示寂八ヵ月前に病中最後の遺教として説くものである。しかも、この『十二巻本』は道元自ら「新たに親輯した晩年の教説」として異論はない。

そこで疑問が生じる。何故、こうした入越後の晩年になって、『七十五巻本』の上に、さらに重ねて、同じ主題をも含んだ『十二巻本』が親輯されねばならなかったのか、しかも、『七十五巻本』と対照した場合、同じ主題についての教説の内容に、逆転変化して、そこに矛盾を示しているようなところが認められることから、『十二巻本』は、『七十五巻本』を書き換えたものであるといわれるようなことにもなる。従って、この改めて親輯された『十二巻本』には何か特別の意図が見出されるのではないか、との論議が提示されることともなったわけである。

しかし、道元の『正法眼蔵』には、前後あい反し、矛盾するような教説があることについては、すでにこれまでにも採り上げている。

そこに見出されることとなるのが、その説時、説所、説相についての配慮にもとづく道元の「対機の教化」にほかならない。

特に入越後の道元において、緊急にして最大の課題となったのが、白山平泉寺修験に対する教化の問題である。

洛外深草時代とは一変して、そこには六千坊と称する白山修験道最大の宗教都市平泉寺があり、世俗妻帯の修験者と清僧、学僧がその境域、南谷、北谷を分別して共存している。しかも、その甚だ特異な環境のなかに、道元が最も排除すべき中古天台本覚思想に通じる「修験道の教義」や中国「道教」の思想、仙術の影響を強く受けた「越前白山社」が天台別院平泉寺として、白山山岳信仰の枢要をまもるその盛期を迎えつつあったのである。

ここでふり返ってみるならば、これまでに採り上げてきた道元の教説についての異同は、右のような「入越」を機として変化した「対告衆」の性格やその環境等に対応するところに、その要因があったとみられるものであり、すなわち、そこに「方便」にもとづく「機の教化」が表徴されているものとみるべきこととなろう。従って、これを「思想の変化」などとみることはできない。

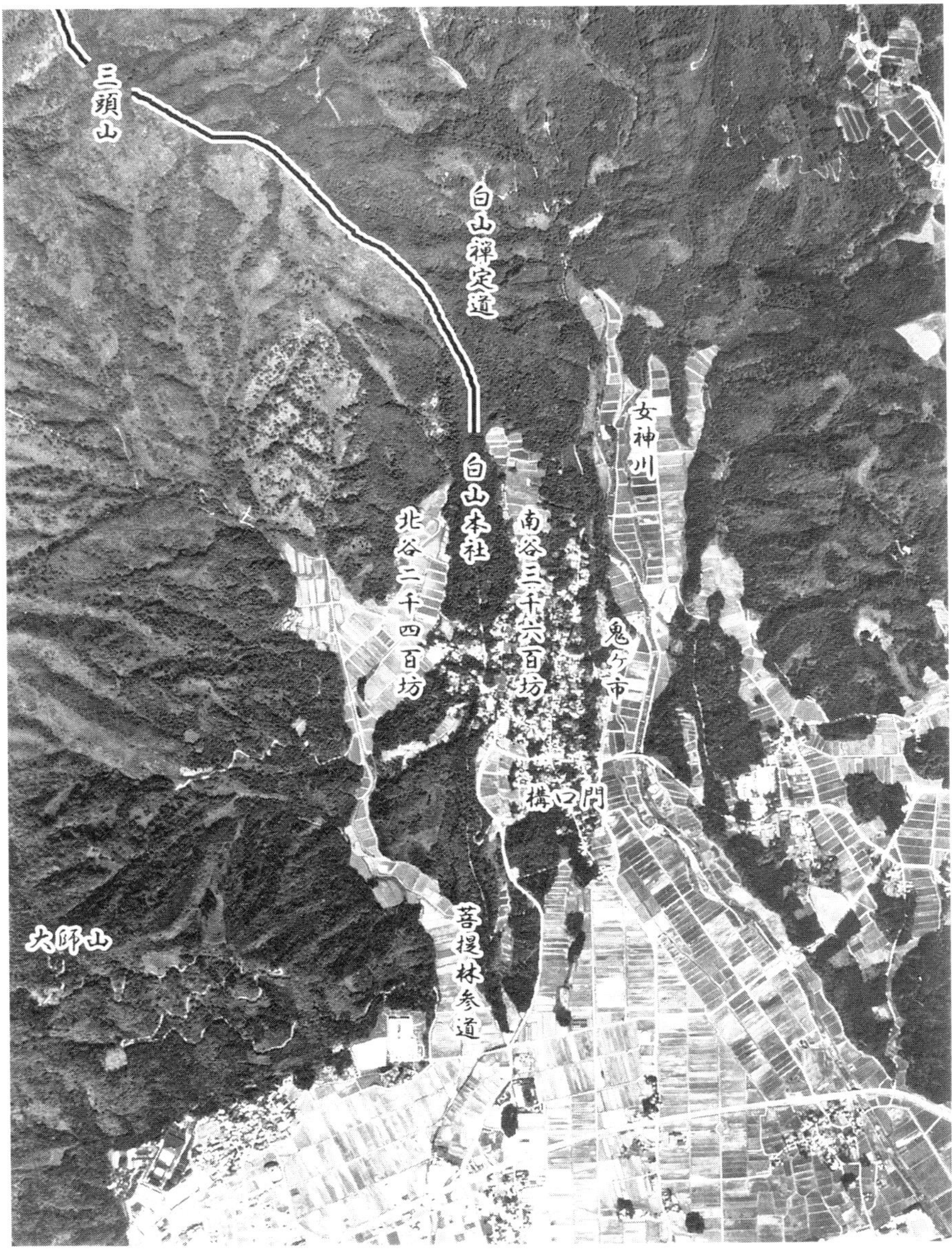

白山平泉寺史跡の航空写真（原図　勝山市教育委員会）

二十七　十二巻本『正法眼蔵』の要諦

1　十二巻本の対告衆「白山修験」

『十二巻本』の問題を採り上げるにつき、次にこれまでの入越についての検討の経緯、次第について列挙しておきたい。

○道元の入越と白山越前修験道
○道元の教化と白山平泉寺修験
○平泉寺修験に対する教化
○白山修験と達磨宗僧団
○道元の出家主義と白山越前修験道
○入越にみる教説の変革と機の教化
○道元と北条時頼（「大修行」から「深信因果」「三時業」へ）
○道元の思想と対機の教化

右のうち、「道元と北条時頼」に述べた（「大修行」から「深信因果」「三時業」への）問題については、すでに多くの論議が提示されている。しかしその他の項目に採り上げたのは、すべて、道元入越の地が「白山越前修験道」の中心圏域という特異な教化の環境であり、その地の対告衆となったのが「修験道の教義」をまもる「白山修験」であること、しかも、僧兵を擁する世俗生活の修験と、清僧行者、研学の学僧とが居住区を分別する環境で共住するという甚だ特異な状況における教化、教説の変化について検討したものである。

道元の教化について、こうした甚だ特異な教化の対象が採り上げられた見解はない。

しかし、道元晩年の親輯になる『十二巻本正法眼蔵』には、こうした特異な教化の状況をうかがわせるようなところがあり、その教化における課題、しかも緊急を要するその教化の状況を示唆するかのようなところがうかがえるのである。

さて、ここで、『十二巻本』の教説において特に注目されるものとして、「在家得道否定」の説示があることについて採り上げてみたい。

道元は入越後、深草時代の「在家得道」を否定し、『七十五巻本』最後の「出家」巻においても「出家受戒」の意義と功徳を説き、「出家こそが仏の教化の根本である」と説くのである。

しかし、ここで『七十五巻本』「出家」と『十二巻本』の第一「出家功徳」の両巻を対比してみるとどうであろうか。

まず「出家」では「出家受戒」の法にはじまり、仏の教化は出家こそが根本であり、仏は衆生教化に方便を以って説くことなど、出家成道についての教説である。

一方、「出家功徳」においては、「在家得道の否定」からはじまる。すなわち、在家は煩悩の根拠であり諸罪の集まる処であることを説き、対するに「人を勧めて出家せしむる其の恩は報じ難し」として、くり返し「在家成仏の否定」と「出家受戒の無量の功徳」について説く。ところが、ここに「出家」と比べて甚だ異常にも思えるところがある。

「出家功徳」には「いそぎ出家せしむべし」「いそぎ剃除鬚髪《ていじょしゅはつ》し」「いそぎ諸縁を抛捨《ほうしゃ》し」「すみやかに出家学道すべし」「はやく出家すべし」「出家しつべきにおきていそがざらん」「いそぎ出家せん」などと、出家をすすめる甚だ性急で異様にも思える言辞が執拗にくり返されているのである。

また、この「出家功徳」には「人を勧めて出家せしむる其の恩は報じ難し」の説示が三度くり返され、右の執拗な出家の勧めと併せてみるとき、未出家の衆生に対する出家の勧めを、示衆の対象となった僧衆に督励するかのように思われるところがある。となると、このように殊更に「いそぎ出家」を勧めるべき対象となるのはどのような人々であろうかとの疑問が生じる。

鏡島元隆氏は「この『出家功徳』巻が十二巻本『眼蔵』の首巻に据えられたことは、その後の十二巻本『眼蔵』全篇の性格を方向づけている」とされ、「『出家功徳』巻は、いうまでもなく未出家の衆生に出家の功徳を説いて、出家を勧める趣意の巻である。これは、寺田透氏が指摘しているように、『教団の指導者として教団の大衆のために書いたものが、今更出家のすすめ』(『日本思想大系　道元下』五六四頁)とは、たしかにおかしいが、そこに『出家功徳』巻、ひいては十二巻本『正法眼蔵』撰述の意図を解く鍵がある」「それは出家の門下に対し、未出家の衆生に出家の功徳を説いて出家を勧めるべきことを示したものである。それ故に、『出家功徳』巻は、これから出家すべき衆生を対象とした説示であることにおいて、すでに出家せる門下を対象とした説示である『出家』巻とは、撰述の趣旨を異にしているのである」と説かれている。[2]

さて右のように問題となる「これから出家すべき、出家勧奨の対象」とは如何なる人々であろうか。すでに、道元会下の僧団に生じた自然見外道《じねんけんげどう》に通じる「邪見の一類」については『十二巻本』が新たに撰述されるに至った要因として、これまでにもよく採り上げられている。しかし、それは「すでに出家した会下の僧衆」の問題であり、それこそ、「今更出家のすすめ」の対象ではない。

一方、波多野義重を筆頭とする檀那や領内の一般民衆などが、こうした殊更に執拗な「いそぎ出家」の対象とは考えられない。

そこで注目されるのが道元の入越により、教化の対象として新たに浮かび上ってきた「白山平泉寺修験」である。その白山修験は、北谷の「清僧」と南谷の「妻帯者」に区別され、特に三千六百坊といわれた南谷は巨大な僧兵軍団を擁していたのである。その経済基盤となったであろう霊山の平泉寺金山を中心とする「白山の金山」の経営にも従事する、半僧半俗、または完全な俗人もいたであろうことに注目すべきである。

もちろん、その中心は白山修験道をまもる平泉寺修験であり、そこに、肉食妻帯は当然のこと、「一切ノ煩悩皆是菩提ナリ。一切の世法仏法ニ非ズト云コトナシ」と断じる「修験道の教義」すなわち、中古天台の悪しき「本覚思想」そのものが成立していたであろう。

一方、これに対する「清僧」が境域を厳然と区別する北谷に居住していたのであり、そこには研学の僧による「参師問法」（『学道用心集』）があったと考えられる。

すなわち、『建撕記』の註記に「祖師（道元）モト叡山ノ僧ナレバ、コノ禅師峯ニ、天台ノ僧侶（平泉寺の学僧）多キユヘ、聞法ノ為ニ、請ゼシナルベシ」とあり、平泉寺境内四至の一つ、禅師峯に、道元が聞法のために招請されたことが記述されている。

南谷の「世俗妻帯」に対し、北谷の「清僧」もしくは学僧の別があったということは、多分に、南谷の現世主義に批判的な僧衆が存在していたとみるほかはない。

その上「持戒持律の清僧は年々に減じ、无慚《むざん》放逸の妻帯は月々に繁茂す。天台別院の瑕瑾可レ恥可レ悲」[3]の状況を現出していたのである。こうした教化の環境においては、当然ながら「在家得道」などを説く余地はない。

ここに、最も「緊急」にして重要な教化における不可避の課題として、「ただちに、いそぎ出家」を促すべき「機の教化」があったとみるべきではなかろうか。

すなわち、この「いそぎ出家」の勧奨は

○道元会下の僧衆（平泉寺末寺、波著寺の旧大日能忍門下から道元会下へ帰投した僧衆）から平泉寺修験僧への勧奨

○平泉寺北谷の清僧から南谷の未出家僧への勧奨

右のいずれかであろうとみるほかはない。ここに、いみじくも、道元のこの甚だ特異な教化にみられる異様ともいえる執拗な「出家勧奨」の説示に、道元晩年の『十二巻本』撰述の意図が具現されていることとなろう。

2 「四馬」巻の善巧方便

十二巻本『正法眼蔵』第九「四馬《しめ》」巻の冒頭は「外道問仏話」に始まる。

すなわち、世尊のもとへ来た外道が仏法について「有言《うごん》を問わず、無言を問わず」と問うたところ、世尊が無言のまま、しばらくの間、坐禅の姿を示した。それにより覚った外道は仏を讃えて去ったという「外道の問法」に対する世尊の教化である。

そこで、阿難が世尊に、「あの外道は何によって覚り、称讃して去ったのか」と尋ねたところ、世尊は「良馬が御者の鞭を振るう気配（鞭影）によって進むのと同じである」と説いたことが示されている。

また、竜樹は「教化の説法は、快馬（優れた馬）が「鞭の影」を見ただけで正路に入る（証入する）のと同じである」と説いたという。

さらに『雑阿含経』や『大般涅槃経』には、四種の調馬の法にたとえた教化の「四種の法」が「阿含経の四馬」「涅槃経の四馬」として説かれている。

すなわち、御者の鞭が馬に触れる四種の触れ方の違い—鞭が馬の毛に触れる「触毛《そくもう》」、皮や肉に触れる「触皮」「触肉」、骨にまで徹する「触骨」—などの違いによって御者の意に従うのと同じように、如来の教化においても、対象となる人それぞれの性質、機根に対応した「善巧方便」が説かれるのであり、それ故、如来を「調御丈夫《じょうご》」と称するとある。

なお右の四種の馬と共に、先の「鞭影の馬」をはじめ、竜馬、千里馬などという特異な性格の馬も採り上げられているが、ここで以上をまとめてみると、次のように甚だ複雑多様な教化の対象「対告衆」が示されていることに気づくこととなる。

① まず巻頭に「外道問仏話」がある。

先の十二巻本第一の「出家功徳」巻では「在家得道」は完全に否定されているが、ここには在家どころか、外道に対する教化、得入がある。

② 「鞭影の馬」にはじまり、必ず学すべき四種法による善巧方便について説き、さらに甚だ特異な竜馬、千里馬にもふれている。

③ 右のような特異な資質、機根を含む多様な教化の対告衆を道元会下の僧衆や入越地の民衆のなかに求めることはできない。そこに浮かび上ってくるのが「白山平泉寺」の僧衆である。

すなわち道元の「入越」により初めて教化の対象となった甚だ特異な対告衆である。

であればこそ、改めて、日本古来の山岳信仰に、密教・道教・儒教を加えた巨大な僧団の性格に即応する教化の対応が求められることとなろう。その対応する教化の善巧方便を端的に表徴するものとして『十二巻本』に注目すべきではなかろうか。

白山平泉寺僧団の甚だ特異な性格については、妻帯で僧兵軍団を擁し、金銀鉱山などの採掘という経済活動もあった南谷に対し、清僧、学問僧の北谷という分別がすでに明らかになっている。それに、『建撕記』の注記にある、道元が聞法のために平泉寺僧に招請されたことや、それにかかわる遺跡の実情については先に述べている。

また、『十二巻本』第一「出家功徳」巻に説かれた異様ともいえる性急で執拗な「出家の勧奨」も、南谷の妻帯と北谷の清僧、学問僧という、白山平泉寺僧団の特異な分別の性格を認識せずして解することはできない。

こうした『十二巻本』の教説に表徴された対告衆の性格を示すものとして次に採り上げるのが『十二巻本』第十「四禅比丘」巻である。

3 「四禅比丘」巻と教化の課題

『十二巻本』第十「四禅比丘」巻に登場するのは、仏教以前から説かれていた四禅定（初禅・第二禅・第三禅・第四禅）の段階の四禅までを得て、四果（阿羅漢果—小乗の声聞の最高位）までも得たと思い、もはや学ぶべきなにものもない聖者になったと思い誤った増上慢の比丘である。

この慢心から仏を謗《そし》った罪により阿鼻地獄に生まれるが、この謗りのもとは、四禅と四果について分別できぬ無聞（無学）の身でありながら見仏聞法することのなかった無知の科《とが》によると説かれている。また「みだりにわれは仏なりとのみおもひいふは、おほきなるあやまりなり。ふかきとがあるべし。学者まづ須《すべか》らく仏はいかなるべしとならふべきなり」とあり、「仏法の習学」「無聞のとがなり」の言がくり返されている。つまり「正しい仏法学習」の強調である。

そこでやはり想起するのは「入越」を機とした教説の逆転である。すなわち、深草時代「辨道話」巻にある「文字習学よりも坐禅辨道せよ」から入越後、寛元元年九月吉峰寺示衆「仏経」巻の「かならず仏経を伝持して仏子なるべし」へと逆転し、仏道修行の基本となる経典に示された広大で深奥な本義を参学し、学道の標準とすべきことを説きつくすのである。

ところで、以上のような「四禅比丘」すなわち見仏聞法せざる無聞無学の「無聞比丘」の誤りを明らかにしたあと、さらに誤りの極として、仏教・儒教・道教の「三教一致説」を六師外道に等しいものとして採り上げるのである。

これは、入越直後の寛元元年九月に吉峰寺で示衆された「諸法実相」「仏教」の両巻にも示されているが、この『十二巻本』「四禅比丘」にみる批難、排撃は格別に強烈である。ほぼ全文にわたって、孔子・老子・荘子の説と仏道の不一致を説き、「四禅比丘」よりも誤り深い「謗仏《ほうぶつ》・謗法・謗僧なるべし。すでに撥無《はつむ》解脱なり、撥無三世なり、撥無因果なり」「邪説中最邪説なり」などとくり返し激しく批難されている。

さて以上、『十二巻本』の要諦としてその第一「出家功徳」から採り上げてきた教説につき、その注目すべき特異性について採り上げてきたが、次にその要点をごく簡略にまとめてみると次のようになる。

① 「出家功徳」—甚だ性急で執拗な、いそぎ出家の勧奨。

② 「四馬」—「外道問仏」をはじめ多様複雑な教化の対象。

③「四禅比丘」―仏教以前からの伝統をもつ「四禅定」、すなわち「外道禅」の無聞の科《とが》を批難。

儒・仏・道の三教一致説に対する特段に烈しい批難。

このように特異な教説の対象となるものとしては特異な教化の対象が想定されなければならない。すなわち、そこに浮上するものとして、道元入越後における最大の対告衆となる白山平泉寺の僧団に注目すべきではなかろうか。

ここで、「道元の教化」の対象としての平泉寺僧団の多様複雑な構成と甚だ特異な性格についてまとめてみると次のようになる。

○白山越前修験道の本拠

白山開創の山林修行者泰澄以来の伝統のなかに構成された「宗教都市平泉寺」。妻帯で僧兵軍団を擁する修験の南谷と清僧学問僧の北谷という性格の分別。

○教化における課題

「修験道の教義」「道教の老荘思想」「中古天台本覚思想」

修験道は日本古来の山岳信仰に奈良時代になって「道教」「密教」が結合して成立した。従って、白山修験道の本拠となる平泉寺の僧衆を教化の対象とする入越当初の道元の「教化における最大の課題」として「道教の老荘思想」と天台延暦寺別院平泉寺の「中古天台本覚思想」、それに当然ながら白山開創の山林修行者泰澄以来の伝統をもつ「修験の禅」などへの対応が必然となろう。すなわち、先の「四禅比丘」にみる「三教一致説」への激しい批難排撃もそれを表徴するものであろう。

また、十二巻本において特に注目すべき教説とみられる第七「深信因果」第八「三時業」の両巻は「悪を行じてはばからぬ」「造悪無碍の邪見」に対し、「因果の道理」を強調したものである。これは七十五巻本「大修行」で説かれた「不落因果」を誤解する邪見に対応する重要な教説である。すなわち、この「因果の理法」こそ、三世を通貫する仏教の重要法則であり、この法則を否定する邪見の「撥無因果」こそ、「四禅比丘」巻において道元が邪説中の最邪説として批難、排撃する「三教一致説」に合致するものとなるわけである。

さて以上、これらの教説にみる特異性が、道元「入越後」の教化最大の課題となった「平泉寺僧団」の教化に対応するものと考えられることについて述べた。一方、同じ十二巻本の他の諸巻、すなわち格別に特異性をみることのない教説各巻については、ここで改めて、特異な構成、性格をもつ平泉寺僧団に対し、一般的な禅門の正しい教法を説き示すためのものであったとみるべきであろう。

これまで、道元と白山平泉寺とのかかわり、特に、その僧団の構成や性格に、「修験道の教義」や「老荘思想」「中古天台本覚思想」のかかわる問題について採り上げられることはなかった。

しかし、この新たな視点によるならば、これまで不可解ともみられてきたところのある「入越を機とする道元の思想の問題」は解消されるのではなかろうか。すなわち、入越を中心とする教説の異同は「道元の思想の変化」ではなく、道元の「平泉寺僧団」と会下の僧衆に対する「機の教化」にほかならないとみるべきではなかろうか。

なお、十二巻本の絶筆「八大人覚」巻は先に「道元最晩年の遺墨『佛遺教経』(『遺経』)」として採り上げている。

釈尊最後の教勅『遺経』の内容は、出家の比丘に対し「八大人覚」を修習せよという出家学道の原則を説示する遺誡である。十二巻本「八大人覚」は、死を予感した道元最後の撰述とみられるもので、そこに釈尊の『遺経』が引用され、道元の遺誡となったものである。

すなわち、道元が「八大人覚」巻を撰述する際の典拠として筆写した『遺経』の書についての筆跡鑑識により、總持寺蔵の『佛遺教経』が道元最後の真跡であることを確認、提示している。

この書は道元入越後最晩年の筆跡であり、すべて伝統的書風により整斉としてゆるぎない筆致により、そこに「不染汚の書」が確然と表徴されている。その類をみない厳正な書風は、道元最晩年の心境、すなわち「修行体制の確立」と「正伝の仏法」を正しく伝授するための、道元の遺誡となる「八大人覚」の精神を示すものとなっている。

注

1　『増谷文雄著作集11』（二八九頁　角川書店　昭和五七年）

2　鏡島元隆「十二巻本『正法眼蔵』の位置づけ」（鏡島元隆・鈴木格禅編『十二巻本正法眼蔵の諸問題』「結語」二十三頁）

3　『霊応山平泉寺再興縁起』（白山神社蔵本）

結言

道元の教説にみられる、その時々の異同については、これまで、思想の新たな「展開」とか「変化」または「一大変革」とまでいわれる問題として採り上げられることがあった。

また一方、道元の書についても、その書風、書法の一見した違いから、道元の書とする伝承を否定し、別人、弟子の書とする見解があった。そこで改めて具体的に、その書法、書風の基本的認識にもとづいて検証した結果、はじめてそこに「書風の変移」という認識が浮上し、そこに道元の書について鑑識の問題も併せて考察すべきこととなった。

「書は人なり」といわれるように、書は筆者の人格と一体になったところがあるといわれている。であれば、道元は「思想を変化」し、その「書を変化」したのであろうか。

しかし、すでに明らかなように、その書には表面上の変移があるものの、その基本となる書法、書風には決して変化はなかった。であればこそ、十五、六年を隔てる書、しかも、これまで、その多くが別人の書と見誤られてきたほどの、一見「表面的な変化」が認められる書でありながら、実は、同一個性を示す同一人の書、すなわち共に、道元の真跡であることを検証することができた。つまり、道元の生涯を通じて、その書の根幹に変化はなかったのである。そこでここに、先の道元の教説に認められたことと共通する興味深い問題が見出されることとなる。

すなわち、同一人の書でありながら、一見したその表情に、ところどころ恰も別人の書であるかのように見誤られるほどの変化を生じている所以は、同一人でありながら、そこに書法、書風を違えて書き分け、表現上に意識して異なった様相を表しているところから生じたものである。

つまり、道元の真筆本『普勧坐禅儀』には「書道的意識」が加えられた筆致により、そこに本来あるがままの書法とは異なる宋風を意識した多様な筆致の変化が表されることとなり、そこに「書の変化」を示すことから、入越後の書とは異なる書とみる見解が生じることとなったわけである。となると、そこには道元の教説に示された変化が、道元の「思想の変化」として解された場合に通じるところが見出されるのではなかろうか。

けだし、『随聞記』一書のなかにも説き方の違いがあった。『正法眼蔵』にも説示の異同があり、そこに「矛盾」と「変化」がみられることについての論議も多い。その上、道元の「思想」と「書」においても、道元本来の「あるがまま無作為の書」に対し、「意識して書風に変化を表した書」（真筆本『普勧坐禅儀』）という、道元の「不染汚の修証」に矛盾し、あい反する書の性格が見出されることとなる。

そこで、右のような「思想」と共に「書」についても共通して認められることとなるこうした問題について、その内容を検討すると共に、その矛盾ともいえる変化の成因をたずねるところに浮かび上がってきたのが「対機の教化」であった。これは、くり返しているように『正法眼蔵』「菩提薩埵四摂法」

の巻頭において、特に菩薩の行ずべき四摂法として掲げられた四つの徳目に通じるものであり、殊にそのなかの「利行と同事」は「機の教化」において、最も眼目となる、教化の対象の「機根」にしたがい、「善巧方便」をめぐらし、人々に「親近する」という教化における「人間関係への配慮」を示すものであった。

この「教化の方便」については、道元の『法華経』重視が思い合わされる。『十二巻本』にある「帰依仏法僧宝」は『法華経』を諸経の大王と説くが、「大いなる伝道の書」といわれる『法華経』は、その目的とする智慧と慈悲の「教化」における「方便」を特に重要な主題としている。

一方、「仏教をからず不立文字」を旨とする修験道ではあるが、修験道においても、『法華経』は『般若心経』と共によく用いられている。殊に『法華経』を根本経典とする比叡山延暦寺の別院となった白山平泉寺修験の霊場では「法華持経者」として山中苦行のなかで『法華経』を書写する「如法経修行」もあった。

事実、白山別山山頂近くで、いわゆる血書の法華経典の残塊を収納した平安時代の経筒（図1）が拾得され、それについて報告した拙稿[1]もある。

すなわち、「大いなる伝道の書」であり「教化における方便」の経典といわれる『法華経』を機縁として、道元の白山修験に対する教化が開始されたともみられよう。であればこそ、道元の「入越」の時期を中心として、その教説の前後に説示の異同が生じたのではなかろうか。この問題について、よく採り上げられてきたのは道元会下の僧衆内に生じた「邪見の一類」のことであった。しかし、それのみにつきるものであろうか。

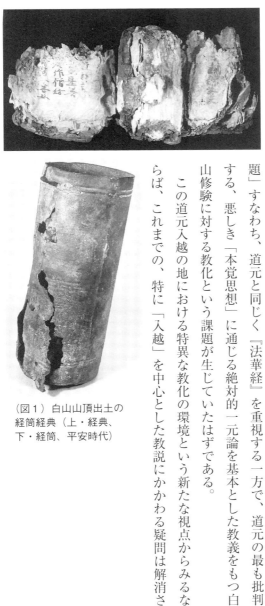

鏡島元隆氏が[2]、道元の「仏法は一握りのエリートの解脱から、あらゆる衆生に救済の門を開いたのである」それは即「最終的には業の超克へ導くための方便」であると説かれているように、これまでにみてきた、道元の「教説の変化」すなわち「機の教化」を生じる根本には、「弘法《ぐほう》救生《ぐしょう》」の教化があることはいうまでもない。そこに登場したのが、よりひろく大きな教化の対象として、当時の修験道全盛期のなかで巨大な勢力集団を構成していた白山平泉寺の僧団ではなかったか。そこに重要な「教化の課題」すなわち、道元と同じく『法華経』を重視する一方で、道元の最も批判する、悪しき「本覚思想」に通じる絶対的一元論を基本とした教義をもつ白山修験に対する教化という課題が生じていたはずである。

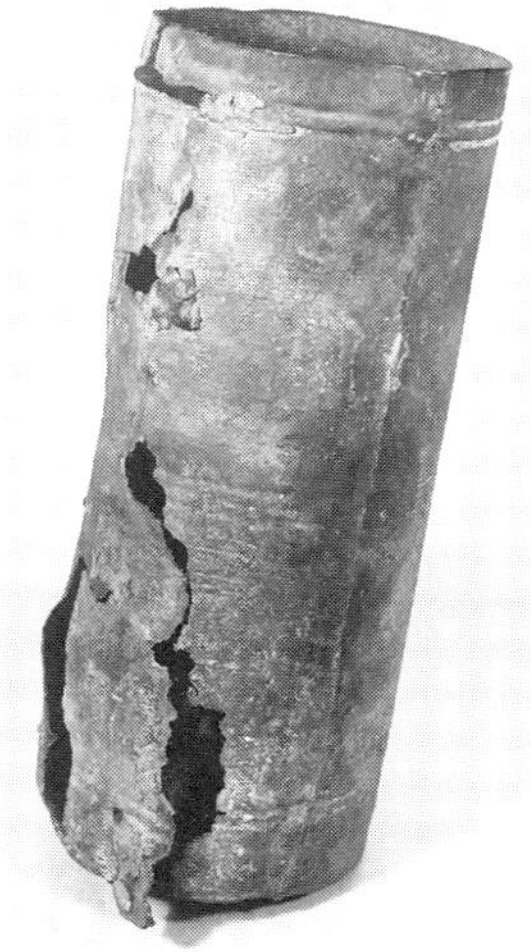

（図１）白山山頂出土の経筒経典（上・経典、下・経筒、平安時代）

この道元入越の地における特異な教化の環境という新たな視点からみるならば、これまでの、特に「入越」を中心とした教説にかかわる疑問は解消されるのではなかろうか。

道元が、この修験や天台僧に対する教化を無視したり忌避することはあり得ない。しかも、くり返しているように、道元が難解な『正法眼蔵』を説き得る対告衆は一般民衆などではなく専門家揃いであったことはすでに指摘されている。道元の示衆の当初の対象は平泉寺僧のなかでも「北谷の清僧」こそ最も相応しいものであった。すなわち『建撕記』の注記に示すごとく、平泉寺天台僧による道元に対する「聞法の招請」により明らかである。

しかし後代の記録ながら、すでに持戒持律の清僧は「年々に減じ、无慚放逸の妻帯は月々に繁茂す」(3)という趨勢は推測されよう。ここにおいて、道元の教化における「いそぎ出家」を督励すべき「最も緊急にして不可避の課題」が生じていたとみるべきではなかろうか。

道元が本来、身につけた、あるがままの書は、道元の仏法の根幹「不染汚の修証」を表徴している。道元晩年の一切の虚飾を排した只管打坐の頂相「月見の像」実は「鏡の御影」においても、その道元の思想によく共通する表現があった。さらに、こうした思想の表徴するところは、道元最晩年に親輯された『十二巻本』の、一切の文学的形象を削った一切飾るところのない素朴な撰述の文体とも共通している。

この道元の思想を表出した書や教説においても時に、意識して変化を表すかにみえる異同もあった。しかし筆跡個性の根幹が変えられるものではないのと同様、道元の身心により道得した教説において「思想の変化」を生じたなどとみるべきではなく、それは「機の教化」を表徴するものとみるべきであろう。

身心で体得した書の個性が変わることはない。もし意識的に書法、書風を変えたとしても、その書の根幹となる本来、身につけた書の個性を見誤ることはない。

道元の教説に説示の異同、一見したところの変化が認められるとしても、それは意図された「機の教化」であり、これを「思想の変化」などとみるべきではなかろう。道元が教化・伝道において示した意図された変化が「機の教化」であるならば、即、道元が重視した「大いなる伝道の書」『法華経』の眼目となる「無数の方便を以って衆生を引導」する「善巧方便」にほかならない。

法と機は学道の表裏であり、機に応じてこそ正法は引導されよう。道元が入越の直前に示した「菩提薩埵四摂法」が説く正道の教化こそ道元が帰朝以来、教化において絶えず課題となったであろう衆と隔絶した孤高の境地への安住を否定するものであろう。

注

1 拙稿「白山山頂出土の経筒経典と法具」（『佛教藝術』一五五号　毎日新聞社　昭和五九年）

2 鏡島元隆「十二巻本『正法眼蔵』の位置づけ」（鏡島元隆　鈴木格禅編『十二巻本正法眼蔵の諸問題』大蔵出版）

3 『霊応山平泉寺再興縁起』（白山神社蔵本）

宇宙から見た白山連峰と奥越前（宇宙フォーラム製作、大野市博物館蔵）

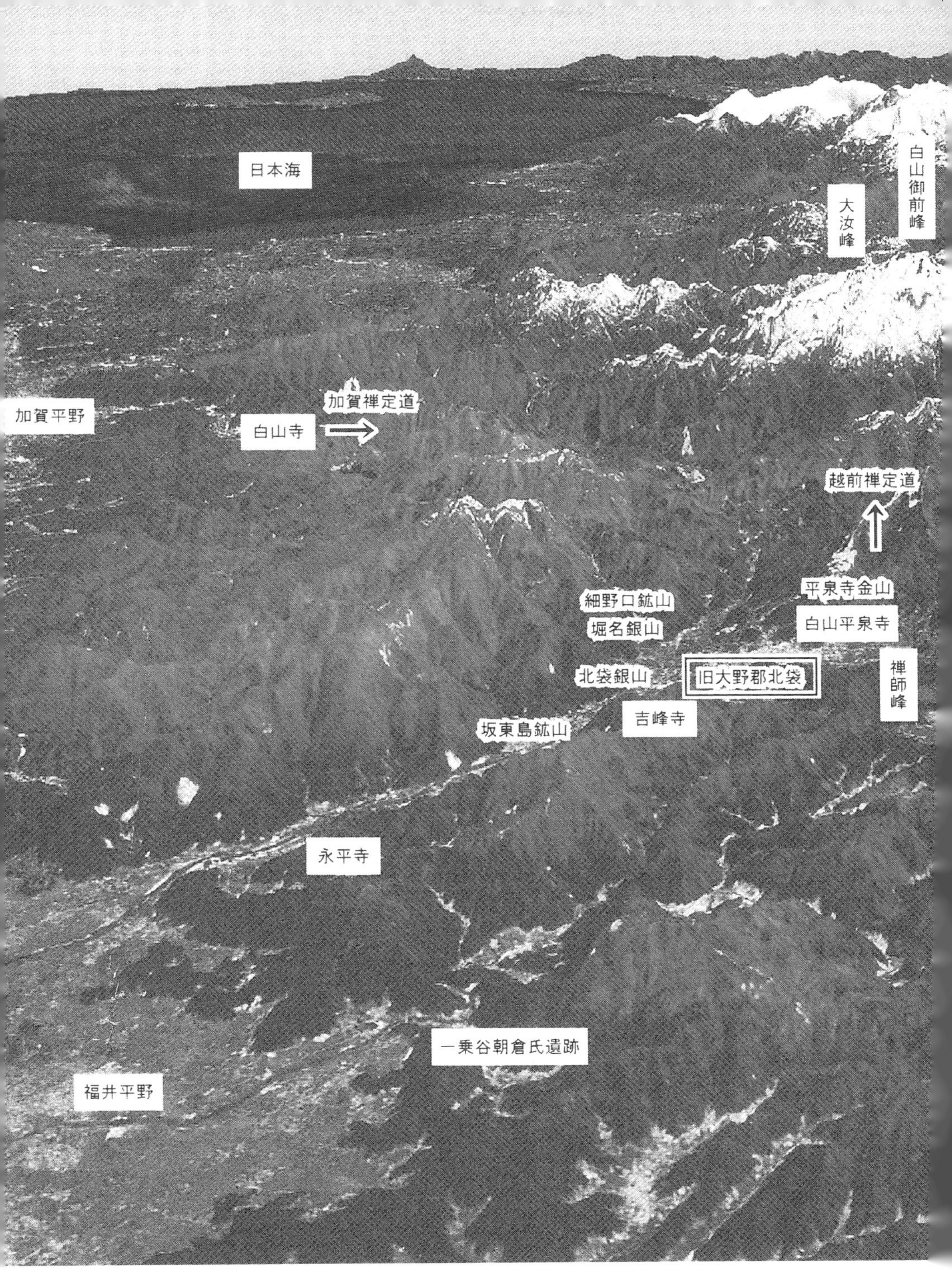
日本海
白山御前峰
大汝峰
加賀平野
加賀禅定道
白山寺
越前禅定道
平泉寺金山
細野口鉱山
白山平泉寺
堀名銀山
北袋銀山
旧大野郡北袋
禅師峰
吉峰寺
坂東島鉱山
永平寺
一乗谷朝倉氏遺跡
福井平野

あとがき

道元の書は、いわゆる「禅の書」とは異なり、その異なるところにこそ、道元の書としての本質があるといえば不審に思われよう。また道元三四歳の若書『普勧坐禅儀』が「墨跡」として、よく採り上げられているものの、「入越後の書」については無視されるか、一見した印象の違いから弟子の書として片づけられてきたことも疑問となろう。

こうした疑問を解消するため初めて「筆跡鑑識」による具体的な検証を行なうことにより問題は解消された。また、道元の書は、即、道元の思想「不染汚の修証」にもとづく「必然の書」とみるべきところが見出された。

さらに道元の教説についても、深草時代と入越後では変化が認められていることから、道元は入越後に「思想を変化したのか否か」についても注目すべきこととなった。

そこで、道元入越当初の地の甚だ特異な性格に注目すべきこととなる。

すなわち、その地は、白山修験道の本拠「白山平泉寺」の境内四至内にあり、六千坊に軍記物にも登場する僧兵を擁し、越前の政治、経済、文化の中心的位置を占めた中世最大級の宗教都市の域内である。

そこで注目されるのが、南谷（世俗妻帯僧）と北谷（研学の清僧）の分別と、越前の政治経済文化の中心とまでいわれる、その経済基盤である。

しかし平泉寺は天正二年、越前、加賀の一向一揆を糾合した勢力の攻撃で焼亡潰滅し、幻となり、伝えられる宗教都市の壮大な景観については極めて誇大な潤色として殆ど取り上げられることはなかった。

ところが、平成元年から開始された勝山市による南谷を中心とする発掘調査の結果、全国的にも稀な石畳の街区の検出と共に、南北両谷の性格の分別を裏付ける史料との照合により、初めて実証され、平成六年には旧境内地約二〇〇ヘクタールが国史跡に指定された。

さらに、九世紀末頃から一〇世紀へかけての平泉寺の急激な発展隆盛を生じた成因の一つに、その経済基盤としての地理的条件として「平泉寺金山」にも注目すべきこととなる。

現在、殆ど忘却され廃坑の現状にある、その金山にはトン当り二二九グラムの高品位を示す「金《きん》龍鏈《りゅうひ》」の鉱脈もあり、かつては「准重要鉱山」に指定されていた金山である。

この白山火山列の西に存在する金鉱床については、九州大学井澤英二名誉教授の格別な御教示を頂いた上、平成一八年の大野市歴史博物館特別展「白山の金山」図録にも「火山と金山」の特別御寄稿を頂いたことにより、初めて「修験道の金山と宗教都市」さらに、白山信仰の聖地に生成された「白山の金山」の地理的状況が判然となった。

すなわち、道元の入越について、単なる深山幽谷への逃避行とみたり、教説の変化を思想の進展、変改などとみるべきではない。そこに生じた特異な教化の対象、環境に対応した教化の視点から具体的に検討することにより、「対機の教化」としての性格が判然となった次第である。

本書は昭和六〇年代から、道元の筆跡鑑識や入越後の教化の地の調査について発表してきた拙稿に始まり、その後、『大法輪』誌に連載（平成二六年三月～同二九年五月）して頂きましたが、今度、改めて一部省略、修訂して刊行して頂くこととなりました。

連載中は黒神直也元編集長に校正して頂き、今度の刊行に際しては編集部高梨和巨氏の格別、詳細な校正を頂きました。厚く御礼を申し上げます。

令和元年五月

岩井　孝樹

初出一覧

道元の書

「福井宝慶寺「月見の像」と道元の筆跡」（『佛教芸術』181号　毎日新聞社　昭和六三年）
「道元の書『普勧坐禅儀』と書風の変移」（同右191号　平成二年）
「道元の遺墨『佛遺教経』」（同右202号　平成四年）
「道元禅師の思想と書」（同右252号　平成一二年）
「道元禅師『鏡の御影』」（『傘松』五五三号～五五六号　大本山永平寺　平成元年一〇月～二年一月）
「『普勧坐禅儀』と『名越白衣舎示誡』の筆跡鑑識」（同右六三七号～六三九号　平成八年一〇月～一二月）

道元と白山平泉寺

「道元の入越と白山修験」（『大法輪』56巻11号　平成元年）
「道元の鎌倉行化」（同右62巻12号　平成七年）

「泰澄と白山越前修験道」（『佛教芸術』２９４号　平成一九年）
「白山の金山」（大野市歴史博物館特別展図録　平成一八年九月）
「白山―越前の修験道」（大野市歴史博物館特別展図録　平成一九年九月）

岩井　孝樹　（いわい・こうき）

美術史家。1933（昭和８）年生まれ。福井大学学芸学部卒業。東京大学史料編纂所内地研究生、福井県立美術館資料調査員、大野市博物館館長などを歴任。

道元《どうげん》の思想《しそう》と書《しょ》

2019年7月10日　　初版第1刷発行

著　　者　岩井孝樹
発行人　石原大道
印　　刷　亜細亜印刷株式会社
製　　本　東京美術紙工
発行所　有限会社　大法輪閣
〒150-0011　東京都渋谷区東
2-5-36　大泉ビル2F
TEL 03－5466－1401（代表）
振替　00160－9－487196番
http://www.daihorin-kaku.com

　ISBN978-4-8046-1416-8 C0015